小学館文庫

逆説の日本史㉔明治躍進編

井沢元彦

小学館

第一章／帝国憲法と教育勅語——知られざる「陰のプランナー」 9

大日本帝国の構築Ⅲ

「歴史学の三大欠陥」がもたらした〝徳川綱吉はバカ殿〟という誤解／日本歴史学界が陥る「滑稽なまでの史料絶対主義」／「飛鳥時代」というおかしな時代区分を放置し続ける歴史学者たち／「日本史の呪術的側面の無視ないし軽視」という大欠陥／「安土桃山時代」を「織豊時代」と言い換える姑息な態度／「歴史学界は誤りを犯さない」という権威主義的驕り／大日本帝国憲法制定の伏線となった政府内対立「明治十四年の政変」／陰謀の名手による「でっち上げ」で罷免された大隈重信／岩倉具視の最大の敵「早慶連合」／岩倉・伊藤連合が「大隈の陰謀」を阻んだ絶妙な一手「国会開設の勅諭」／「プロシア派」の勝利を確定させた「明治十四年の政変」の主役・井上毅／「圧倒的不利からの大逆転」の裏に隠された黒田清隆との取り引き／「帝国軍」を議会のコントロールから切り離すために出された「軍人勅諭」／「絶対的権力は絶対的に腐敗する」という人類の常識／武士出身の大隈と福澤はなぜ朱子学の洗脳から逃れることができたのか？／徳川家解体に最後まで反対した山内容堂は「賢侯」に非ず／大隈・福澤と岩倉の対立点に見られる西欧の「民主主義」に対する理解の差／井上毅がプロシア流法律学に「転向」した本当の理由／条文で国民の「信教の自由」の権利を明確に認めていた大日本帝国憲法／井上にカルチャーショックを与えた「日本ハ仏教ヲ以テ国教ト為スヘシ」という提言／「不平等条約の改正」が目標だった「憲法制定」／「神道は宗教に非ず」という奇想天外かつべらぼうなアイデア／帝国憲法において「宗教的概念をすべて超越した絶対的な存在」とされた天皇／「皇室典範」はなぜ「法律」では無いのか？／明治天皇による「国民よ、勉強せよ」というメッセージ／二千年以上続く男尊

第一章

大日本帝国の構築Ⅲ

帝国憲法と教育勅語

知られざる「陰のプランナー」

■「歴史学の三大欠陥」がもたらした〝徳川綱吉はバカ殿〟という誤解

この『逆説の日本史』の最大の目的は、いわゆる学問としての歴史学が三つの大欠陥を持っていてそれが真実の歴史の解明を妨げているという認識の下に、古代史から現代史に至るすべての日本史を見直す、ということである。

このことは一九九二年（平成4）というから、今から二十五年前つまり四半世紀前にこの『週刊ポスト』に「序論」として書いたことである。大変ありがたいことに、そのころから今までずっと『逆説の日本史』の愛読者である方もいらっしゃるし、それよりは若いが後から序論（第1巻『古代黎明編』所収）を読んでくれた読者もいるだろう。

しかし、四半世紀も連載を続けると、たとえば途中からの読者で序論は読んだことが無く、「日本歴史学の三大欠陥」についても聞いたことはあるが詳しくは知らない、あるいはまったく知らないという読者も増えてきた。

そこで近現代史を分析するにあたって、ちょうど節目でもあるこの機会にもう一度ご説明しておきたい。『逆説の日本史』を真に理解していただくためにも、このことは絶対に必要だと思うからだ。だが、第一巻と同じ事例を使って説明しても芸が無い。繰り返しになるし既読の読者は退屈だろう。幸いにして二十五年間、古代から明治まで叙述したおかげで、序論よりもさらにわかりやすい事例がいくらでもある。そのなかのとっておきのネタで「日本歴史学の三大欠陥」をご説明しよう。その三大欠陥とは、いや、今回は事例の説明から入ろう。最初のネタは江戸幕府五代将軍徳川綱吉《とくがわつなよし》である。そう、あの「犬公方《いぬくぼう》」だ。

多くの読者が綱吉と聞けば、真っ先に犬公方（お犬様）を連想し、生類憐《しょうるいあわれ》みの令を思い浮かべるのではないだろうか。この法令は殺生を禁止するために1687年に発布されたのだが、それは「行き過ぎた動物保護法であり、そのために庶民は大変に苦労した」という認識が一般的だろう。綱吉は〝犬バカ〟将軍のイメージが広まっている。

（『日刊SPA!』2015年2月9日付）

これが徳川綱吉の最大公約数的なイメージであろう。そのイメージは何によって作られたか？　言うまでも無い。日本の歴史学であり、それを信奉する歴史学者だ。彼らが「綱吉はバカ殿で、生類憐みの令は稀代の悪法である」と教え込んだからこそ、小説家もシナリオライターもそうだと信じて「バカ殿綱吉の悪政に苦しんだ庶民」を描き、そうした文学作品や映画・テレビドラマに感化された国民が「〝犬バカ〟将軍のイメージ」を抱くようになったのである。その証拠に日本歴史学界の通説によって編纂されている『国史大辞典』

（吉川弘文館刊）で「生類憐みの令」をひくと、「従来、綱吉個人の性格に起因する将軍専制体制下の悪法と評価されてきた」とある。最近は異論や新説もあるようだが、少なくとも「従来」つまり明治以後の日本歴史学界は、生類憐みの令を「性格の悪い独裁者綱吉の個人的な動機によって作られた悪法」と決めつけてきたということだ。

さて、大変申し訳ないがオブラートに包んだ言い方をしても意味が無いので、ここは直截《ちょくせつ》に言わせていただく。私はこの日本歴史学界の綱吉に対する見解は百八十度間違っていると思っている。一部分が不正確と言うのでは無い。一から十まで完璧に間違っていると思うのだ。何も喧嘩を売ろうと言うわけでも無いし、自分の意見を目立たせるために誇張しているのでも無い。完全な真実だと思って言っている。

その根拠を述べよう。まず専門知識など一切いらない常識で考えよう。どんな国どんな時代でもそうだが、悪法というのは必ずある。そしてこれも常識で考えればわかることだが評判の悪い法律であればあるほど、それを国民に守り続けさせるということは大変な政治力を必要とする。権力の強化と言ってもいいが、それが無ければ国民の大勢が抵抗する法律を守らせ続けるのはきわめて難しい。生類憐みの令について言えば、綱吉はこれを施行してから死ぬまでの約二十七年間続けた。そんなことはよほどの政治力が無ければできるものではない。独裁者だから何でもできると言うのは、政治に対する大きな誤解である。

それが国民がまったく受け入れられない法律であったら「殿ご乱心」ということになり、権力の座から滑り落ちる。それが人類の常識だ。そうならなかったということは、綱吉が自分の権力をじつに上手く固めていたということなのである。

ここで思い出して欲しい。四代将軍徳川家綱《いえつな》というのはどんな人間だったか。三代将軍の父家光《いえみつ》が早死にしてしまったために、小学生の年齢で跡を継がなければならなかった将軍なのである。当然一人では政治をすることができず叔父保科正之《ほしなまさゆき》や老中たちの補佐を受けた。それどころか二代将軍秀忠《ひでただ》、三代将軍家光の時代から、将軍は何事も老中の合議を尊重しそれに決裁を与えるだけの存在となっている。おそらく平和な時代となり、もうトップダウン的な権力は必要無いと考えた初代徳川家康《いえやす》がその方向に導いたのだろう。老中が合議で決めれば大きな過ちを犯す可能性が少ないからである。逆に言えば将軍といえどもなかなか自分の自由にはならない。老中が結束してそれは東照神君家康公のお言葉に反しますと言ってきたら、将軍は何もできないということだ。

しかし生類憐みの令というのは、あきらかに神君家康公のご遺志に反したことである。家康は鷹狩りを好んだが、生類憐みの令はそれを実行不能にしてしまう。老中たちはこぞって反対したはずだ。それなのに将軍綱吉が実行できたということは、そのように綱吉が幕閣の仕組みを変えていたということなのである。

具体的に言えば側用人《そばようにん》の新設だ。老中合議と将軍決裁の間に、側用人というわずか一人を置くだけで、将軍は老中合議に対して事実上の拒否権を持つことができるし、側用人を通じて老中を操ることもできる。側用人は二代三代四代にわたって将軍より老中の権力が強かった幕閣を改造するために、他ならぬ綱吉が考えたオリジナルのアイデアなのである。しかも、そのアイデアは図に当たって、将軍は自分の意思を強く押し通すことができるようになった。この綱吉が考えた側用人システムは、老中に対して自分の政治を行ないたいという将軍は踏襲しているのである。最初は側用人だった老中田沼意次《たぬまおきつぐ》を重用して、それまでの重農主義から重商主義に転換しようとした十代将軍家治《いえはる》もそうだったし、それより先に自分の政治を押し通したことで有名な八代将軍吉宗《よしむね》も側用人という言葉は使わなかったが、それと同じ役目の人間を身近に置いていた。後代の人間にも採用される優秀な政治システム、それを考え出した綱吉がバカ殿であるはずが無い。それどころか、徳川家康以来の天才ではないか。

■日本歴史学界が陥る「滑稽なまでの史料絶対主義」

しかし、いかに政治家として優秀であったとしても悪法を押しつけるのはよろしくない、と言う意見は当然あるだろう。確かにアドルフ・ヒトラーはそうだ。ヒトラーがあれだけの権力を得たのは、第一次世界大戦で疲弊したドイツ経済を見事に立て直し国民の支持を得たからである。そこまでは良かったが、問題はヒトラーがユダヤ人虐殺というとんでもない「悪法」を実行したことである。だから今日ヒトラーを優秀な政治家として評価する人間は誰もいない。では綱吉も同じなのか？　政治家としての力量はあるにせよ、最終的に生類憐みの令という悪法を施行したから、やはり暴君と言うべきなのか？

綱吉以前と以後で劇的に変わったことがある。一番わかりやすいのは、生類憐みの令の象徴でもある犬だ。犬追物《いぬおうもの》というスポーツというか弓術の鍛錬をご存じだろうか。武士とは本来馬に乗るものである。だからそれより身分が低い、周りを走る兵士は足軽《あしがる》と呼ぶ。武士の表芸は鉄砲などでは無く、馬上で槍と弓矢を扱うことである。現在も行なわれている流鏑馬《やぶさめ》は弓術の三大競技（騎射三物《きしゃみつもの》）の一つだが、じつはもっとも簡単な競技でもあった。何しろ馬上から固定され静止している的を射抜くだけである。次に難しいのが、様々に配置された複数の的を狙うもので、これを笠懸《かさがけ》という。だがもっとも難しいものは、囲いのなかに放された犬を何匹射殺できるかという犬追物である。犬はすばしこく動き回るからこれはじつに難しい。当然ながらこれの名手は褒《ほ》められた。武士とは本来戦場で人を殺すのが「商売」である。その技量を日ごろから磨いておくことは褒められることで、だから試し斬りのための辻斬《つじぎ》りも悪いことでは無かった。

しかし、戦国時代が終わってもう百年経ったのだから、平和な時代に合わせて生命尊重の意識を日本人に定着させるべきだと綱吉は考えたのだ。これが高邁な理想であることは誰にでも理解できるだろう。

ただし、実行となると話は簡単では無い。鎌倉幕府成立以前から武士は存在した。その時代から数えれば約七百年にわたり武士は人を殺し犬を殺し、そのことに誇りを抱いてきたのである。そうした武士たちに人間や犬の命は何よりも尊いものだと教えるためには、まず「犬を殺してはいけない。殺したら死刑だ」という法を施行するぐらいしか道は無い。織田信長《おだのぶなが》は乱れに乱れた国内の治安を回復するために、「たとえ人から一銭でも盗んだら斬る（死刑にする）」という「一銭斬り」なる法律を施行したと伝えられている。とんでもない話だ。だが、それによって国内の治安は劇的に回復したとも伝えられている。人間の意識を変えるには厳罰を科すしか無いというのも、歴史の常識だ。そして武士の意識革命をするためには、生類憐みの令のような法律を出すしか無いと考えたのは綱吉である。自分の理想を実現するために、それを可能にするアイデアを考え、しかもそれを実行し最終的に理想を実現した。それが実現したからこそ、我々日本人は今は犬一匹の命も大切にしなければいけないと思っている。もう一度言うが、それは綱吉の時代は常識では無かったのである。

綱吉は実現不可能だと思われていたことを、自分の考えた政策で実現したのである。しかも実現した内容は、ヒトラーとはまったく違って人類の理想にもかなうものである。こういう理想を実現した帝王を世界中で名君と呼ぶ。その意味で綱吉は名君以外の何物でも無い。それなのに日本歴史学界の先生方は、「綱吉はバカ殿で生類憐みの令は稀代の悪法だった」と主張する。おわかりだろう。日本の歴史がまるでわかっていないのだ。

では、なぜそうなってしまったのか。それも明快に説明できる。

いわゆる専門の歴史学者はナマの史料が読める。古文書である。それを読めることがプロの最低条件だと思っている。私、井沢元彦はそういう訓練を受けたことが無いから古文書が読めない。そこで彼ら「プロ」はこう思うのだ。

「井沢元彦？　あの男、古文書読めないいんだろう。ナマの史料も読めないくせに偉そうなことを言うな。知らないなら、教えてやる。綱吉の同時代で綱吉を褒めてるやつは一人もいない。みんなバカ殿だと言っているんだぞ」

もちろんそんなことは知っている。それは事実でもある。しかしなぜそういう史料が残るのか？　先生方には「学識」では無く「常識」で考えてもらいたいのだ。綱吉の理想は当時の武士の常識には完全に反することである。たとえば、綱吉の時代に犬追物の名人でそれゆえに社会では名士であった武士は、次のように思うだろう。

「犬を殺してはならぬだと、ふざけるな。将軍家と言えば征夷大将軍《せいいたいしょうぐん》。あらゆる武士の棟梁《とうりょう》ではないか。それなのに綱吉公には武士の心がまったくおわかりになっておらん！」

そう思うのは当然で、そういうものが日記や手紙として残る。しかし、当時の人がそう判断していたからと言って、歴史的に見てそれが良いことだったか悪いことだったかは、その後の展開を見て初めてわかることだ。そうしたセンスが無い人にどうして歴史が論じられるだろうか？

ちなみに、先生方は綱吉の腹心柳沢吉保《やなぎさわよしやす》を「阿諛追従《あゆついしょう》の徒（おべっか野郎）」などと決めつける。皆が綱吉を批判しているのに、吉保だけが褒めているからだ。しかし、吉保は綱吉が自分の理想を実現するために、自らの手で選んだスタッフなのである。だから当然、吉保は綱吉を名君だと思うはずではないか。それなのにそれが「おべっか」としか見えないのは、これも歴史がわかっていないとしか言いようがない。

つまり、日本歴史学の三大欠陥の一はこれで、「滑稽なまでの史料絶対主義」である。なぜ滑稽なのかは、もう説明する必要は無いだろう。

■「飛鳥時代」というおかしな時代区分を放置し続ける歴史学者たち

近現代史に入ったところで、四半世紀前に私が指摘し『逆説の日本史』を起筆するきっかけともなった日本歴史学の「三大欠陥」についてあらためて説明している。その第一が「滑稽なまでの史料絶対主義」であることはご説明した。

「犬公方徳川綱吉」がいかに優れた、それも政策立案能力、実行力、高邁な理想と三拍子揃った名君であったかを証明し、その名君を「犬バカ」としてしかとらえられない日本歴史学界の問題点を指摘しておいたが、もう少し補足しておこう。

日本を代表する学者の一人である新井白石《あらいはくせき》が、綱吉のことを「暗君」すなわちバカ殿と批判している。これは事実である。このことも日本歴史学界の「綱吉バカ殿説」を補強する形になっている。すなわち、「白石ほどの学者が綱吉を暗君と言っているのだから、やはりバカ殿だ」ということだ。確かに新井白石が大学者であることは否定しない。しかし、いくら大学者とは言え、一個の人間でありまた江戸時代の人間でもある。当然その「学識」にも現代の目から見れば様々な欠陥があるし、また「常識」の問題もある。

この場合の常識とは「新政権の担当者は前代の政権の悪口を言うものだ」という、「学識」以前の人間世界の決まりごとのことである。それは昨今のアメリカのトランプ大統領のオバマ前大統領への批判にも現われているが、良く考えれば中学生でもわかることで、新政権の存在意義を強調するための一番良い方法はこれだからである。討幕の志士たちも「幕府は悪だ」と言ったではないか。逆に褒めてしまったら、「そんな良い幕府を倒す必要があるの?」ということになってしまう。

白石は、五代綱吉の跡を継いだ六代将軍徳川家宣《いえのぶ》の侍講《じこう》すなわち政治顧問的立場で、実質的な補佐官でもある。ただちに進言して生類憐みの令を家宣に廃止させた。もちろん、人気取りのためだ。先に述べた理由で生類憐みの令は保守層にはとくに評判が悪かった、だから新政権発足にあたって、家宣にそういう「新政策」を取らせ政権の基盤を固めようとした。そうさせておきながら一方で、「先代はご名君でございました」などと言ったら、政策と矛盾してしまうではないか。だから白石は仮に綱吉のことを内心では「名君だ」と思っていても(「暗君だ」と心の底から思っていた可能性もあるが)、自分の政治的立場から「暗君だ」と言わざるを得なかったのである。

こういった世俗の知恵のことを「常識」というのだ。古文書が読めるか読めないかなどという技能とはまったく関係無く、優れた人ならば教育を受けなくても身につけられるものである。だから昔は「市井《しせい》の賢人」などと呼ばれる人がいた。世間知《せけんち》という言葉もあった。

では白石は綱吉のことを内心ではどう思っていたのか? そのことを考えるのに良いヒントがある。他ならぬ白石が、将軍家お付きの儒学者(侍講)になれたという歴史的事実である。このことはずいぶん前に『逆説の日本史 第十五巻 近世改革編』で指摘しておいたのだが、身分制度が厳格に適用され儒学については幕府大学頭《だいがくのかみ》を務める林家《りんけ》がすべてを取り仕切るという絶対のルールが存在したはずの時代に、綱吉の時代には荻生徂徠《おぎゅうそらい》や室鳩巣《むろきゅうそう》といった「非官学」の民間学者が重用されているという歴史的事実がある。そういう流れがあったからこそ、白石も世に出ることができた。

では、その流れを作ったのは誰か？

綱吉ではないか。仮に誰かがそういうアイデアを進言したとしても、採用し実行したのは綱吉である。もう一つ注意すべきは、この「絶対のルール」はいったい誰が決めたのかということである。言うまでも無く「東照神君家康公」だ。当然、老中たちは「御公儀には林家がございます。あやしげな市井の学者などお近づけになってはなりませぬ」と激しく反対したはずである。それを、たとえ林家の出身で無くても優秀な学者なら登用するという合理的な新政策を実行したのである。これ一つとっても、綱吉が「暗君」であるはずが無い。そして、同じ時代の人間として白石は自分が世に出られたのは結局誰のおかげかをはっきりと認識していたはずだ。にもかかわらず、白石が綱吉への感謝を口にした形跡は無い。

おわかりだろう、白石には「学識」はあるかもしれないが、あまり尊敬できるタイプの人間では無いということだ。その意味でも、白石の綱吉に対する評価はかなり割り引いて考えるセンスが必要だ。

　さて、日本歴史学の「三大欠陥」に話を戻そう。その第一が「滑稽なまでの史料絶対主義」である。次は何か？

　これも具体的な事例で説明したほうがわかりやすいだろう。日本史の時代区分である。教科書でもおなじみの通説は次のようになっている。すなわち近代以前は古墳《こふん》時代（4世紀～592年）、飛鳥《あすか》時代（592年～710年）、奈良時代（710年～794年）、平安時代（794年～1185年頃）、鎌倉時代（1185年頃～1333年）、室町《むろまち》時代（1336年～1573年。前期の一部を南北朝時代、後期の一部を戦国時代と呼ぶことがある）、安土桃山《あづちももやま》時代（1573年～1603年）、江戸時代（1603年～1868年）であり、これは「政権の所在地」で分類するやり方だ。ちなみに私が子供のころには古墳時代という時代区分は一般的で無く、飛鳥時代から始まるのが普通だった。この時代の政権の主体が飛鳥時代の大和朝廷のように明確では無かったからだろう。とにかく飛鳥、奈良、平安、鎌倉、室町、安土桃山、江戸という時代区分を覚えるのが、今でも歴史教育の基本となっている。その基本を定めたのは言うまでも無い日本歴史学界の先生方である。

　ところが、この区分法は根本的におかしなところがある。それは「飛鳥時代」というカテゴリーである。この時代、確かに飛鳥（という地域）に「宮」つまり「天皇の住む御殿」（それがあるところが京〈首都〉）が存在したことは事実である。たとえば、飛鳥板蓋宮《あすかのいたぶきのみや》、飛鳥浄御原宮《あすかのきよみはらのみや》などだが、あきらかに大和国飛鳥地域では無い近江国大津《おうみのくにおおつ》に天智《てんじ》天皇が都を置いたこともあった。しかも、何より肝心なことは奈良時代以降とは違って、この時代は原則として天皇一代ごとに都が移転していたことだ。政権所在地が一か所に固定された奈良時代以降とはまるで様相が違うのである。この時代は名付けるなら「首都流転時代」だろう。流転の範囲も飛鳥地域に限定されてはいないのだから、この意味でも「飛鳥時代」はおかしい。

つまり、日本史の時代区分はまず「首都流転時代」と「首都固定時代」に大きく分けるべきなのである。これは世界史には無い、日本史だけのきわめて大きな特徴である。日本史を知る、ということはこういう特徴を知ることが第一歩のはずである。

■「日本史の呪術的側面の無視ないし軽視」という大欠陥

では、いつ首都流転時代は終わったのか？　それが完全に終わったのは奈良時代すなわち平城京からだが、その「終わり」が始まったのは平城京からでは無くもっと早い。この『逆説の日本史』の愛読者なら、その答えをご存じだろう。そう、それは藤原京《ふじわらきょう》である。

しかも、その事実は私が発見したわけでは無い。一千年以上も前から多くの日本人が認識していたことだ。百科事典にもちゃんと載っている。

藤原宮　ふじわらのみや　日本古代の６９４年（持統８）から７１０年（和銅３）平城遷都までの16年間にわたる藤原京における宮城。その宮殿址は京域の中央北寄りの奈良県橿原市高殿町を中心とした地域にある。これまでの飛鳥の宮室は天皇の代替りごとに、あるいは一代に数度移るのがならわしであったが、藤原宮は持統、文武、元明の3代の天皇に継承された点に著しい特色をみる。（以下略）

（『世界大百科事典』平凡社刊　傍点引用者）

言うまでも無いことだが「飛鳥の宮室は天皇の代替わりごとに、あるいは一代に数度移るのがならわし」だったことは『日本書紀』を見ればわかることで、一千年以上前から認識されていた歴史的事実であり、これに異論を唱える学者は一人もいない。ならば、この事実に基づき合理的論理的に日本史の時代区分を考えるべきだ。そして、そう考えるならば時代区分は「藤原京」を分岐点として、まず「首都流転時代」と「首都固定時代」に大きく分け、「流転時代」には通常は移転しない近江国にも都があった事実を教え、「固定時代」は持統《じとう》天皇から始まったという明確な事実を指摘したうえで、藤原、奈良、平安、鎌倉、室町……という新しい時代区分を作るべきだろう。

こんなことは別に高度な「学識」など無くても、中学生でも納得する「常識」的結論であるはずなのだが、日本の歴史学界はいまだに飛鳥、奈良、平安、鎌倉、室町、安土桃山のままである。

考えてみればじつに不思議な話ではないか、なぜ日本の歴史学界はこんな不合理を放置しているのか。そもそも時代区分を改めようという発想すら無いように見受けられる。

ひょっとしたら藤原京の時代は十六年しかなかったから、あまりにも短すぎて省略すべきだと考えているのかもしれない。実際、平城京（奈良時代）と平安京（平安時代）の間には長岡京《ながおかきょう》の時代が約十年あったのだが、それも省略されている。そういう考えに基づくものかもしれない。

しかし、それはあきらかに誤った態度である。なぜなら、天皇一代ごとに首都移転するという先祖からずっと守られてきた基本的なルールを持統天皇が変えたのだから、そしてそれは最終的に平城京につながり首都固定路線が定着したのだから、藤原京の期間の短さは問題では無い。海外で言えば、ローマ帝国がそれまで禁じていたキリスト教を公認したぐらいの大きな変化なのである。

そして、このように考えてこそ、天皇一代ごとに首都を移転するというきわめて不合理不経済な習慣がなぜ天皇家にあったのか、ということが理解できる。「ケガレ忌避《きひ》思想」である。後に神道と呼ばれた宗教思想が天皇の死穢《しえ》に汚染、いや「穢染」された都は放棄しなければならないという「神武《じんむ》天皇以来の絶対的ルール」を生んだ。だからこそ古墳時代から天皇家は土葬という習慣を、ケガレを封じ込める意味もあって崩さなかった。葬礼は宗教のなかでももっとも重要な儀式の一つである。ところが、一代限りで移転していては恒久的な投資ができず国はいつまでたっても発展しない。そこで持統天皇は大英断を下し、土葬をやめて自らの遺体を火葬させたのである。たとえ実子であっても孫であっても、天皇の遺体を勝手に火葬はできない。神武以来のルールなのだ。それゆえ、持統天皇は強い意志をもって火葬を遺言し断行させたとみるべきだろう。仏教という「宗教技術」によって死穢を払い、都を移転しなくても良い形を作ったということだ。持統天皇以降すべての天皇が火葬されたわけでは無いが、少なくともその方向性は彼女が創始したと考えるのが合理的であり、そのように考えてこそ「なぜ古代の天皇は一代限りで首都を移転していたのか？」「その絶対的なルールを誰がどうやって変えたのか？」という二つの疑問に対するもっとも合理的な解答も得られるというわけだ。

仮に、この「井沢新説」に納得できないというのなら、この二つの疑問に対して私以上に論理的合理的に説明できる新説を提示していただきたい。また、この新説に反対でも、「飛鳥の宮室は天皇の代替わりごとに、あるいは一代に数度移るのがならわしであったが、藤原宮は持統、文武《もんむ》、元明《げんめい》の三代の天皇に継承された」ことは誰もが認める歴史的事実なのだから、時代区分を「藤原、奈良、平安……」に改めることはやるべきだし、むしろもっと早くやるべきだった、という見解は支持していただけるだろう。

しかし、学界はやっていないし、やる気配も無い。なぜか？

「日本史の呪術的側面の無視ないし軽視（宗教の無視）」という大欠陥が日本の歴史学界にあるからだ。すなわちこれが三大欠陥の二つ目である。

ところで、この学界お墨付きの時代区分にはもう一つ重大な欠陥がある。

これも今から十年以上前に『逆説の日本史 第十一巻 戦国乱世編』で指摘しておいたことだが、「安土桃山時代」が問題だ。安土つまり織田信長政権が安土城にあった時代はいいのだが、桃山時代はいただけないということだ。なぜなら次の豊臣秀吉政権の拠点は大坂城ないしは伏見《ふしみ》城であって、桃山に政権があったという歴史的事実はまったく無い。

こんな中学生どころか小学生でもわかる誤りを、なぜ歴史学界は放置しておくのか？

このあたりに、日本歴史学界の三大欠陥の最後の一つがある。

■「安土桃山時代」を「織豊時代」と言い換える姑息な態度

さて、日本歴史学界の「三大欠陥」つまり「滑稽なまでの史料絶対主義」および「日本史の呪術的側面の無視ないし軽視」、これは「宗教の無視」と言い換えてもいいのだが、それに続く三つ目の欠陥について述べたい。

それは鎌倉時代、室町時代等々の時代区分のなかの「安土桃山時代」という用語に象徴されている問題だ。「安土」は確かに織田信長政権が安土城にあったからいいのだが、次の豊臣秀吉《とよとみひでよし》政権の拠点は大坂城ないしは伏見城であって、「桃山城」など当時どこにも無かった。こんな中学生どころか小学生でもわかる誤りを、なぜ歴史学界は放置しておくのか？

なぜ、「桃山城」など存在しなかったのに安土桃山時代という用語が成立したのかについては、『逆説の日本史　第十一巻　戦国乱世編』に詳述しておいたので、今ここでは繰り返さないが、事情が何であれ他の用語と整合性がまったく無いのは事実だからやはり改めるべきだろう。確かに信長・秀吉の政権は、拠点が他の時代に比べて流動的ではある。信長は岐阜《ぎふ》城時代が長かったし、秀吉は大坂城、伏見城の他に京の聚楽第《じゅらくてい》という拠点もあった。しかし、政権の象徴として拠点を選ぶならば信長については「信長教の神殿」である安土城、秀吉については、あきらかに信長も次期拠点として予定しており最終的に秀吉が東アジア最大の要塞として完成させた大坂城を選び、「安土大坂時代」とすれば基本的に問題は無いはずである。江戸時代には「天下の台所」と呼ばれた大坂の地が、京、鎌倉、江戸などと並んで日本を代表する都市であり、豊臣政権の経済拠点であったことも紛れも無い事実だし、秀吉自身が辞世で「なにわ（大坂）のこともゆめの又ゆめ」と述べている。

この意味でも安土大坂時代でいいと思うのだが、学界は頑《かたく》なに改めようとしない。学界は大坂が日本の中心であった時代もあったことを認めたくないらしい。よほど大坂（大阪）が嫌いなのか（笑）。

じつは学界も「安土桃山時代」という呼称はおかしい、ということに気がついているらしい。なぜなら最近は多くの学者が「安土桃山」と言わず、「織田・豊臣」を縮めた「織《しょく》豊《ほう》時代」「織豊政権」という用語を用いているからだ。そのほうが正確だと思うからこそそれを使うのだろう。しかし姑息《こそく》なやり方である。正面から物事に取り組んで根本を修正しようとせず、小手先の修正でごまかそうとする態度である。

日本の時代区分は政権の所在地の名称を用いるという大原則がある。だから奈良、平安（京）、鎌倉、室町（京の一角）そして江戸なのだ。室町と江戸の間にある「織豊」という言葉を用いるのはこの原則を無視することになる。どうしてもそうしたい、そのほうが正確だからと言うのなら、少なくとも鎌倉は「北条《ほうじょう》時代（あるいは源北時代）」、室町は「足利《あしかが》時代」と呼ぶべきだ、と主張すべきだが、もちろん彼らはそんなことはしていない。だから姑息なやり方なのだ。

ひょっとしたら、彼ら学界の人々は「井沢元彦は安土大坂時代でいいと言うが、本人も認めているとおり信長、秀吉の拠点は一か所に定まらず流動的なのだから、その主張には無理がある」と言ってくるかもしれない。もしそういう反応が返ってきたら、私は笑って「墓穴を掘りましたね」と答えるだろう。

おわかりだろう。それを言うなら、政権の所在地が原則として天皇一代ごとに移転し、その範囲も大和《やまと》国飛鳥だけで無く摂津《せっつ》国難波《なにわ》や近江国大津にまでおよんでいた時代を、ひとくくりに「飛鳥時代」と呼ぶことがいかに無理があるか、まずそれを問題視しなければおかしいからだ。すでに述べたように、政権の所在地という大原則で時代区分をするならば、まず持統天皇の藤原京を分岐点にして、それ以前を「首都流転時代」それ以後を「首都固定時代」とし、藤原、奈良、平安、鎌倉、室町としなければ論理的に無理があるのである。

「過《あやま》ちては則《すなわ》ち改《あらた》むるに憚《はばか》ること勿《なか》れ」、「過ちて改めざる、是《これ》を過ちと謂《い》う」という名言がある。訳すまでもあるまい、ともに『論語《ろんご》』にある言葉で二千五百年も前に孔子《こうし》はそう諭していた。日本歴史学界も一見そういう道を行っているよう

この画は「足利尊氏像」とされていたが、荻野三七彦早大教授が1968年（昭和43）に否定したことで、現在では「騎馬武者像」と呼ばれている。南北朝時代。重要文化財（写真／京都国立博物館）

に見える。たとえば、私が子供のころには「足利尊氏《たかうじ》像」とされ教科書にも載っていた画（30ページ図版参照）が、最近は「騎馬武者像」に訂正された。なぜ、これが足利尊氏の肖像では無いのかは『逆説の日本史 第六巻 中世神風編』に詳述しておいたが、その論拠は私のオリジナルでは無く当時すでに歴史学界でも問題とされていたことだ。それから何年もかかったが、とりあえず「誰が見てもおかしい」過ちは訂正された。しかし、時代区分については「安土大坂時代」になる気配は無いし、「藤原、奈良、平安、鎌倉、室町」になる話など聞いたことも無い。

私が何を言いたいのか、慧眼な読者はもうおわかりだろう。

■「歴史学界は誤りを犯さない」という権威主義的驕り

しかし、その結論を述べる前にもう一つ重大な事例を述べておこう。

今、私は早朝に起きてこの原稿を書いている。ニュースを見ようとテレビをオンにしたら、まず目に飛び込んで来たのはJアラートが発令されたというニュースだった。北朝鮮がまたしてもミサイルを発射したという警報である。報道されているとおり、北朝鮮の独裁者金正恩《キムジョンウン》は「日本などいつでも焦土にできる」と恫喝している。焦土になるということは、日本の各都市が破壊され何十万人、いや下手をすれば何百万人の日本人が殺されるということだ。確かにイージス艦その他のミサイル防衛システムはあるが、本気で北朝鮮がミサイル攻撃してくればそれを百パーセント防ぐことはあきらかに困難である。つまり金正恩の恫喝は単なる脅しでは無いということだ。

いったいなぜこんなことになってしまったのか？　前にも述べたように、北朝鮮のミサイルは突然日本全土を射程に置いたわけではない。最初のミサイル「ノドン」は日本まで届かず手前の日本海にポトリと落ちた。この段階で日本が今のアメリカのように「レッドライン」を設けて、日本に届くミサイルを開発させないように手を尽くしていれば、こんな危機は少しは避けられたかもしれない。しかし、実態はまるで逆だった。日本からは様々なルートを通じて北朝鮮に膨大な資金が流れた。その資金で北朝鮮はますます肥え太り、ミサイル開発を進めた。要するに、日本はここ数十年「暴力団に資金援助する国家」だったのである。愚かな話だ。つまり、ノドン発射以降の現代に「時代名」をつけるとしたら「暗愚時代」だろう。我々の子孫は、なぜこの時代の日本人はこんなにマヌケだったのだろうと嘆くかもしれない。そんな「暗愚時代」になぜなってしまったのか、この『逆説の日本史』の愛読者はよくご存じだろう。国民が適切な判断をするために的確な情報を与えるべきマスコミ、文化人、ジャーナリストが「北朝鮮は労働者の天国」「北朝鮮は平和愛好国家」などというデタラメを垂れ流し、それを多くの善男善女たちが信じ込んでしまったからだ。これは若い人でも覚えているかもしれないが、一昔前テレビやラジオのアナウンサーはニュースを読むとき「韓国、大韓民国《だいかんみんこく》」とは絶対言わないのに必ず「北朝鮮、朝鮮民主主義人民共和国」と言っていた。それほど日本が敬意（笑）を払っていたのに、そのころから北朝鮮は「日本を焦土にできる」ミサイルの開発を、日本から流れた資金も使って着々と進めていたのである。まさに「暗愚時代」ではないか。

もし、本当に日本に北朝鮮のミサイルが撃ち込まれ多くの日本人が犠牲になったら、デタラメを垂れ流していたマスコミ、文化人、ジャーナリストはどう責任を取るつもりなのか。まさか日本国刑法第八十一条（外国に通謀して日本国に対し武力を行使するに至らしめたる者は、死刑に処す）を適用するわけにもいかないだろうから、結局は口を拭《ぬぐ》い知らん顔をして済ますつもりかもしれない。こうした連中が具体的にどうやって善男善女を欺《あざむ》いたかは『逆説の日本史　第二十三巻　明治揺籃編』に詳しく述べたところだから繰り返さないが、ここでもう一度取り上げたいのは日本のアカデミズムの一角である日本歴史学界にも、あきらかに国民を欺く道具として歴史学を利用した輩がいるということだ。

言うまでも無く学問の目的は真理を追究することにある。それを担うはずの学者がこともあろうに、その学問を国民を騙《だま》すための手段に用いることは許しがたい暴挙であり、そんな人間は学者の名に値しないはずだ。

私が誰のことを述べているか、もうおわかりだろう。そう、〝歴史学者〟藤原彰《ふじわらあきら》（1922〜2003）のことである。『逆説の日本史 第二十三巻 明治揺籃編』で紹介したように、藤原は日本近代史を専攻し、現役当時は一橋大学名誉教授であるとともに、日本学術会議会員でもあった。まさに日本近代史の「大御所」である。しかし、藤原は「朝鮮戦争は（北朝鮮では無く）韓国の侵攻で始まった」というデタラメ学説を生涯主張していた。何しろ「近代史の権威」が「韓国が悪で、北朝鮮は善」と主張したのだから、その影響は限りなく大きかった。同じく「北朝鮮は平和愛好国家」というデタラメを垂れ流していたマスコミ、文化人、ジャーナリストはこれでおおいに力を得た。その結果、多くの善男善女が騙されることにもなったのだ。この問題に関する藤原の責任も限りなく大きい。

もちろん、人間は過ちを犯すことがある。しかし、「藤原学説」の多くは客観的に見て単純なミスでは無く、あきらかに故意にでっち上げた嘘である。その理由についてはこれも『逆説の日本史 第二十三巻 明治揺籃編』に述べておいたので繰り返さないが、問題は日本歴史学界がこの「藤原問題」を追及しようとせず今も放置されていることだ。

一般に、学界というところには自浄作用がある。もうお忘れになったかもしれないが「STAP《スタップ》細胞がある」という学術論文を発表した女性研究者は学界からその虚偽性を指摘され、すべての名誉を剝奪された。歴史学界でも当然同じような動きがあっていいはずである。歴史学界にも、当然そういう不心得な人間がいるはずだから。

しかし、そういう話はあまり聞いたことが無いし、一度、名誉教授になってしまえば「なったもの勝ち」なのか、たとえ生前どんなに偉い人物であったとしても、客観的にその人間の功罪を論じるのが歴史学の使命ではなかったか。この点を一橋大学に問い合わせたところ、「名誉教授は役職では無く称号なので、死後に取り消すことは無い」そうだ。本当にそれでいいのか？　大先輩、恩師、あるいは重鎮だからその「罪」は論じられないのか？

もちろん藤原の研究がすべて無価値だとは私も考えていないが、あきらかにおかしなところがあるのだから、それを「仕分け」するのも学者の務めではないのか？　学問というのはそういうものではないのか？

要するに、権威には逆らえない、「寄らば大樹の陰」ということではないか。そして、生物学界などと違って歴史学界は誤りを犯さないという驕《おご》りがあるのかもしれない。そうでなければ「安土大坂時代」にしても「藤原、奈良、平安、鎌倉、室町」にしても、もう少し率直に受け入れられるだろう。

学問が求めるのは真実である。プロの学者であろうと素人であろうと中学生であろうと、誰が述べても真実には変わりない。しかし、歴史学界は「井沢元彦という素人が主張していることだから、我々プロは無視していい」と考えているとしか思えない。

おわかりだろう。これが日本歴史学界の持つ三大欠陥の三番目、「権威主義」なのである。

■大日本帝国憲法制定の伏線となった政府内対立「明治十四年の政変」

さて、ここから本章のテーマに入ろう。明治維新政府の骨格とも言うべき大日本帝国憲法（以下、帝国憲法と略す）とはいかなるものであったのだろうか？　まず、通説とも言うべき見解をみてみよう。たとえば国語辞典にはこうある。

明治二二年（一八八九）二月一一日明治天皇によって制定公布され、翌年一一月二九日に施行されたわが国最初の近代的な成文憲法。七章七六条から成り、天皇、臣民の権利義務、帝国議会、国務大臣および枢密顧問、司法、会計などについて規定する。天皇主権を基本原理とし、独立命令、条約締結、宣戦、戒厳の宣告、軍の統帥、官吏の任免、栄典の授与、非常大権など議会によらない立法手段が天皇の権能として広く認められていた。第二次世界大戦後の昭和二二年（一九四七）廃止され、新しい日本国憲法が成立した。旧憲法。帝国憲法。明治憲法。

（『日本国語大辞典』小学館刊）

歴史辞典では無く国語辞典の記述を紹介したのは、歴史研究家で無く一般人を相手にしたものだから、余分なことや異説が書いておらず理解しやすいからである。もう一冊、用語辞典として定評のある『現代用語の基礎知識　２０１７年版』（自由国民社刊）には何と紹介してあるか。これは文章が長いので一部抜粋する。主に戦後の日本国憲法との対比において評価にまで踏み込んでいるのが特徴である。

天皇は、戦前は現人神（あらひとがみ）として主権者であったが、戦後は人間であり象徴にすぎなくなった。国家権力の作用は、戦前は天皇が統治権の総攬者（そうらんしゃ）として集中行使したが、戦後は立法・行政・司法の三権に区別・分離して国会・内閣・裁判所に帰属させた。戦争は、戦前は皇国史観と統帥権の独立の下、台湾出兵（１８７４）から71年間戦争し続けたが、戦後は戦争放棄・戦力不保持・交戦権否認の平和三原則の下、70年以上戦争をしないできた。人権は、戦前は臣民の権利、つまり天皇に支配されている国民の権利として法律の留保が付き、法律でどうにでも制限できたが、戦後は天賦人権、つまり人であること自体によりもつ権利として、法律からも侵し得ないものとされた。平等は、戦前は華族・財閥・大地主が存在する一方で大勢の貧農が放置されたが、戦後は貴族制度を廃止し、財閥を解体し、農地改革で平等かつ生存を保障される国になった。教育は、戦前は神である天皇に命を捧げることを価値とする教育勅語を通じて国が介入したが、戦後は国の介入を禁じて子どもの学習権を保障し、子どもが自由かつ独立の人格として成長できるようになった。宗教は、戦前は神社神道が事実上、国と結び付いて軍国主義を推進したが、戦後は政教分離によって政治と宗教が切り離された。地方政治は、戦前は都道府県が政府の出先機関だったが、戦後は地方自治制が憲法で保障され、集権的な中央政府からの干渉を排除した。（以下略）

大変明快な説明で改めて項目別に整理すると、

天皇は「現人神」から、「国民の象徴」に。

天皇は「国家権力の総攬者」から、立法、行政、司法の三権分立へ。

戦争は「天皇の統帥権」で実行可能から、戦争放棄へ。

人権は「制限された臣民としての権利」から、天賦人権に。

平等は「華族制度、大地主制」を認める一部不平等から、華族廃止、農地改革実行の完全平等へ。

教育は「教育勅語などによる国家介入」から、自由へ。

宗教は「国家神道の強制」から、政教分離へ。
「中央集権」から、地方自治（地方分権）へ。

となる。こういう立場に立つなら「天皇は、戦前は現人神（あらひとがみ）として主権者であったが、戦後は人間であり象徴にすぎなくなった」の後に「主権は国民のものとなった（国民主権）」という文章を付け加えたほうがいいかと思うのだが、とにかく私も帝国憲法と日本国憲法の違いについてはこのような教育を受けた。おそらく読者の皆さんもそうだろう。これは老いも若きもそれほどの違いはあるまい。だからこそ『現代用語の基礎知識』にはこのように記述されているわけだ。

しかし、「宗教の整備」を分析した『逆説の日本史 第二十三巻 明治揺籃編』をお読みになった方々は、「これでいいのか？」という思いがあるだろう。そう、たとえば「現人神」という言葉自体は帝国憲法どころか国定教科書にすら昭和にならないと登場しないし、「国家神道」という言葉も戦前は少なくとも一般的では無かった。帝国憲法に対する国民の典型的理解の形として長々と引用させていただいたが、じつはこの「常識」は多くの部分で今や訂正を必要としているのだ。それも単に「井沢新説」の観点から言うのでは無い。私が批判してやまない歴史学界すら最近はかなり様相が変わっている。

その内容に入る前に、もう一つ従来の見方を紹介しておかねばならない。
それは帝国憲法がどのようにして制定されたか、その経緯である。
これもまず通説を紹介しよう。高校の歴史教科書（２０１７年版）では次のように述べている。

政府は、明治十四年の政変の際に、天皇と政府に強い権限を与える憲法を制定する方針を決めていたが、翌１８８２（明治15）年には、伊藤博文《ひろぶみ》らをヨーロッパに派遣して憲法調査に当たらせた。伊藤はベルリン大学のグナイスト、ウィーン大学のシュタインらから主としてドイツ流の憲法理論を学び、翌年に帰国して憲法制定・国会開設の準備を進めた。

（『詳説日本史　改訂版』山川出版社刊）

「明治十四年の政変」とは、これもこの教科書の記述を借りれば、
１８７８（明治11）年に政府の最高実力者であった大久保利通《としみち》内務卿《ないむきょう》が暗殺されてから強力な指導者を欠いていた政府は、このような自由民権運動の高まりを前にして内紛を

生じ、大隈重信《おおくましげのぶ》はイギリス流の議院内閣制の早期導入を主張し、右大臣岩倉具視《いわくらともみ》や伊藤博文《ひろぶみ》と激しく対立した。たまたま、これと同時におこった開拓使官有物払下《かいたくしかんゆうぶつはらいさ》げ事件で、世論《よろん》の政府攻撃が激しくなった。1881（明治14）年10月、政府は、大隈をこの世論の動きと関係ありとみて罷免《ひめん》し、欽定《きんてい》憲法制定の基本方針を決定し、国会開設の勅諭《ちょくゆ》を出して、1890年に国会を開設すると公約した。

（引用前掲書）

『逆説の日本史 二十二巻 明治維新編』の政治史の時系列的記述は大久保の暗殺をもって終わっていたから、その後一八七九年（明治12）から一八八一年（明治14）までの政治史の流れをかいつまんで紹介しよう。

最後にして最大級の士族の反乱であった西南戦争が士族側の敗北に終わると、武力をもって政治の方向性を変えようとする運動は完全に終止符が打たれた。そこで、いわゆる「不平士族」たちは板垣退助《いたがきたいすけ》らの自由民権運動推進の路線を受け継ぎ、政治参画の権利を求めて国会開設を訴えていくことになる。

一方、政府はすでに一八七五年（明治8）六月に讒謗律《ざんぼうりつ》および新聞紙条例等を制定して国家を批判する言論を厳しく取り締まったが、地方三新法を制定して今の県議会府議会にあたる民会を先に設立して民意を汲み上げる姿勢も示した。「アメとムチ」ということだろう。民権運動家たちは一八八〇年（明治13）、国会期成同盟を結成し国会開設請願書を太政官に提出しようとしたが、門前払いにされた。逆に政府は新たに集会条例を定め政治結社の活動を制限した。

こうしたなか、国会開設を視野に入れた民間政党の最初のものとして板垣退助を総理（党首）とする自由党が結成された。一八八一年（明治14）十月のことである。

西南戦争の影響は国家財政にもおよんでいた。莫大な戦費を賄《まかな》うために正貨である金や銀と交換できない不換紙幣を濫発したことから、国内に激しいインフレーションが起こり日本貨幣の価値が急落した。そこで一八八〇年（明治13）、大蔵卿大隈重信が中心となり国家財政を安定させるために間接税を増やし官営工場を払い下げる方針を決めた。その方針を受け継いだ新任の大蔵卿松方正義《まつかたまさよし》は緊縮財政つまりデフレ政策を取り、一八八二年（明治15）に日本銀行を設立し、兌換券《だかんけん》（正貨と交換できる紙幣）を発行した。これで一応近代的な銀本位の貨幣制度が成立したのだが、逆にデフレ政策は物価の下落を招き不況の長期化を引き起こして、中小の自作農が土地を手放し大地主の下で小作人に転落した。すなわち、大地主による農地の寡占化が進むこととなった。こうした財政面で実務的手腕を示し政府に重きをなした大隈重信は、持論であるイギリス流の議員内閣制の早期実現を目指した。これには福澤諭吉《ふくざわゆきち》も賛同していたようで、政府部内の大隈と在野の福澤がタッグを組んでその路線を進めていた、これに危機感を抱いたのが、大久保亡きあと政府内ナンバーワンの実力者となった岩倉具視である。公家出身の岩倉はイギリス流のやり方では天皇の権限が著しく制限されることになるとみていた。

この見方自体は間違っていない。イギリスの国会は古くは十三世紀にジョン王がマグナカルタ(大憲章)に署名して以来、名誉革命など王権を民権が制限するという流れできているからだ。岩倉は王権をむしろ強化するような憲法こそ理想と考えていた。おそらくは、明治になって「しゃしゃりでてきた」薩長以外の「志士」たちに反感を持っていた伊藤博文も岩倉の考えを支持した。どちらかと言えば西郷隆盛《さいごうたかもり》に引き立てられた大隈と違い伊藤は、大久保の「国会など開設する前にやることが山ほどある」の見解に賛成だったのである。この路線対立が深刻な勢力争いに発展し「明治十四年の政変」を招いた。

■陰謀の名手による「でっち上げ」で罷免された大隈重信

そのきっかけとなった「開拓使官有物払い下げ問題」とは、あの「妻殺し」(『逆説の日本史 第22巻 明治維新編』参照)の北海道開拓使長官で薩摩出身の黒田清隆《くろだきよたか》が、「政府がそれまで10年間に約1400万円つぎこんできた開拓使の官有財産を無利息30カ年賦38万円という不当な安値で、薩派の政商五代友厚《ごだいともあつ》らの関西貿易商会に払い下げようとした」(『世界大百科事典』平凡社刊)事件で、これが民間に漏れて大問題となった。政府部内では大隈だけがこの不当な払い下げに反対していたので、陰謀の名手である岩倉・伊藤らは逆に「大隈は薩長藩閥打倒のために河野敏鎌《こうのとがま》農商務卿らと謀り、輩下の官僚に働きかけて福沢ら三田派と通謀し、後藤象二郎《ごとうしょうじろう》、板垣退助ら土佐派の民権家と気脈を通じ、政商岩崎弥太郎《いわさきやたろう》(三菱)に資金を出させ、陰謀をはかっている」(引用前掲書)という「大隈陰謀説」をでっち上げ、薩摩の黒田とも連携し払い下げ問題は追及しない代わりに取り下げ、一致して大隈を罷免に追い込んだ。しかし、国民をなだめるために「一八九〇年に必ず国会を開設する」という内容の「国会開設の勅諭」を出さざるを得ず、タイムリミットが切られる形となった。それは、その年までに総選挙を実行するという公約でもあるから、遅くともその前年一八八九年までには「国会」そして「主権」を明確に定める憲法を制定し施行しなければならないということだ。

下野した大隈は板垣のフランス流自由主義に対抗してイギリス流の立憲改進党を創立した。一方、一八八四年(明治17)には自由党過激派困民党などによる暴動「群馬事件」「秩父《ちちぶ》事件」「加波山《かばさん》事件」が相次いで起こり、政府はこれを鎮圧し首謀者を死刑にしたものの国会開設要求の機運はますます盛り上がった。こうしたなか、民間でも憲法を考える動きが盛んとなり福澤諭吉や植木枝盛《うえきえもり》が憲法私案（私擬《しぎ》憲法と呼ばれる）を次々に発表した。

そして、いよいよ憲法制定を目指した伊藤博文は政府を代表してプロシアに短期留学に向かうわけだが、こうした教科書の記述によると、伊藤が主に留学で学んだ知識を生かして憲法の制定を推進したようにも読める。実際、憲法制定の中心人物は伊藤博文に間違い無いのだが、じつはこの陰にプロシア留学以前からすでに、伊藤の憲法構想に決定的な影響を与えその方向性を決めていた人物がいたのである。それがここで紹介した通説のなかにはまったく出てこない人物だが、最近の日本歴史学界でもその存在を重視している人物でもある。

その人物の名を井上毅《いのうえこわし》という。いったい、どのような人物なのか。

■岩倉具視の最大の敵「早慶連合」

井上毅とはそもそも何者か？

おそらく団塊の世代かそれに近い世代の読者なら、少なくとも帝国憲法および教育勅語の制定にあたって、井上が陰のプランナーだったという事実をまるでご存じ無いのではあるまいか。かく言う私も、学生時代はまったく知らなかった。

ところが、最近は学界でも井上のことを「明治国家形成のグランドデザイナー」などと評価する傾向にある。ちなみに最新の百科事典でも、その視点から紹介されている。

井上毅 いのうえこわし［1843―1895］

明治前期の官僚。天保（てんぽう）14年12月18日熊本藩の陪臣飯田権五兵衛の三男に生まれる。1866年（慶応2）井上家の養子となった。幼名多久馬（たくま）、号は梧陰（ごいん）。主君長岡監物（ながおかけんもつ）に才能を認められ（中略）明治新政府成立後の1871年（明治4）司法省に入り、翌年渡欧調査団の一員としてフランス、ドイツを中心に国法学の修得と法制の調査に従事した。1873年に帰国するや、盛んに政府首脳部に対して献策し、しだいに大久保利通（おおくぼとしみち）、岩倉具視（いわくらともみ）、伊藤博文（いとうひろぶみ）らの信任を得ていった。太政官（だじょうかん）大書記官となり、1881年10月の「明治十四年の政変」をめぐって薩長（さっちょう）藩閥勢力の背後で画策、大隈重信（おおくましげのぶ）の政府追放とプロシア流欽定（きんてい）憲法構想の採用を実現して、その位置を不動のものとした。政変後、参事院議官、内閣書記官長などを務め、伊藤博文のもとで憲法起草に従事した。1888年法制局長官に就任して枢密院書記官長を兼任。教育勅語の起草にも関与し、1893年には第二次伊藤内閣の文部大臣となったが、病気のため在任なかばで辞任し、明治28年3月17日に没した。／形成期明治国家最大のブレーンとして、起草した草案や、大臣・参議などにかわり代筆した意見書は多数に上る。旧蔵文書は「梧陰文庫」として国学院大学が所蔵。

（『日本大百科全書（ニッポニカ）』小学館刊　項目執筆者大日方純夫）

井上毅の業績が長い間世に知られなかったのは、関係文書の大部分が子孫の手で厳重に管理されていたからのようだ。奥ゆかしい家柄なのかもしれない。しかし、項目にあるように最終的に大学の管理の下に広く公開されることになり、井上の業績が広く知られるようになり「明治国家形成のグランドデザイナー」などと評価されるようになったのである。項目にもあるように井上は熊本藩の出身だから、薩長土肥《さっちょうどひ》の出身者のように政府に有力なコネがあったわけではない。それでも出世したのは大久保利通に見出されたからだ。元幕臣の前島密《まえじまひそか》を官僚として重用したように、大久保には優秀な人材を見抜く能力があったようだ。やはり暗殺されたことは政府にとって大きな痛手であった。井上の「別れ道」は、明治十四年の時点において政府の二大派閥であった大隈派に属するか岩倉・伊藤派に属するか決断したときであった。彼は岩倉・伊藤派を選んだ。

万事に保守的な岩倉に対し、大隈と伊藤の関係は必ずしも悪くは無かった。三歳年上の大隈を伊藤は先輩として立てており、多くの者に先駆けていち早く鉄道の敷設に踏み切ったときも、両者は緊密な連携のもとにあった。そんな二人が袂《たもと》を分かつことになったのは、やはり「日本のグランドデザイン」をどうするか、具体的に言えば後に「國體《こくたい》（体）」と呼ばれるようになる「この国のかたち」をどうするか、における対立であった。さらにこの点を具体的に言えば、王権と民権のバランスをどうするか、である。

大隈も伊藤も、天皇を中心とした立憲国家にすることには意見の対立は無い。問題は民権（国民の権利あるいは政治参加）をどの程度まで認めるかであった。この点、大隈は一貫してイギリス流の「国王は君臨すれども統治せず」を基調とした、最大限に王権を制限して民権を認めるという考え方であった。フランスは絶対的な王権を持つ国王を革命で否定し、国王を処刑して共和国（王のいない国）になった。江戸時代以来「尊皇」が国是となっている日本にとってこれだけは認められない体制である。それよりも名誉革命という形で王権を最大限に制約し民権を拡張しつつも、王制はそのまま残す形を取ったイギリス流のやり方のほうが日本人にも受け入れられやすい、と大隈が考えたのは当然だったかもしれない。イギリスは当時世界一の大国であって、日本の「手本」であったことも忘れてはいけない。そして、この大隈の考えと思想的に一致していたのが慶應義塾大学の創立者でもある福澤諭吉とその弟子たち（三田《みた》派と呼ばれた）、同じく福澤が設立した民間人の交流団体「交詢社《こうじゅん》」グループであった。大隈が東京専門学校（後の早稲田《わせだ》大学）を創立するのは政権を追放され下野してからだが、じつはこの時点でイギリス流の憲法を作ろうとする「早慶連合」が成立していたのである。

福澤はそもそも「天は人の上に人を作らず」「封建制度は親の仇《かたき》」と言った根っからの自由主義者だが、主君に絶対の忠誠を説く佐賀（肥前）藩の「葉隠《はがくれ》武士道」で育ったはずの大隈はなぜ福澤と同意見だったのか？　国民作家司馬遼太郎《しばりょうたろう》が指摘している。大隈は佐賀藩の価値観を一方的に強制する教育方針が我慢ならなかったのである。だから自らの手で大学を創立したときも、まず校是として挙げたのが「学問の自由」であった。

しかし、注意すべきは大隈にとっても、決して官途につかない自由主義者の福澤にとっても天皇が日本の「中核」であることは変わらない真理だということだ。このあたりは現代の常識からは不思議に見えるかもしれないが、キリスト教国において「神の下の平等」が民主主義を生み出したように、日本においては江戸時代に完成した「天皇の下の平等」が日本的民主主義の原点なのである。日本でもその後、フランスと同じく「国王（皇帝）を殺した国」ソビエト連邦の「成功」の影響を受けて「天皇制」を否定しようとする人々が現われるが、この時点では最大の自由主義者である福澤さえも天皇崇拝者であるのは、こういう歴史的経緯による。だからこそフランス革命では無く名誉革命を模範としたのだ。

しかし、岩倉具視は違う。天皇は絶対であるがゆえに「君臨し統治すべき」なのである。このあたりは公家育ちの岩倉の学問見識の狭さであろう。民権を最大限に認めたほうが国家は活性化するし、それが欧米列強の強さの根源でもある。だからこそ大隈・福澤らはイギリス流の憲法を目指したのだが、それを認めようとしない岩倉は大隈にとって政府部内における最大の敵であった。これを何とかしなければいけない。そのために大隈が取った手段が政府部内においては最後まで自分の考えを秘し、最終段階で一気に流れを決めてしまおうというものだった。そしてすべての参議があるべき憲法の形について意見書を提出した後、当時筆頭参議であった大隈は一八八一年つまり明治十四年の三月になって初めて意見書を草し、それを左大臣有栖川宮熾仁《ありすがわのみやたるひと》親王に直接提出した。そのとき大隈は、明治天皇に奏上するまでは他の参議には内容を漏らさないでいただきたい、と念を押したという。前後の事情から見て大隈は、天皇への奏上が済んでしまえばそれは「陛下の御裁可」をいただいたことになる。それを振りかざして強行突破しようとしたのではないか。

ところが、有栖川宮はその「急進的」な内容に驚いて、太政大臣三条実美《さんじょうさねとみ》と右大臣岩倉具視にそれを見せてしまった。こうなれば伊藤博文の耳にも入る。内容を知った伊藤はここで大隈と決別する決意を固めた。伊藤はなぜそのように決断したのか。長州閥のなかではもっとも民権拡張に理解のあった木戸孝允《きどたかよし》がこのときまで生きていれば話は違ったかもしれないが、伊藤は大久保利通の薫陶を受けた「有司専制《ゆうしせんせい》」論者であったようだ。少なくとも国家の基礎が固まるまでは優秀な官僚が国会などの制約を受けずに活動すべきだ、という考え方である。筆者は、伊藤と大隈・福澤の違いはやはり欧米文化に対する理解度の違いにあると考えている。今の日本にもあるが「民間企業などはお上の規制を受けないほうが実力を発揮できる」という考え方と、「民間は放っておくと何をするかわからない。国が適切な監督指導をすべきだ」という考え方がある。伊藤がどちらで、大隈・福澤がどちらかは書く必要はあるまい。政府部内で大隈と決別しようと決心した伊藤は必然的に岩倉に接近し、ここに岩倉・伊藤連合VS大隈派という対立の構図ができた。

■岩倉・伊藤連合が「大隈の陰謀」を阻んだ絶妙な一手「国会開設の勅諭」

しかし、岩倉・伊藤連合には大きな弱点があった。大隈派には交詢社グループが私擬憲法（憲法試案）を発表するなど明確なビジョンがあり青写真があった。ところが岩倉・伊藤グループには「それではダメだ」という主張はあっても、では具体的にどうするのか？というビジョンも私案も無い。向こうはすでにでき上がっているのだから、時間的にもはるかに後れをとっている。大隈が強硬手段に出た理由の一つにこれがあったかもしれない。すなわち敵の体制の整わないうちに勝負に出るということであり、兵法の鉄則でもある。

岩倉・伊藤連合がこの窮状を打開するためには、優秀な軍師いやブレーンを必要とした。おわかりだろう。ここで「颯爽《さっそう》と」登場したのが井上毅なのである。「グランドデザイナー」などと呼ぶ向きもあるから、ここは建築家のコンペティションに例えてみようか。

日本という「大構築物」の基本設計を行なわねばならないという意識は「民」にも「官」にもあった。「民」は政治参画の機会拡大のために、「官」はその要求が激しいのでそれを抑えコントロールするためである。「民」側に立つ「大隈・福澤設計事務所」はいち早く「設計図」を作った。「官」側の「岩倉・伊藤事務所」がまだラフスケッチの段階なのに、「設計図」まで用意したのである。それゆえ大隈は電撃的に「設計図」を発注元に承認させようとしたのだ。もし「岩倉・伊藤事務所」が文句を言ってきたら、「では対案はあるのか？」と言い返せばいい。この時点でそんなものは無いのだから、「岩倉・伊藤事務所」がいかに抗議しても最終的に「大隈・福澤案」を採用せざるを得ない。大隈はそう考えたのである。

さて読者の皆さんもここで考えていただきたい。あなたが「大隈の陰謀」を阻止しようとしたら、どういう手を打てばいいか。

それが「明治十四年の政変」の最後に出された「国会開設の勅諭」であった。明治天皇の名をもって「将《マサ》ニ明治二十三年ヲ期シ、議員ヲ召シ、國會ヲ開キ、以テ朕《チン》カ初志ヲ成サントス」と宣言したものである。これが政治的にはじつに絶妙な一手であることはおわかりだろうか？「十年後に国会を開設する（総選挙のために前年までには憲法を制定する）」ということは、「コンペの締め切りが延期された」ということなのである。機先を制し、いち早く憲法案を構築した大隈・福澤派のアドバンテージが完全に消されてしまったのだ。しかも勅諭では「今在廷臣僚ニ命シ、假スニ時日ヲ以テシ、經畫ノ責ニ當ラシム。其組織權限ニ至テハ、朕親《ミズカ》ラ衷ヲ裁シ、時ニ及テ公布スル所アラントス」つまりこの憲法は天皇自らが臣下に命じて策定するとあるから、それを待たずしてこれまでのような私擬憲法を出すことは大げさに言えば天皇への反逆行為になる。いや、決して大げさでは無い。この勅諭の最後の文言は「若シ仍《な》ホ故《こと》サラニ躁急ヲ爭ヒ、事變ヲ煽シ、國安ヲ害スル者アラハ、處《しょ》スルニ國典ヲ以テスヘシ。特ニ茲《ここ》ニ言明シ爾《なんじ》有衆ニ諭《さと》ス」つまり、この十年を待たずしてみだりに騒ぎ治安を乱す者は国法をもって処罰する、と明確に警告しているのである。これで憲法の制定事業は完全に「官」の独占になり「民」の出番はまったく封じられた。法律用語で言う欽定憲法（天皇が定める憲法）路線が確立されたのである。

これとほぼ同時に、政府部内の大隈派はことごとく罷免追放された。そして北海道開拓使の官有物払い下げも取りやめとなり、これに関する不正疑惑は闇に葬られた。もちろん、この三つの出来事は相互に関連している。その「絵図を描いた軍師」の名を書く必要はあるまい。

■「プロシア派」の勝利を確定させた「明治十四年の政変」の主役・井上毅

一般的に「明治十四年の政変」はあまり重要な歴史的事件では無い、という認識があるのではないか。

西郷隆盛が政府部内から追放された「征韓論《せいかんろん》政変」。その総決算だった西南戦争。さらに自由民権運動の興隆あるいは帝国憲法の制定は重大でも、明治十四年の政変というとその間に起きた目立たない小事件という認識があるのではないか。

じつはそうでは無い。それどころか筆者に言わせれば、この政変は近代日本の方向性を決めたきわめて重要な事件なのである。すでに述べたように大久保暗殺後の日本は、その方向性を定める憲法制定をめぐってイギリス流でいくかプロシア流でいくか、の争いがあった。言葉を変えて言えば民権拡張か王権拡張か、である。政府部内の大隈重信と在野の福澤諭吉はイギリス流の民権拡張路線を、岩倉具視と伊藤博文はプロシア流の王権拡張路線を主張し、真っ向から対立した。そして、この政争は始めのうち大隈・福澤派があきらかに有利だった。イギリス流の憲法制定が軌道に乗る寸前だった。それを大逆転しイギリス派を全面追放し、プロシア派の勝利を確定させたのが明治十四年の政変なのである。

その陰の主役が一官僚である書記官に過ぎなかった井上毅であった。岩倉は当初「プロシア派」では無かった。矛盾するようだが、岩倉は他の明治維新の志士たちに比べて西洋の事情には明るくない。だから大隈・福澤の主張には反対だが具体的に反論することは不可能だった。対案を出す能力は無かったのである。だから井上が「プロシアの体制を見習うという手があります」と提言したことに、岩倉は大いに喜び井上をとおしてそれを学び「プロシア派」となった。伊藤も大隈・福澤ほどの西洋知識は無く、やはり井上をとおして「プロシア派」となったのである。

井上が明治十四年（1881）七月に伊藤に宛てた意見書が残っている。長文なので一部抜粋すると、最近の「国家一大事」は全国の「国会（開設）請願ノ徒」が単に請願するだけで無くイギリス流の憲法を考究（制定）することによって、自らの運動を成功させようとしていると分析した上で次のように述べている。

其憲法考究ハ即チ福沢ノ私擬憲法ヲ根ニイタシ候外無之、故ニ福沢ノ交詢社ハ即チ今日全国ノ多数ヲ牢絡シ、政党ヲ約束スル最大ノ器械ニ有之、其勢力ハ無形ノ間ニ行ハレ、冥々ノ中ニ人ノ脳漿ヲ泡醸セシム、其主唱者ハ十万ノ精兵ヲ引テ無人ノ野ニ行クニ均シ（中略）若シ又是レニ反シテ、政府ハ英国風ノ無名有実ノ民主政ヲ排斥シテ、普魯西風ノ君主政ヲ維持スルノ廟算ナラバ、八年ノ聖詔ヲ実行シ、政府主義ノ憲法ヲ設ケテ以テ

横流中ノ塁壁ヲ固クシ、人心ノ標準ヲ示ス事一日モ緩クスベカラザル歟ト存候
(『大久保利謙歴史著作集2　明治国家の形成』所収「明治十四年の政変」大久保利謙《としかね》著　吉川弘文館刊)

〈大意〉
(イギリス流の)憲法を制定させようとしている連中は、福澤諭吉の私擬憲法を模範にしています。福澤率いる「交詢社グループ」は全国の民権派を籠絡し、いまや最大の(反政府)組織となりました。連中をこのまま野放しにしておけば世論は沸騰し、十万の精兵が無人の野を進軍するような勢いとなってしまうでしょう。そのような連中の陰謀を阻止するにはイギリス流の民主政治に偏した有名無実な憲法では無く、プロシア(普魯西)流の君主政治に重きを置く憲法を制定し日本人の心のよりどころとすべきです。

再三述べたように「憲法の試案を示す」という点では、イギリス派が一歩も二歩も先にいっている。しかし、だからこそ井上は今こそ断固としてプロシア流に踏み切らなければならぬと、さらに言う。ここは先の論文の原文を現代語訳する。

現状ではイギリス派が優勢でプロシア流憲法制定にもっていくのは至難の業に見えるが、必ずしもそうではありません。まだまだ国民はイギリス流になじんでいない。とくに「地方ノ士族」には「王室維持ノ思想」が強く残っています。しかし、ここで躊躇《ちゆうちよ》して二、三年も無駄な時を過ごせば、天下の人心も政党もイギリス流になびいて挽回はきわめて難しく、政府の提出する（プロシア流の）憲法案に世論が見向きもしないことになり、福澤らの圧勝に終わってしまうでしょう。

要するに、「やるなら今だ」「ぐずぐずしているとイギリス派にやられてしまうぞ」と井上は伊藤を（もちろん岩倉も）たき付けたのである。そして、伊藤も岩倉もその気になった。政府部内の大隈そして在野の福澤を徹底的に叩き潰し、イギリス流の憲法実現を阻止しプロシア流の憲法制定を目指して伊藤・岩倉が強力なタッグを組む、という展開になったのである。

これでおわかりになったと思うが、明治十四年の政変は歴史の分岐点とも言うべき重大な事件であった。もし井上毅がこの時点で伊藤や岩倉をたき付けなかったら、その後はどうなっていただろう。じつは岩倉はこの二年後の明治十六年（１８８３）に喉頭癌《こうとうがん》（日本で最初に癌告知を受けた人物だと言われる）でこの世を去るのだが、すでにこのころから健康を損ねていた。療養を重ね、政務に集中できる体では無かったのである。

岩倉は徹底的な保守主義者で、井上の意見書にある「八年ノ聖詔」つまり明治八年（1875）に出された、明治天皇が日本を漸次立憲国家にするという宣言（立憲政体樹立の詔）に反対して一度は辞表を叩きつけたこともある人間なのである。それゆえ、大隈・福澤の動きを苦々しい思いで見ていたが、具体的な対抗策も無いので事態を見守るしかなかった。もし井上が動かなければ、他ならぬ井上自身が分析しているように岩倉が死ぬころにはイギリス流の憲法を制定せよという世論が強くなり、日本はまさにそういう憲法を持ったに違いないのだ。

筆者は、帝国憲法が天皇を現人神にして国民を統制しようとしたという見方には反対だ。それはすでに述べたとおりである。しかしやはり帝国憲法は天皇の権威および権力がきわめて大きく、それが一種の「息苦しさ」を感じさせるとは思う。しかもこの「息苦しさ」はまさに昭和になって、天皇絶対主義と化し肝心の国家を滅ぼした。それもこれも元をただせば政府がプロシア流憲法制定に舵を切ったのが原因だ。

とくに、岩倉がその気になったのは大きかった。天皇のもとに三人の大臣がいるが、太政大臣三条実美はお飾りで左大臣有栖川宮も実力者では無い。大臣としてはもっとも下位の右大臣岩倉こそ維新の功臣でもあり天皇の信頼も厚く政府部内で最大の発言力があった。もし岩倉が味方につかなければ伊藤は大隈を追放することができなかっただろう。参議としては大隈のほうが上席なのである。大隈追放が可能になったのも、岩倉がおそらく病身に鞭打っての「最後の御奉公」をしようと決意したからであり、岩倉がなぜその気になったかと言えば井上が具体的な方向性を示したからである。

しかし、いくら岩倉・伊藤コンビがその気になっても、大隈は一人では無い。福澤グループという大応援団もいるし、政府部内にも河野敏鎌農商務卿ほか大隈支持の官僚たちがいる。土佐《とさ》の後藤象二郎、板垣退助そして三菱財閥を築いた岩崎弥太郎も大隈支持派だ。しかも、そこに降って湧いたように北海道開拓使官有物払い下げ事件が起こった。これもすでに述べたように薩摩出身の開拓使長官黒田清隆が同じ薩摩の五代友厚に官有の施設を不当に払い下げようとした事件である。「藩閥政府の悪」を象徴するような事件だ。

■「圧倒的不利からの大逆転」の裏に隠された黒田清隆との取り引き

「藩閥政府の悪」と言えば、かつては長州閥の専売特許であった。権力を悪用し民間人から銅山を奪った尾去沢《おさりざわ》銅山事件、あるいは長州出身の政商に国家予算から膨大なカネを流用させた山城屋《やましろや》和助《わすけ》事件、いずれも長州の井上馨《いのうえかおる》、山県有朋《やまがたありとも》が絡んでいたと考えられるのに、彼らは何の処罰も受けなかった。それどころか、彼らの悪を追及しようとした佐賀の江藤《えとう》新平《しんぺい》は逆に犯罪者の立場に追い込まれ斬首のうえ梟首《きょうしゅ》という極刑に処された（『逆説の日本史 第22巻 明治維新編』参照）。西南戦争を起こした西郷隆盛には、そうした貪官汚吏《たんかんおり》に対する激しい怒りがあった。ここのところ、国民作家司馬遼太郎は次のように述べている。

ともかくも、江藤も西郷も、史上まれにみるほどに正義がありすぎた。しかもその正義のためにかれらはほろび、あまつさえ賊名を着せられた。それに、皮肉なことに西郷を討った政府軍の総司令官は山県有朋だった。またその軍費の工面をしたのは、井上馨だった。こういう言い方は子供っぽいかと思われるが、かれらはのちに公爵あるいは侯爵になる。

（『この国のかたち 二』文藝春秋社刊）

まさに同感なのだが、司馬遼太郎がこれに続いて述べていることには異論がある。

しかし、江藤や西郷の霊も、浮かばれなかったとはいえない。この乱による衝撃がどうやら官員たちを粛然とさせたらしく、その後明治がおわるまで、ほとんど汚職事件というものはなかった。死者たちの骨は、その面での礎石《いしずえ》になったのである。

（引用前掲書　傍点引用者）

異論があるのは傍点部だ。残念ながら西郷の死後わずか四年で「開拓使官有物不正払い下げ」という大規模な汚職事件が、しかも長州では無く薩摩の人間によって起こされたのである。「西郷の霊」はむしろ「浮かばれなかった」のではないか。筆者は黒田清隆という人物をあまり買わないが、その最大の理由はプライベートなことよりも（もちろんそれもあるが）、この点にある。もし昔に戻れるなら「あなたは西郷《せご》どんの死を何と考えているのか！」と聞いてみたいところだ。政府財政はこのとき他ならぬ西南戦争の戦費調達のため、井上馨が不換紙幣を濫発し危機に瀕していた。だからこそ後始末を任された大隈は、官有物払い下げの方針を決めたのである。民間企業育成のためなら「できるだけ安く」が正しいが、財政の穴埋めのためであるから少なくとも適正な価格で売るべきなのだが、黒田はまさにその逆をやろうとしたのだ。

それにしても司馬遼太郎ともあろうものが、どうして「汚職事件というものはなかった」などと述べたのか。確かにこの事件は「未遂」に終わり、井上や山県のときのように「成功」こそしなかったのだが、問題は汚職しようとした人間が薩摩にいた、ということだ。未遂既遂は二の次である。思うに、西郷の諫死《かんし》とも言うべき最期に対する哀惜の念が強いあまりに、司馬遼太郎にもその死を無駄にしたくないという日本民族独特の情念つまり「怨霊《おんりょう》信仰」が働き、それに引きずられてしまったのかもしれない。

話を明治十四年に戻すと、このような事件が起こったことは大隈・福澤派にとっては本来有利な展開であるはずだ。「だから藩閥に支配されない、より民主的な政府を作る必要がある」と声高に主張できるからである。

ところが、岩倉・伊藤に「軍師」井上毅が加わったトリオは、この本来自分たちの陣営にとって不利きわまりない状況を逆手にとって状況を大逆転したのだから、善悪はともかくその政治的手腕は大したものではないか。やり方はこうだ。まず黒田ら薩摩閥と協定を結び「今回の一件は見逃すから味方につけ」と連合を組む。そうしておいて、当然この不正を政府部内で追及する大隈に、「これを政治問題化したのは大隈であり、混乱を利用して福澤諭吉、岩崎弥太郎らと組んで政権を牛耳《ぎゅうじ》るつもりだ、これは大隈の陰謀だ」と無実の罪を着せた。そして岩倉がその旨天皇に奏上し大隈は参議を罷免された。同時に岩倉・伊藤は例の「国会開設の勅諭」つまり憲法は天皇の名をもって岩倉・伊藤派だけが決められるという形を作った。岩倉・伊藤・井上毅トリオの完勝である。不正を追及しようとした大隈の「正義」は葬られてしまった。

つまり司馬風に言えば、「正義のために大隈は賊名を着せられた。それに、皮肉なことに大隈を追放したのは伊藤博文であり黒田清隆だった。こういう言い方は子供っぽいかと思われるが、かれらはのちに公爵あるいは伯爵に」なったということだ。

ちなみに、伊藤と黒田はともに大日本帝国内閣総理大臣にもなっている。初代（5代、7代、10代）が伊藤、二代が黒田である。

■「帝国軍」を議会のコントロールから切り離すために出された「軍人勅諭」

明治十四年（1881）の井上毅の「活躍」によって明治維新体制は、プロシア流の欽定憲法に固定化されるという方向性が確定した。だからこそ最近学界でも井上を明治体制のプランナーと考える傾向が強くなってきたわけだが、すでに述べたように井上はこの時点で一官僚に過ぎない。井上が熱心に働きかけた右大臣岩倉具視、参議伊藤博文がその気になったからこそプロシア流の欽定憲法でいくという方向性が定まったのだ。だから、ここでまず分析すべきなのは岩倉、伊藤がなぜイギリス流の憲法に拒否反応を示し、プロシア流に賛成したかということだ。

岩倉はそもそも、プロシアのことなどほとんど知らなかったと言っていいだろう。伊藤にしても岩倉よりは知識はあっただろうが、イギリス流の憲法を推進する大隈重信、福澤諭吉に対し、井上の働きかけ以前にプロシア流がいい、という態度を示した形跡が無い。

つまり、当初から岩倉、伊藤はイギリス流の憲法に反対する思想を持っていた。その思想は何かということである。

もう、おわかりかもしれない。それは朱子学である。正確に言えば神道と合体した日本流朱子学と言うべきかもしれない。

公家それも明治維新の原動力となった革新派の公家はことごとく、この日本流朱子学の熱烈な信徒であった。古くは公家の徳大寺《とくだいじ》家の家臣であった竹内式部《たけのうちしきぶ》（敬持《たかもち》）が、最初は若手の公家たちに山崎闇斎《やまざきあんさい》流の尊王論を講義したのだが、感激した彼らの推挙で式部は桃園《ももその》天皇へ直接進講するようになる。その内容は、まず真の君主とは覇者《はしゃ》（武力と陰謀で天下を取った者）では無く王者《おうじゃ》（徳をもって世の中を治める者）であるという尊王斥覇《そんのうせきは》論（ここまでが本来の朱子学）であり、そのうえで徳川家は覇者に過ぎず神代より連綿として続いている天皇家こそ日本の王者である、という（神道と合体した日本的解釈）ものであったはずだ。若い天皇は感激したが、そのことを、危険視した「幕府の味方」関白《かんぱく》の「御注進」によって式部は追放処分になった。関白（五摂家《ごせっけ》）が幕府の味方だったのは、そもそも関白という地位自体が天皇をコントロールするという意図の下に藤原氏によって設けられたものであったからだ。徳川氏が征夷大将軍という官職に就いて天皇をコントロールしようとしたのと同じことで、幕末まで若干の例外はあったが、関白は徳川将軍家の意向を受けて動いていた。そのことは中級以下の公家にとってはきわめて不愉快で、許されざることであった。そうした気分を受け継いだ幕末の若手公家グループのリーダーが岩倉であったことは言うまでも無い。

本来の中国で生まれた朱子学と、それに神道を合体させた日本流朱子学の最大の違いは「王者」の定義にある。中国流ではそれは「徳をもって世の中を治める者」だが、では「徳」とは何かが精密に定義されているわけでは無い。それどころか中国史においては「武力と陰謀」で天下を取った者（つまり覇者）が王朝の初代になることは珍しいことでは無い。それでも「オレには徳があったんだ。だからオレは王者で天下が取れたんだ」と言える世界なのである。当然、王朝交代つまり「不徳の前王朝」を倒し新王朝を建てることは、すでに紀元前の孟子《もうし》の「湯武放伐論《とうぶほうばつ》」によって認められていた。

しかし日本人は江戸時代という長い長い思索の時代に、中国流の「徳」は詭弁《きべん》だと思うようになった。覇者が王者と名乗れる、そんな国の「徳」が本物であるはずが無い。そこで日本人は、真実の徳とは天皇が神の子孫として持っている神徳（神の持つ徳）と考えた。だからこそ、天皇家は神代から王朝交代もせずに連綿として続いている、とも考えた。こういう考え方は偽物の「徳」そして偽物の「王者」しかいない中国より、日本は世界に冠たる優れた国であるという優越思想にもつながる。

こうした日本流朱子学の完成者とも言うべき人物が吉田松陰《よしだしょういん》であった。じつは幕末になっても長州藩の藩校明倫館《めいりんかん》では中国流朱子学が基本であった。だから松陰はベテラン学者の山県太華《やまがたたいか》と大論争しなければならなかったのである（『逆説の日本史 第19巻 幕末年代史編Ⅱ』参照）。しかし、中国流の朱子学は天皇を王者とは認めないから明治維新の原理にはならないが、日本流、松陰流の朱子学はそれになる。「覇者に過ぎない将軍が王者の天皇に逆らっている。不忠の窮《きわ》みであり倒すべきだ」ということだ。これが尊王（勤皇）討幕であり、この過程で朱子学が本来持っていた独善性・排他性が受け継がれ、尊王と外国人排撃が結びついて尊王攘夷ともなった。

松陰の愛弟子とも言うべき長州の久坂玄瑞《くさかげんずい》それに伊藤博文がこの思想の熱烈な信奉者であったことは、禁門《きんもん》の変あるいは塙次郎《はなわじろう》暗殺事件（『逆説の日本史 第20巻 幕末年代史編Ⅲ』参照）を見ればわかるだろう。禁門の変に参加しなかった木戸孝允や高杉晋作《たかすぎしんさく》は、その言行から見て朱子学の「毒」に染まっていなかったと考えられる。この二人が明治十四年まで生きていれば、伊藤の行動に何らかの制約がかかったかもしれない。また逆に岩倉の喉頭癌がもっと早く進行し明治十四年を待たずに死んでいれば、伊藤がいかに抵抗しようと大隈・福澤連合には勝てなかったかもしれない。しかし、そうはならなかった。

ここで、もう一つ注目しておかねばならないのは伊藤と長州奇兵隊《きへいたい》以来の同志で、日本陸軍の頂点に君臨していた山県有朋が画策し、政変の翌年の明治十五年（1882）に発布に漕ぎ着けた『軍人勅諭《ぐんじんちょくゆ》』である。正月三が日明けの一月四日、明治天皇がすべての陸海軍人に下すという形で出されたこの勅諭、正式名称は「陸海軍軍人に賜はりたる勅諭」と言い、漢文では無く平易な和文で書かれていた。内容は「わが国の兵制の沿革を説き、天皇が軍の最高統率者であることを強調した前文と、忠節、礼儀、武勇、信義、質素の5か条を軍人の守るべき教えとして解説した主文、および、これらを誠心をもって実行するよう求めた後文とからなっている。その特徴は、天皇が兵馬の大権を掌握することを明らかにし、統帥権独立論に根拠を与えた点、忠節を第一の軍人の徳目とし、上官の命に服従することは天皇の命令に服従することであると説いている点」（『日本大百科事典〈ニッポニカ〉』小学館刊）というものである。

立案者の山県がとくに強調したかったのは、軍人は「世論に惑はす政治に拘らす」ということで、この文言は山県自身が加筆したとされている。原文は哲学者西周《にしあまね》が起草し井上毅も修正に加わったようだが、この勅諭の意図は明白で「政治」とは直接的には大隈・福澤連合の推進するイギリス流の憲法実現運動であり、それに有志の軍人たちが加担することを天皇の命令をもって阻止しようとしたのだろう。このあたりには同志伊藤との阿吽《あうん》の呼吸が感じられる。

しかし、ここで多くの読者は首をかしげるのではないか。この後、憲法発布をもって正式に成立した大日本帝国は、軍人それも山県直系とも言うべき陸軍軍人が「満州は日本の生命線」などという「世論に惑は」され、二・二六事件、大政翼賛会の設立などおおいに「政治に拘」ることによって滅んだ。山県がそれを見ていたら「わしはこんなつもりでは無かった」と言ったに違いないが、軍人勅諭でそうならないように厳しく戒《いまし》めたにもかかわらず、なぜそんなことになってしまったのか。きわめて不思議ではないか。

■「絶対的権力は絶対的に腐敗する」という人類の常識

その謎を解くためには、彼らが徹底的に排除しようとしたイギリス流の憲法とはいったいどんなものなのか、もう少し分析しておく必要がある。イギリスは他の国と違って成文憲法では無く不文憲法である。帝国憲法あるいは現在の日本国憲法は憲法そのものが文章化されている、平たく言えば条文がある。不文憲法にはそれが無い。一つの憲法典は無く、さまざまな法律や慣習の集合体が憲法の思想を表現していると考えるのである。その中核にあるものが『権利章典《けんりしょうてん》』だろう。一六八八年から翌八九年にかけてイギリスでは民権を尊重しないジェームズ二世が国民によって追放され、ジェームズ二世の娘メアリーと夫のオランダ総督ウィリアムが王位に迎えられた事件である。フランス革命のように国王夫妻の首が切られることも無く政権が交代したので、これを「名誉」革命と呼ぶわけだ。このとき夫婦で王位に就いた二人が国民の要求に応じて署名したのが権利章典である。ここには日本とはまるで関係無い「王位継承者からカトリック教徒を排除する（イギリス国教会の信徒優先）」などという項目もあるが、注目すべきは国王を統治者としながらも、議会の同意無き法律の無効、同意無き課税の無効、同意無き常備軍の設置禁止などを国王に認めさせたことにある。これによって一二一五年当時のジョン王が署名した『マグナ・カルタ（大憲章）』以来の伝統が守られた。国王といえどもコモンローには従わなければいけない、という伝統である。コモンローを日本語に訳すのは難しいが、いわゆる「法の前の平等」における「法」に値するものだ。「国王といえども一般庶民同様従わなければならないルール」と言ってもいいだろう。イギリスの憲法史あるいは憲政史とはその具体的な内容を確定していく過程であって、もっとも重要視されたのが国家の大事は国王では無く、議会で決めるという民権重視の姿勢である。

岩倉も伊藤も山県もそれが気に入らなかったのだろう。岩倉が強い影響を受け、伊藤・山県に至っては直接指導を受けた吉田松陰流の「神道+朱子学」によれば、天皇は何にも代え難い至高の存在である。だからこそ天皇の前にはすべて平等という「一君万民主義」が成り立つ。それゆえ、その絶対的存在を掣肘《せいちゅう》できるような形で議会が成立することは、絶対に阻止しなければならない、ということにもなる。井上毅が伊藤に送った意見書のなかで「地方ノ士族」には「王室維持ノ思想」が強く残っていると述べたのも、この吉田松陰流の「神道＋朱子学」のことだったのだ。しかし、先に述べたように、岩倉・伊藤らには大隈・福澤連合に対抗する憲法案が無かった。しかし、井上毅がプロシアの、ヨーロッパ史から見ればむしろ反動的な王権（皇権）重視の憲法を示したことによって、対案を得ることができた。明治に入って、普仏戦争でプロシアがフランスに勝ったこともじつはきわめて大きかった。このときフランスはナポレオン三世が即位し一時的に共和国から帝国になっていたのだが、山県あたりはとくに「国王を処刑して一度は議会絶対の国となったフランスより、皇帝の権威を重視し続けたプロシアのほうが強かった。日本もこれを見習うべきだ」と考えたに違いないからだ。

しかし、彼らがわかっていなかったのは「絶対的権力は絶対的に腐敗する」という世界史の、いや人類の常識である。この腐敗を防ぐには現代で言えば中国共産党のような絶対的権威を作らず、常に言論や思想を自由にしておき、そうした環境のなかで何事も議会で決めていくという形を取るしかない。確かにこうした民主主義も議会そのものは絶対視しているが、そこに選挙という平和裏に政権交代を実現する手段を伴っている限り、その中身は常に浄化され絶対的権力にはなりにくい。その民主主義の妙とも言うべきものが、岩倉・伊藤・山県にはわかっていなかった。とくに「帝国軍」の構築者であった山県は、天皇を絶対化したうえで、その天皇の命令をもって軍人に政治関与を厳禁すれば問題の起こりようが無い、と考えたのだろう。

だが、実際にはイギリスと違って議会のコントロールから軍隊を分離し、天皇という絶対的権力と一体化したことによって、まさに「絶対的権力は絶対的に腐敗する」という格言（？）を証明した形になってしまった。まさに人間界の皮肉と言うべきか。それが昭和史のかたちであり、司馬遼太郎のエッセイによるならば「宋学（朱子学）が国を滅ぼした」ということである。もちろん伊藤も山県と同じ落とし穴に嵌《は》まったことは言うまでも無い。

■武士出身の大隈と福澤はなぜ朱子学の洗脳から逃れることができたのか？

帝国憲法の第一条は「大日本帝國ハ萬世一系ノ天皇之ヲ統治ス」である。そして第三条は「天皇ハ神聖ニシテ侵スヘカラス」（第二条は天皇は男子に限るという規定）だ。なぜ岩倉や伊藤がそこまで天皇の絶対性を強調したのか、それは逆に言えば民権の制限（議会の相対化）の徹底でもあるのだが、その背景には江戸時代初期に徳川家康が武士の公式哲学として朱子学を採用して以来の長い流れがあることが、わかっていただけたと思う。もちろん、その朱子学という「川」に神道という「川」が「合流」して話がよりややこしくなったことも理解していただけたかと思う。岩倉・伊藤が「プロシア流に魅力を感じた」などという単純な話では無いのだ。

しかし、その深い底流を知れば知るほど、岩倉・伊藤のライバルであった大隈・福澤らも単純に「イギリス流に魅力を感じた」からその方向に走った、という単純な構図では無いことがわかっていただけただろう。

ところで、大隈も福澤も武士階級の出身である。この時代武士に生まれれば必ず子供のころから朱子学を叩き込まれる。それは一種の洗脳であり、よほど自由な精神と高度な知能を持っていない限り、朱子学の絶対的信徒にされてしまう。たとえば薩摩藩主島津斉彬《しまづなりあきら》の曽祖父重豪《しげひで》は自由な精神と高度な知能の持ち主だった。蘭癖《らんぺき》（外国かぶれ）大名などと呼ばれたのがその証拠だ。排他性と独善性の塊である朱子学はそもそも外国文化を認めようとはしない。だから逆に鳥居耀蔵《とりいようぞう》や島津久光《ひさみつ》のような、高度な知能はあるが自由な精神を持たず朱子学に洗脳された人間は、朱子学の悪影響を脱した人間を「蘭癖」などと呼ぶ。これは彼らにとっては悪口であり罵倒の言葉なのだが、歴史を大所高所から見れば開明的な人間に与えられる「勲章」と考えたほうがいいだろう。

この時代の「朱子学洗脳教育」がいかに深刻なものであったか、それは薩摩藩のその後を見ればよくわかる。島津重豪の子の斉宣《なりのぶ》も孫の斉興《なりおき》も、重豪の政治に反旗を翻《ひるがえ》した。朱子学に洗脳されてしまったからだ。そこで重豪は曽孫の斉彬だけは自分の手で教育した。教育を家臣任せにしたことが洗脳の原因だということに気づいたからだろう。重豪が少年時代の斉彬を可愛がり一緒に風呂に入ったというエピソード（通常の大名家ではあり得ない）も、それを単純な「美談」とするよりも教育を自分の手で行ないたいという重豪の意思の現われと見たほうがいいと思う。現に重豪は自ら斉彬をシーボルトに面会させているのである。「百聞は一見に如《し》かず」ということだ。これとは対照的に孝明《こうめい》天皇は西洋人を赤ら顔の天狗と思っていた。たぶん鳥居耀蔵も実家は朱子学の総元締めの林家だから、子供のころから「外国人は禽獣《きんじゆう》（野獣）に等しい」という教育を受けただろう。そういう教え方のほうが武士階級では常識で、だからこそ重豪の子の斉宣も孫の斉興も、長州や会津《あいづ》やその他の藩の武士たちも攘夷《じようい》、つまり夷（野蛮な外国人、いや禽獣）を攘（はら）え（排撃せよ）と叫んだのである。断言してもいいが、彼らのほとんどは外国人を実際に見たことすら無かっただろう。開国以降は見かけたことはあっても頭から偏見を叩き込まれているから、「やはり西洋人など天狗だ」ということになり瓦版《かわらばん》などにもそう描かれる（74ページ図版参照）。それを見た孝明天皇が「やはり天狗だ。神州に入れてはならぬ」と確信することにもなる。悪循環だ。このような事情を知れば、重豪が斉彬をシーボルトに会わせたことが、いかに開明的な教育であったかがわかるはずだ。だが、洗脳された朱子学中毒患者は絶対に西洋文化の優位性、いやそれ以前に西洋文化自体を認めようとしないから、鳥居耀蔵は蘭学者であり愛国者でもあった渡辺《わたなべ》崋《か》山《ざん》・高野《たかの》長英《ちょうえい》を陥れ江《え》川《がわ》英龍《ひでたつ》を失脚させようとしたし、島津斉興も実の息子である斉彬をバカ殿扱いにして暗殺させた（と私は確信している。『逆説の日本史 第19巻 幕末年代史編Ⅱ』参照）。ちなみに、まだ伊藤と大隈の関係が良好だった明治初頭、二人が日本の近代化（西洋化）を実現するために最初にやったことを思い出していただきたい。それは学校制度を充実させることでも無く憲法を作ることでも無かった。新橋〜横浜間に鉄道を建設することであった。なぜ、そうだったのかは前にも述べたとおりだ。つまり「日本人をシーボルトに会わせる」ためなのである。

幕末期に発行された瓦版に描かれた、まるで天狗のように鼻が長いペリーの顔（「北亜墨利加合衆国 永師提督ペルリ之肖像」神奈川県立歴史博物館蔵）

朱子学が日本史、とくに幕末以降の歴史に与えた影響というのは、これほど広く深い。そして、このような認識が深まれば深まるほど新たな疑問が浮かぶはずだ。それは大隈重

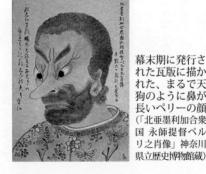

信や福澤諭吉は、なぜこの朱子学による洗脳から免れることができたのかということだ。考えれば考えるほど不思議ではないか。

まず福澤から考えよう。

福澤の家は代々豊前《ぶぜん》国中津《なかつ》藩に仕える家柄であった。中津藩は江戸中期から奥平《おくだいら》氏が藩主だったが、第五代藩主奥平昌高《まさたか》も蘭癖大名と呼ばれていた。それもそのはず、昌高は何と島津重豪の次男であった。島津家から養子に行った人物なのである。そういうことになったのも、昌高の義理の祖父にあたる第三代藩主昌鹿《まさしか》と重豪が「蘭学好き」で特別に仲が良かったからなのである。昌鹿には蘭学に関する特定の師はいなかったようだから、重豪と同じく高度な知能と自由な精神の持ち主だったのだろう。この時代、中津藩の藩医を務めていたのが前野《まえの》良沢《りょうたく》。オランダの医学書『ターヘル=アナトミア』を杉田玄白《すぎたげんぱく》らと翻訳した人物である。その良沢を藩主昌鹿は可愛がり、「蘭学の化け物」と呼んだ。もちろん悪口では無い。それを光栄に思った良沢は自分の号を「蘭化」と定めたという。

縁あって昌鹿の義理の孫になった昌高も蘭癖大名と呼ばれた。昌高も実父の重豪の紹介でシーボルトと何回も会っており、オランダ語の日常会話ができたばかりかオランダ人商館長からフレデリック・ヘンドリックというオランダ名までもらったという。また義理の祖父の昌鹿から、良沢らが『解体新書』の翻訳の際に辞書が無いため大いに苦労した話を聞き、文化《ぶんか》七年（1810年）に本格的な蘭和辞典『蘭語訳撰《らんごやくせん》』、次いで『バスタールド辞書』を出版した。最初の日蘭辞典としては福澤も勉学に使用した『ハルマ和解《わげ》』があるがこれは一部手書きの写本であり、出版物であるこれらの辞書が外国文化の流入にさらに大きく貢献した。

こうした藩の環境が福澤の思想に大きな影響を与えたことは言うまでも無いだろう。もう一つ付け加えれば、彼は中津では無く中津藩の大坂蔵屋敷で、大坂商人との交渉役である父の子として生まれたということだ。いわゆる朱子学中毒者からは「士農工商」の「商」にかかわる武士として白い眼で見られる立場である。福澤が自分の一生を自ら記した『福《ふく》翁自伝《おうじでん》』を見てもわかるとおり、彼は反骨精神の強い人間だから朱子学中毒者の蔑視に対しかえって反発を強めただろう。「経済的に独立もできないくせに大きなことを言うな」という気分だったに違いない。

さらに『福翁自伝』を読むと福澤の蘭学修業には何かと邪魔が入ったようなことも書いてあるが、そもそも蘭学修業を志すことができたということは、他の保守的な藩ではあり得ないことで、当時の感覚ならこれを贅沢な悩みと見る人もいただろう。そして福澤は大坂の適塾《てきじゅく》で緒方洪庵《おがたこうあん》の弟子となり蘭学に励んだが、この時チフスになり危うく死ぬところを師洪庵の必死の治療で九死に一生を得た。これも大きかっただろう。朱子学中毒患者は西洋医学採用はおろか種痘にすら反対していたのだから。福澤の性格から見て「あのバカどもめ、どうしようもないな」と思ったに違いない。そして咸臨丸《かんりんまる》でアメリカに渡り西洋文明つまり朱子学に毒されていない文明を目の当たりにしたことも大きかった。この点は上海《シャンハイ》に行った高杉晋作と同じでまさに「百聞は一見に如かず」なのである。

『逆説の日本史　第二十三巻　明治揺籃編』で述べたように、福澤は朝鮮の革命家金玉均《きんぎょくきん》を援助し朝鮮の近代化を実現しようとした。しかしそれが失敗に終わったとき、失望のあまり著わした『脱亜論《だつあろん》』では、朱子学がいかに亡国の哲学であるかを述べている。福澤の生涯には朱子学中毒たるを免れるさまざまな幸運があり、それをたどれば島津重豪までつながっているのだ。

これだから歴史は面白い。

■徳川家解体に最後まで反対した山内容堂は「賢侯」に非ず

では大隈はどうか。

不思議なことに大隈には洋行経験が無い。しかし、佐賀藩はフェートン号事件の屈辱を跳ね返すために、藩一丸となって蘭学を学び西洋近代化に邁進していた。だから朱子学中毒患者にならなかったのだ、と一応は考えられるが、じつはそうでも無い。というのは、佐賀藩鍋島《なべしま》家はあの『葉隠《はがくれ》』つまり「武士道と云《い》ふは、死ぬ事と見付たり」の本場であり、つまり主君に対する絶対の忠誠を重んじる家風であった。領内には孔子を祭った聖廟まであり、西洋の自由な精神とは程遠い環境であったのだ。

しかし、これもまさに歴史の妙味で、むしろ藩内のそうした気風が反骨精神の強い大隈を刺激し、反対の方向に走らせたらしい。七歳にして藩校弘道館《こうどうかん》に入学した大隈は葉隠教育を受けるが、反発し同志とともに藩校の改革を訴えた。いわば学生運動家のはしりであったのだ。幸いなことに主君の鍋島閑叟《かんそう》はこういうことにはきわめて寛大で、滅多なことでは藩士を殺さない名君であった。これが大隈の幸運で、大隈が土佐藩士だったら命がいくつあっても足りなかっただろう。土佐の事実上の藩主山内容堂《やまうちようどう》はこうした反抗を一切許さない。そこのところ保守の権化の島津久光と似ている。それなのに容堂は幕末四賢侯《しけんこう》に選ばれ閑叟は入っていない（あとの三人は松平慶永《まつだいらよしなが》〈春嶽《しゅんがく》〉、伊達宗城《だてむねなり》、島津斉彬）。私は容堂を外して閑叟を入れるか、せめて閑叟を加えて幕末五賢侯にすべきだと考えている。自ら先頭に立って西洋近代化に邁進し大隈や江藤新平など「ヤンチャ」な家臣をうまく使った閑叟に比べ、武市半平太《たけちはんぺいた》には腹を切らせ徳川家解体には最後まで反対した容堂が名君（賢侯）というのは、納得がいかない。確かに大政奉還を建言し最後の将軍徳川慶喜《よしのぶ》をして踏み切らせたのは直接には容堂の功績だが、これも坂本龍馬《さかもとりょうま》、後藤象二郎のアドバイスあってのことだ、要は家臣に恵まれたということではないか。

話が逸《そ》れた。要するに閑叟も朱子学的な主君絶対の教育には反対だったということだ。もちろん藩主の立場として公式に葉隠精神や朱子学を否定するわけにはいかなかったろうが、もし本当にこれらの信奉者であったのなら、こともあろうにお膝元の藩校でその方針を批判した大隈を厳罰に処さないはずが無い。やはり大隈も福澤と同じく主君に恵まれていたのである。

明治以降の大隈は得意の英語力を生かしてまず外交で活躍した。キリスト教の解禁問題で高飛車に出るイギリス大使ハリー・パークスをやり込めたことはすでに述べた。大隈がおそらく当時の日本人のなかではもっとも早く英語に熟達したのも、最初はオランダ語を学んでいた教師グイド・フルベッキがオランダ系アメリカ人で、継続して英語を学ぶことができたからだろう。これも大隈の幸運である。

いわゆる「留守政府」で西郷隆盛の知遇を受けた大隈は、議会政治に理解のあった木戸孝允とも連携し、政府内改革派を結成した。大隈のもとには伊藤博文や若手官僚らが集まり、大隈の私邸は「築地梁山泊」と呼ばれた。

ところが、伊藤は次第に大隈と距離を置くようになり盟友の井上馨とともに、むしろ急激な改革に難色を示していた大久保利通に接近するようになった。理由は明確ではない。

井上や同じく盟友の山県有朋らは汚職の疑いで佐賀人の江藤新平に追及されそうになったので、大久保との連携を深めたのかもしれない。その大久保が権力の頂点に立った時点で不平士族に暗殺されたのは、伊藤にとっては想定外であり大誤算だったろう。

しかし、政府部内には大隈を圧倒できる「維新の生き残り」がいた。それが岩倉具視だったのである。

■大隈・福澤と岩倉の対立点に見られる西欧の「民主主義」に対する理解の差

明治十年代前半において岩倉具視という文字どおりの「保守反動」が、一人政府部内に生き残っていたことは、やはり日本の不幸だったと言うべきかもしれない。岩倉に「格」から言って対抗できる維新の三傑《さんけつ》（西郷隆盛、木戸孝允、大久保利通）はすでに世を去り、勝海舟《かつかいしゅう》は元幕臣であるがゆえに政府部内への影響力は岩倉におよばない。もう一人、岩倉に対抗できる人物として島津久光がいたが、久光もあまりに過激な復古主義を唱えたために棚上げ状態にされていたから、言わば岩倉の一人天下であった。岩倉から見れば十三歳年下の大隈、十六歳年下の伊藤など「鼻たれ小僧」であったろう。

その岩倉にとって「鼻たれ小僧」の大隈や福澤（10歳年下）が進めていたイギリス流の憲法制定とそれに基づく国家の構築は、我慢のならないものであった。

この岩倉の不満というものが、学界も含めてあまり理解されていないようだ。それはすでに述べた「民主主義の妙」ということなのだが、もう少しわかりやすく解説しよう。

西欧社会において神は唯一絶対であった。これは誰にも異論が無い。ところがその神の代理人のような存在を地上(人間世界)に認めてしまうと、それは結局人間だから絶対者の権威を笠に着て不正を恣《ほしいまま》にするようなシステムができあがってしまった。ローマ法王庁あるいはフランスなどの絶対王政である。そこで、議会制民主主義という考え方が生まれた。選挙による政権交代が可能なシステムを作り、ちょうど溜まった水なら濁ってしまうが、常に入れ替えたり流したりしておけば透明度が保たれるような形で政権の腐敗を防ぐ、という考え方である。幸いなことに神が絶対であればあるほど、その前において人間は平等となる。法王も国王も等しく神の前では平等であると考えれば、プロテスタントが生まれフランス革命が起こる。そのシステムが確立するまでは多くの血が流れたが、最終的にすべての人間が平等な権利と自由な思想を持ち政党を結成し、選挙という血を流さない手段で競争し勝者に権力を与える。その権力の世襲や独占は絶対に許さないという形で、人類は「絶対的な権力は絶対的に腐敗する」ことを防ぐシステム、議会制度の構築に成功したのである。

ここで注意すべきは神の絶対性を否定しようなどとは、フランス革命を起こし国王の首を切った人々ですら、露ほども思っていないということだ。むしろ議会制度が「絶対的なもの」として成立するためには、完全な平等という概念が不可欠であり、神という絶対的な存在が無ければ人間の完全な平等は生まれないから、革命ですら神を否定することでは無いのである。

ところが中国の儒教はそもそも絶対的な神などは一切認めないから、当然神の前の平等などもあり得ず、人間には必ず「格差」があると信じることにもなる。そこで近代以前の中国王朝では、「政治学でもあり根本的な道徳でもある」朱子学をいかに身につけている人間かをテストし、合格した人間（男子のみ）を社会のエリート（士農工商の士）とし、そのエリートである士が愚かな民（農工商）を指導するのは当然であるということになった。不公平では無い。なぜならこの試験は男子なら誰でも（漢民族以外でも）受験できるからだ。むしろ努力して試験に合格した人間と何もしない人間に「一人一票」などと同じ権利を与えるのはきわめて「不公平」だということになる。

ちなみに日本は明治以降この中国的官僚体制を継承してしまった。国家公務員採用試験である。「誰でも受験できる」という最大の利点に注目したのである。身分制度を打破し公平に人材を確保したかったのだ。確かに国家の創成期には今でも必要な制度かもしれない。しかし、こうした試験秀才は成熟した国家に果たして必要だろうか？　こういう「エリート」たちは「オレたちは選ばれた人間なんだから、庶民とは違う様々な特権があって当然だ」という考えをしがちである。そう言えば大日本帝国を滅ぼすことに「最大の貢献をした」帝国陸軍のエリートたちも、そういう考え方の持ち主だった。現在の日本の霞が関にはそんな「中華文明の愚かな残滓《ざんし》」は存在しないとは思うが、念のためにそういう中国にすら「先憂後楽《せんゆうこうらく》」という戒めの言葉が存在したことをお伝えしておこう。

西欧社会でカール・マルクスが始めた共産主義も、もっとも重要な点はじつは無神論であるということだ。無神論である以上絶対的な平等は決して成立しない。神の前の平等が生まれないからだ。だからこそ選ばれたエリートつまり共産党員が愚かな民を指導するのが正しい。逆に国民全員が平等な権利を持ってそれぞれの考えで政党を成立させ、選挙で主権を争うなどという考え方はくだらない人間の妄想ということになる。こう考えれば人類初の共産主義国家ソビエト連邦が約七十年で早々と滅んでしまったのに、後発の共産主義国家である中華人民共和国がいまだに一党独裁で続いている理由がわかるだろう。「選ばれたエリートが愚かな民衆を指導する体制こそ正しく、万人平等など愚か者や怠け者のたわごと」であるからだ。

ところで、我が国にも「日本共産党」を名乗る組織があるが、彼らはこうした共産主義の根本理念を理解しているのだろうか。もし理解したうえで「民主主義」を目指すと主張するなら、それはとんでもない大嘘つきということになる。共産主義は一見「万人平等」

な社会を目指しているように見えるが、じつは個人の思想の自由を許さない一党独裁の国家しか認めない。それはかつてのソビエト連邦の実情、現在の中華人民共和国、朝鮮「民主主義」人民共和国（北朝鮮）あるいはキューバ共和国の現状を見てもあきらかではないか。日本共産党の目指す「民主主義」とは結局、朝鮮「民主主義」人民共和国と同じ民主主義なのか。まさかそうではあるまいと思いたいが、もし日本共産党がこれらの独裁国家とはまったく違う真の民主主義を目指すと主張するなら、なぜ「共産党」という名称にこだわるのか。そこが理解できない。中身を変えたのなら名称も変えるべきで、いくら党の綱領などで方針を転換しても「看板」を変えない限り「やはり一党独裁の夢が捨てられないのか」と考える人間を根絶することはできないだろう。それを邪推と非難するより誤解されないように改めることこそ、真に大衆を尊重する健全な国民政党の取るべき道である、と私は考える。

では絶対神が君臨するという伝統がまったく無かった、多神教の国家である日本がなぜ民主主義を確立できたのか？

それは天皇という存在があったからである。正確に言えば天皇を絶対神の立場に押し上げたからである。天皇が絶対ならその前のすべての国民は平等である。関白も将軍も草莽《そうもう》の士も皆同じということになる。これが明治維新を実現した。

こうした歴史の流れを踏まえてみれば、大隈・福澤連合と岩倉の対立点が良くわかるだろう。大隈・福澤連合は曲がりなりにも西欧諸国の民主主義を理解していた。絶対というものは認めるべきだが、それを地上の権力者に認めてしまうと必ず腐敗するということだ。民主主義以前の西欧社会の歴史がそれを示している。だからこそ、国王の権限ですら議会でコントロールしなければという発想が生まれた。ところが、そうした「西洋事情」に暗い岩倉はそれが理解できない。むしろ岩倉は天皇の絶対性を保つことこそ、日本の良さが生かされると考えた。これについては吉田松陰の直弟子でもある伊藤や山県も同じ考えで、むしろ天皇の絶対性を議会がコントロールできるイギリスのような国家を作れば、国家の核心である天皇の権威が揺らぐことになり、安定した国家を築くことができなくなると考えたのだ。つまり岩倉の心情をあえて私が忖度《そんたく》すれば、「鼻たれ小僧どもには何が一番大切かわかっておらん。国家の基本を定める憲法の上でも天皇の絶対性を確立しない限り日本の未来は無い」ということだったと思うのだ。

実際には天皇を地上の絶対的な権威として認めてしまったために、その権威を笠に着た軍部が日本の主導権を握り、逆に議会を圧迫し亡国への道を突っ走ることになってしまった。

もちろん、先に述べたように山県はそういうことの起きないように絶対者に押し上げた天皇の命令として「軍人は絶対に政治に関与するな」という「軍人勅諭」を作り、それで大丈夫だろうと安心してしまったのだが、それは議会制民主主義以前の西欧諸国が何度も失敗した思い違いなのである。実際には、その後軍部は絶対者である天皇の直属機関であると主張し、それゆえ議会に軍部の行動には口を出させないという形で、実質的に「政治に関与」した。このあたりはまさに逆説で、これを理解しないと昭和史はわからないということにもなる。

■井上毅がプロシア流法律学に「転向」した本当の理由

さて、再三述べたように、岩倉、伊藤、山県あるいは井上馨といった人々には、このような形で「天皇は絶対で神聖不可侵なものとすべき」という共通の思想はあったが、それを大隈・福澤連合のイギリス流憲法（実際にはイギリスには成文憲法は無いから王権を議会がコントロールできる憲法と言ったほうが正確かもしれないが）の対案として憲法の形にするという能力は無かった。しかし、当時一官僚に過ぎなかった井上毅はそれを持っており「プロシア流の憲法を作れば良い」という具体的方向性まで示した。では、井上毅の思想はいったいどのように形成され、その特徴は何なのか。

井上毅は一八四三年（天保《てんぽう》14）、肥後《ひご》国熊本藩に生まれた。岩倉より十八歳年下である。江藩侯細川氏の家臣では無く、家老長岡是容《ながおかこれかた》の家来飯田権五兵衛の三男として生まれた。

戸時代の真ん中あたりで下級武士の三男坊に生まれれば、生涯部屋住みで世に出ることも無かっただろうが、時代は優秀な人材を必要としていた。幼少時から神童ぶりを発揮した「飯田多久馬《いいだたくま》」を周りの人間が放っておかなかったのだ。まず長岡是容に目をかけられ勉学の機会を与えられ、陪臣ながら本来藩士しか受け入れない時習館《じしゅうかん》入学を許された。こうなると「養子に欲しい」という藩士も出てくる。そこで井上茂三郎の養子になり姓を井上、名を毅と改め、勝海舟が「恐ろしいものを見た」と絶賛した藩士横井小楠《よこいしょうなん》の知遇も受けるようになった。その後江戸に出てフランス語を学び、その能力を買われて新政府に出仕することになった。当時は司法卿江藤新平がフランスのナポレオン法典を翻訳して民法を作ろうとしており、この意図の下にヨーロッパに渡り研究を開始したが、どうもフランス流の法律は肌に合わなかったようで、江藤と決別してまでプロシア流の法律学に関心を示すようになる。ここのところ、従来の歴史書は淡々と井上の「転向」を記すだけだが、この『逆説の日本史』シリーズの読者にはなぜ井上が方向転換したかおわかりだろう。そもそも藩校で朱子学を叩き込まれた井上には、革命つまり「国王殺し」を是認するフランスそのものに違和感があったのだろう。それに前にも述べたように、このころフランスとプロシアが戦って（普仏戦争）プロシアが勝ったことも重要だ。何にせよ「負け組」のやり方を学ぼうとは誰も思わないからである。

井上は、一八七三年にヨーロッパから帰国したのだが、彼にとって幸いなことに意見の違う上司の司法卿江藤新平は、その年に起こった明治六年の政変（征韓論政変）により西郷隆盛らとともに下野したばかりであった。代わって政府部内の頂点に立った内務卿大久保利通の知遇を受けて太政官大書記官に抜擢され、明治十年の西南戦争の勃発時には別働第二旅団に随行し「裏方」を務めた。大久保暗殺後もその地位は揺るがず、プロシア流憲法の研究を続けた。その師は、いわゆるお雇い外国人として来日し政府の公法顧問となったカール・フリードリヒ・ヘルマン・ロエスレルであり、彼は普仏戦争後に成立したドイツ帝国の憲法学者であった。そして井上はプロシア流憲法こそ新生日本にとってもっともふさわしい憲法だという確信を持つようになる。

■条文で国民の「信教の自由」の権利を明確に認めていた大日本帝国憲法

いわゆる「戦中派」の人々の多くは、「日本は明治以降、とくに帝国憲法制定以降、天皇を現人神とする信仰が強制された。そして、その結果恐るべき軍国主義の国家になってしまった」と信じている。

しかし、「戦前の日本」が帝国憲法あるいは教育勅語で「現人神への絶対の忠誠」を強制したから、それ以降そういう国家になったというのは、じつは大きな誤解である。

彼ら「戦中派」あるいは「昭和ヒトケタ」にとっては、生まれたときから天皇は「神」であると徹底的に教え込まれ、その「神」のために死ぬのが国民としての義務だと叩き込まれた、というのは事実かもしれない。しかも絶対に負けない「不敗の帝国」と信じ込まされていた大日本帝国は最終的には大敗し、現人神として絶対的な忠誠を強いられた天皇が自ら「人間宣言」をした。これでは騙されたと思うのは無理も無い。

しかし彼らが騙されたと感じるのは当然かもしれないが、少なくとも明治以来そうした強制がずっと続いていたというのは事実では無い。それどころか、真の民主主義が誕生したのは、やはり天皇という存在があったからである。正確に言えば、天皇を絶対的な存在にしたからである。こうした絶対的な存在のことを私は世界史の分野では「平等化推進体」(『逆説の世界史 第1巻』参照)と命名した。キリスト教の神と同じで、その前ではすべての人間が平等になるという存在である。これが存在しないと真の民主主義は成立しない。その証拠が共産主義社会である。共産主義でも万人平等は説く。それなのになぜ結果的に平等な社会にならないのかというと、平等化推進体が無い社会では「人間には格差(あるいは能力差)がある」という観念から逃れることができないからである。これは儒教社会も同じで、人間に格差がある以上人間を選別し、儒教世界なら科挙《かきょ》に合格した官僚、共産主義社会ならば共産党が選別した共産党員が、その他の愚かな民を指導するのは当然だという社会構造になってしまう。

戦後多くの日本人が共産主義に走り左翼となったのは、この天皇の平等化推進体としての機能を評価しなかったからだろう。認めたくなかったというのが正解かもしれない、そもそも彼らにとって天皇は憎しみの対象ですらあった。そういう人々がロシア革命で皇帝一家を皆殺しにした共産主義に親近感を持ったのは、感情論としては理解できないでもない。しかし、キリストという平等化推進体がある国家では皇帝は完全な平等の達成には障害となるが、日本では天皇が平等化推進体だからロシアいやソビエトとは同列に論じられないのである。彼らが天皇の「肯定的な」機能を認めたくなかったのは無理も無かったかもしれないが、結局は共産主義に幻想を抱き裏切られ、さらなる挫折を味わうことになってしまった。儒教主義や共産主義は真の民主主義を生まないことを理解していなかったからである。

これに対して明治の人間はそれを理解していた。吉田松陰以来の「一君万民《いっくんばんみん》主義」が形成した、天皇の平等化推進体としての機能が、明治維新の原動力だったからである。だからこそ、彼らは、とくに岩倉具視や伊藤博文、山県有朋らは、明治維新の成果を固定し将来に向け発展させていくためには、天皇の存在を絶対化しなければいけないと考えた。それは現人神として絶対の信仰の対象とするという意味では無い。それならばそれを絶対化する条文、たとえば「天皇は現人神である」などという条文が帝国憲法や当時の国定教科書に盛り込まれたはずではないか。ご存じのとおりそんな条文は無い。しかし天皇の絶対化に関しては余分なことを考えていてはいけないという条文はあった。それが「天皇ハ神聖ニシテ侵スヘカラス」（第三条）である。そして、さらに重要なのは、帝国憲法が国民の信教の自由を条文化し、明確にその権利を認めていたという事実である。

　第二十八条に「日本臣民ハ安寧秩序ヲ妨ケス及臣民タルノ義務ニ背カサル限ニ於テ信教ノ自由ヲ有ス」とある。だが、この但し書き「日本臣民ハ安寧秩序ヲ妨ケス及臣民タルノ義務ニ背カサル限ニ於テ」に疑問を呈する向きもある。これは、たとえば政府が弾圧したい特定の宗教を法律で「安寧秩序を妨げる邪教」と決めてしまえば信教の自由を簡単に反《ほ》故《ご》にできるというものだ。確かに後に大本教《おおもときょう》などがそういう手段で弾圧されたことは事実だが、この条文を帝国憲法に盛り込んだ井上毅にとって、それは想定外の「法の濫用」であって井上の意図は戦後の例で言えばオウム真理教のような宗教団体の存在を許さないことであった。と言うのは、この条文の主たる目的は外国に向けては日本がキリスト教を完全に解禁することを示すことにあり、国内においては主に仏教勢力に対し廃仏毀釈《はいぶつきしゃく》は誤りであり同様なことはもう行なわないことを保証するものであったからだ。

　井上毅が、そしてその教導を受けた伊藤博文らが目指したのは、あくまで世俗化した国家であった。世俗化とは聞きなれない術語かもしれないが、近代法治国家を理解するには欠かせない概念で、その反対語が神聖化（宗教化）である。たとえば近代のイランは国王（シャー）が世俗化を進めた。政治や軍事の制度を西洋近代化し、逆にイスラム教が定めていた女性のかぶりもの（チャドル）は廃止した。しかし、これらのことをイスラム教に対する背教行為ととらえた民衆はイラン革命を起こし王制を打倒。国外に逃れていたイスラム教の最高指導者ホメイニ師を迎えイランの神聖化を進めた。新憲法は一九七九年に施行されたが、国の最高指導権は大統領や首相では無く宗教法学者に与えられた。すべての自由は（信教の自由も）イスラムの原則に反しない限りでしか認められず、当然イスラムの教義に反した（と最高指導者や宗教会議が見做《みな》した）法律は制定できない。だからこそイスラム教は国教としての地位を与えられ、国号も正式には「イラン・イスラム共和国」なのである。これと比べれば、逆に「臣民タルノ義務ニ背カサル限ニ於テ信教ノ自由ヲ有ス」とした帝国憲法がいかに「宗教優位」では無く「国家優位」であるか、わかるはずだ。この条文は「宗教の原則」よりも「（国家の定めた）法律」のほうを重視せよと言っているのに等しいからである。

■井上にカルチャーショックを与えた「日本ハ仏教ヲ以テ国教ト為スヘシ」という提言

プロシア、いや普仏戦争より後はドイツと呼ぶべきだろうから、これからはそうするが、そのドイツを、伊藤博文が訪問し憲法学者の講義を受けたのが、大隈重信らを政府部内から追放した明治十四年の政変の翌年のことだった。もちろん背景には井上の画策があったろう。伊藤は当時ドイツ最高の憲法学者であったルドルフ・フォン・グナイストの講義を受けた。ひょっとしたら、これは「憲法制定は一官僚の自分では無く伊藤が自ら動いた」という形を作るためだったかもしれない。つづいて、伏見宮貞愛親王《ふしみのみやさだなる》と土方久元《ひじかたひさもと》もドイツを訪問しグナイストの講義を受けたが、今でも多くの人は帝国憲法制定の陰に井上毅という「仕掛け人」がいたことを認識していない。井上の工作は大成功だったということだ。用心深い(と私は考える)井上は伊藤や伏見宮のドイツ訪問にも同行していないのである。

伏見宮は帰国後グナイストの講義を訳した文書を作らせた。『グナイスト氏談話』という。これを井上は徹底的に分析し吸収した。じつはこの段階でも、グナイストは翻訳すればそのまま帝国憲法になるような「手本」を示していてくれたわけでは、決して無い。それどころか、やはり外国人であるグナイストは、とんでもないアドバイスを日本側に示していた。それはなんと「日本ハ仏教ヲ以テ国教ト為スヘシ」というものだった。

さて、読者のみなさんはこのアドバイスをどう思われるか？　やはり外国人は日本を知らないなあ、だろうか。そう思うのは当然でありそれは事実でもあるのだが、私は彼が誤解したのも無理は無いと思う。と言うのは、一般にその国家や民族がどんな宗教を信じているか知るのにもっとも簡単で確実な方法は「葬礼（葬儀）がどんな宗教で行なわれているか」を知ることだからだ。ほとんどの宗教では「来世の救い」を信じている。葬礼とは「来世に入る儀式」である。欧米はキリスト教で、中東はイスラム教で、インドはヒンドゥー教でそれを行なう。来世を信じない世界的にはきわめて珍しい宗教である儒教ですら葬礼は儒教式で行なう。当たり前の話でそれが世界の、いや人類の常識である。

ところが、日本だけはこの常識が当てはまらない。日本の民族宗教である神道は死をケガレととらえるから、それに触れまいとし葬式は仏教に委ねた。神道式の葬儀も無いわけではないが、とくに庶民の圧倒的多数は来世を保証してくれる仏教式の葬儀を選ぶ。おそらくは事前調査によってその事実を知ったグナイストは、当然のように「日本人にとってキリスト教的立場にあるのは仏教だな」と考えても不思議は無い。むしろそう考えるのが自然である。

ヨーロッパのキリスト教国はイスラム教国と異なり世俗化の道を歩んできた（なぜそうなったのかはきわめて重大だが世界史の問題であり、ここでは触れない。詳しくは拙著『逆説の世界史』をご覧いただきたい）。しかしいくら世俗化が進んだからといって、まったくキリスト教の伝統と決別したわけでは無い。現在、信教の自由が完全に認められている世俗化国家アメリカ合衆国でも、大統領は（キリスト教徒なら）聖書に手を置いて宣誓する。やはりそれが国民の約八割がキリスト教徒であるアメリカ人にとってはもっとも安心できる形でもある。グナイストの勧めた「仏教国教化」はこうした伝統を政治にも生かすべきだという考えに基づくものであり、イラン革命の目指した三権分立の上に「仏教会議」が鎮座するようなものでは無かったことは明白である。

しかし、このグナイストの、日本人には突拍子も無いと感じられたアドバイスは、憲法の「陰の仕掛け人」井上毅の頭脳にカルチャーショックを与えたようだ。その後の行動を見ると、まず井上は宗教というものが国家の形成にあたって、日本人が漠然と考えていたよりはるかに強い影響力を持っているということを再認識した。

そして、さらに重大なのは日本人にとって「国教」と呼ぶべきものが存在するのか？　仏教がそれで無いとするならば、神道をそうだと考えるべきなのか？　という根本的な疑問を抱いたことである。

■「不平等条約の改正」が目標だった「憲法制定」

さて、最近中国が国際貿易戦略として打ち出した「一帯一路《いったいいちろ》」政策に、読者の皆さんはどんな感想をお持ちだろうか？

ちなみに「一帯一路」とは〈中国の習近平（シーチンピン）国家主席が提唱した経済圏

構想。中国西部と中央アジア・欧州を結ぶ「シルクロード経済帯」（一帯）と、中国沿岸部と東南アジア・インド・アラビア半島・アフリカ東を結ぶ「21世紀海上シルクロード」（一路）の2つの地域でインフラ整備および経済・貿易関係を促進するというもの。OBOR（One Belt, One Road）〉（『デジタル大辞泉』）である。

私の感想はたぶん他の人とは違うだろう。それは「もったいなかったな」であり「六百年遅かったな」である。前にも述べたように、ポルトガルやスペインが世界に貿易船団を送り巨大な富を蓄積し、さらに多くの海外領土を獲得し世界にまたがる海洋帝国を築き上げた大航海時代のように、中国が世界にまたがる大海洋帝国になるチャンスは、少なくともその約百年前からあった。具体的にはポルトガルのバスコ・ダ・ガマやスペインの援助を受けたクリストファー・コロンブスが、インド航路を開拓（コロンブスが到達したのは実際にはインドではなくアメリカだったが）する以前に、明《ミン》の洪武帝《こうぶてい》の命令を受けた鄭《てい》和《わ》が大艦隊を率いインドを越えて東アフリカまで到達しているからだ。つまり「一路」政策は今から六百年も前の十五世紀初頭に実行できる可能性があったのだ。

このインド・アフリカ航路を活用し、当時膨大な産物を持っていた明が大々的に貿易を行なえば、巨大な富をさらに増やしただろう。それが続けばおそらく中国はアフリカのどこかにいくつか海外領土を獲得していたかもしれない。ちょうど中南米諸国が伝統文化をほとんど失い、ポルトガル語やスペイン語をしゃべっているように、アフリカは中国のものだったかもしれないのだ。それどころか、世界の「共通語」は英語では無く中国語になっていたかもしれない。

ではなぜそうならなかったのだろう？

この『逆説の日本史』あるいは『逆説の世界史』の読者はよくおわかりだろう。朱子学である。朱子学は、商売を「卑しい行為」とする。当然国際的な商売である貿易もそうだ。だから「朝貢《ちょうこう》」貿易しか認めない。しかしこのシステムでは相手が一のものを持って来たら十にして返さねばならない。あくまで対等では無く「皇帝が朝貢国に褒美《ほうび》をやる」という建前だからだ。実際には朝貢国が増えれば増えるほど明の経済は破綻する。だから洪武帝は海禁政策つまり鎖国をした。この背景には中華思想もある。中国が世界一で他に文明など無いというのが「中華」ということだから、それ以外の「地域＝野蛮国」から何かを輸入する必要などまったく無いことになる。「中国には何でもある」のだから。こうした思想に呪縛され中国は大発展する絶好のチャンスを逃した。

実際には、たとえば磁器の着色に使う青い染料はイスラム地域の特産で、輸入する他は無かったのだが、洪武帝がこれを禁止してしまったために中国磁器の品質は一時かなり低下した。中国磁器は高級品であればあるほど密輸に頼る他は無く、ヨーロッパや日本でも高値で売れたのだが、そもそも磁器の品質を上げて貿易で儲けようという発想がまるで無いのだから、まったくもったいない話である。この点、浮世絵が外貨を稼げる「商品」であることにまったく気がつかなかった、いや認識しようとしなかった老中松平定信《まつだいらさだのぶ》や水野忠邦《みずのただくに》は海外貿易などまったく視野に無く、田沼意次にはそれがあった。だから、田沼は町人文化に精通していた平賀源内《ひらがげんない》を可愛がったのだ。源内は歌舞伎の脚本を書いたことでも有名だが、その歌舞伎の芸術性をまったく評価しなかった水野忠邦は、江戸の芝居小屋を潰そうとした。これもじつは中華思想で、漢詩や歴史書などは文化だが浮世絵や歌舞伎は士(士農工商の士。朱子学を身につけた者)以外の町人の産み出したもので、文化であるはずが無いという偏見なのである。

またヨーロッパで生まれたがソビエト連邦の崩壊によって「本場」ではあっけなく滅んでしまった共産主義が、なぜ中国や北朝鮮でしぶとく生き残っているのか。それは朱子学の影響で、人間の格差を当然とする朱子学は万人平等を否定し必ずエリート主義に陥ってしまうからだと説明したが、じつはもう一つ原因がある。それは共産主義が資本家を究極の敵としたところだ。資本家と言えば、かつては倭寇《わこう》と呼ばれ蔑視された貿易商人もこれに入る。つまりそうした大商人や金持ちを悪ととらえる点でも、共産主義は朱子学中毒患者である中国人エリートのツボにはぴったり嵌まってしまったのである。

ひょっとしたら一部の読者は、こんなことは本題とは何のかかわりも無いのではと思っているかもしれないが、とんでもない。歴史はすべて「つながり」である。

この時代日本が躍起になっていたことを思い出していただきたい。それは国内では憲法制定だが、対外的には条約改正であった。欧米列強から押しつけられた不平等条約を何とかして改正したいというのが、対外的には日本のもっとも大きな願望であった。いや熱望と言ってもいい。

不平等条約改正の目標は大きく分けて二つ。治外法権《ちがいほうけん》の撤廃と関税自主権《かんぜいじしゅけん》の回復だが、そもそも不平等条約を押しつけられた過程を思い出していただきたい。それは朱子学中毒患者が支配していた徳川幕府が、頑なに通商条約締結を拒んだからであった。アメリカは最初イギリスとは違って対等な条件で日本と貿易を始めようと思っていたのに、朱子学に毒された幕府はそんな「賤業《せんぎょう》」を神聖なる幕府ができるかとばかり断固拒否の態度に出た。そこで最初は日本に寛容だったアメリカも、まさに野蛮なやり方で中国を圧倒したイギリスと組んで日本に不平等条約を押しつけた。

日本が憲法制定に熱心だったのは民権運動の高まりもあるが、むしろ政府側は立憲国家の形を早く作り上げることこそ条約改正の早道と考えており、それもあって憲法制定に熱心だったのである。

■「神道は宗教に非ず」という奇想天外かつべらぼうなアイデア

ここで読者の皆さんにあらためて考えていただきたい。それは自由貿易とはいったい何か？　ということである。空気のように当たり前と思っていることをいざ説明するとなると難しい。そうしたときに簡単な方法がある。逆の概念を考えるということだ。この場合、自由貿易体制と真逆なのは中国とその周辺諸国にある華夷《かい》秩序つまり朝貢体制である。そう考えればわかるだろう。つまり自由貿易とはお互いが対等であると認め合って初めて成立するものだ。対等と言ってもそれは欧米列強つまり「白人キリスト教徒国家」だけに通用するもので、それ以外の国家は植民地または領土にされてしまうというのが帝国主義時代つまり十九世紀末から二十世紀初頭の現実であった。

しかし、「非白人非キリスト教徒国家」が「白人のキリスト教徒クラブ」に加入するチャンスはあった。現にイギリスは、インドはともかく中国にはそのチャンスを与えようとしたが、中国は頑なにそのルールを変えようとしなかったので、イギリスから見れば「やむを得ず」アヘン戦争を起こした。もちろんこの戦争は貿易超過を解消するために麻薬を売りつけ、国民の健康が損なわれると怒った中国を武力で叩きのめして言うことを聞かせたという、蛮行以外の何物でも無いが、あえて「暴力団」の言い分を聞けば「中国人はあまりにも尊大で対等な国家を認めようとしない」ということだっただろう。中国側から見れば、理不尽なアヘン戦争に惨敗したところで華夷秩序は崩壊したのである。それを見ていた日本は曲がりなりにも方向転換して、欧米列強つまり「白人キリスト教徒クラブ」に加入しようとした。

問題は宗教である。後に伊藤博文は「基軸」という言葉を使ったが、欧米列強にはキリスト教という基軸があって、それが国民統合の原理であると同時に万人平等を保証する「平等化推進体」になっている。しかし、日本にはそのようなものは無い。キリスト教の神のような絶対神はいない。そこで江戸時代以後朱子学の影響を受けて進んできた天皇の絶対化を、憲法の上で確実なものにしようとプランナー井上毅は考えた。

しかし、欧米の憲法もキリストを絶対神として規定しているわけでは無い。そこは世俗化が進みキリスト教を国教として国民を団結させる形にはなっていない。たとえばフランス革命では自由・平等・友愛が叫ばれた。自由というのは信教の自由も一応は含んでいるのである。だとしたら欧米のように世俗化を進めたうえで、天皇の絶対化だけは確保しなければいけない。となると、どんな方法があるか？　世俗化は進めなければいけないのだから、「天皇教」が国教になるような形、すなわち「国家神道」ではいけない。しかし何度も述べたように、天皇という「平等化推進体」が絶対性を保たない限り、日本の四民《しみん》平等《びょうどう》つまり士農工商の廃止（万人平等）は実現しない。

そこで悩んだ井上が考えたのは、おそらく人類史上でも他の国家や民族はまず考えない、考えつかない、宗教学的あるいは社会学的に見るならまさに奇想天外と言っても良いアイデアであった。

何と、それは「神道は宗教では無い」という形で、他の宗教から切り離そうというのである。

これは別に井沢新説では無い。たとえば井上毅研究の第一線にいる宗教学者齊藤智朗《さいとうともお》はその著書で「井上は『神道』を神社のみならず皇室祭祀や伊勢の神宮、国学、さらに神道教派もまとめたかたちで捉えた上で、『神道』を世俗主義の文脈から総合的に『非宗教』であると認識した。つまり、井上は皇室神道・神社神道・教派神道をすべて『神道』と一つに括って『宗教』ではないと捉えたのであり、またこのことは井上の神道政策構想が、内務省管轄下での神社行政だけでなく、皇室制度や教育制度にも波及した、いわば明治国家全般に関わるものであったことを意味している」（『井上毅と宗教　明治国家形成と世俗主義』弘文堂刊）と断言していることからもあきらかである。

それにしても専門学者の断言を見ても、まだ信じられないという人のほうが多いのではないだろうか。無理も無い。べらぼうな話である。

たとえば、ここの文中にある教派神道というのは国家統制から独立して教団を作った神道のことだが、そのひとつ出雲大社教《いずもおおやしろきょう》は大国主命《おおくにぬしのみこと》を信仰の対象とするが、その教義はオオクニヌシが幽界《ゆうかい》の支配者であるのを認めることである。幽界というのは、誰がどう考えても宗教の扱う概念であり、他の分野では扱わないものなのだが、それも含めて宗教では無いと言うのは、いったいどういう理屈なのだろうか。

一つ可能性が考えられるのは、儒教つまり朱子学の影響を受けているということだ。井上毅もそうだが、幕末期に教育を受けた武士は一人の例外も無くその基本教養は朱子学である。しかも朱子学は「怪力乱神《かいりょくらんしん》を語らず」という孔子の言葉にもあるように他の宗教とは一線を画している。いや、より正確に言うなら、仏教やキリスト教は誰も見たことの無い天国とか地獄などを信じている「妄念」だが、儒教はそんなものは信じない「理性」だと考えているのである。信じるのは自分が親から生まれたという誰もが否定できない事実であり、その事実に基づき親に対する報恩つまり「孝」を道徳の基本とするのが儒教であり朱子学だ。だから我々は宗教などという迷信は信じない、と彼らは考える。だから来世も信じない。言ってみれば無神論だ。ちなみに、この点でも朱子学と共産主義は一致している。これも中国や北朝鮮で共産主義がしぶとく生き残った理由の一つである。

しかし、いかに来世を扱わなくても「孝」だけをとくに重んじたり商業を軽んじたり、朱子学が宗教の一種であることは間違い無いのだが、朱子学の信徒は頑なに自分たちは「宗教の信徒」では無いと主張する。井上もこの影響を受けたのではないかということは確かに言えるだろう。

だが、もちろんそれだけでは無い。

■帝国憲法において「宗教的概念をすべて超越した絶対的な存在」とされた天皇

明治になるまで日本には「宗教」という言葉は無かった。仏教は仏法《ぶっぽう》と呼ばれ、神道もその分派が○○教と名乗るようになったのは明治以降である。そもそも日本には英語で「religion」と呼ばれる概念に応じる適切な訳語が無かった。当時の日本人は漢語の知識をもとに「経済」「哲学」「権利」といった新語を作りだしたが、これもその一つであり仏教いや仏法でより専門化された教えを○○宗あるいは宗旨と呼んだのにヒントを得て作られたものである。

その日本語「宗教」について日本で一番詳しい『日本国語大辞典』（小学館刊）は次のように定義している。

（〈英〉religion の訳語）

人間生活の究極的な意味をあきらかにし、かつ人間の問題を究極的に解決しうると信じられた営みや体制を総称する文化現象をいい、その営みとの関連において、神観念や聖性を伴う場合が多い。アニミズム、トーテミズムなどの原始宗教や、呪物崇拝、多神教、およびキリスト教、仏教、イスラム教などの世界的な規模のものがあり、文化程度、民族などの違いによって、多種多様である。

他にも様々な辞書、百科事典も見たが、なかには儒教（朱子学）は宗教では無い、と断言するものもあった。その理由は儒教の開祖である孔子が「怪力乱神を語らず」と断言しているところにある。孔子は「死」についても語ることを拒否している（「未《いま》だ生を知らず、焉《いずく》んぞ死を知らん」）。つまり神（あるいは超自然現象）や来世に言及しないのだから「宗教では無い」というのだ。これは中国人の伝統的考え方でもあり、だからこそ彼らは儒教という言い方を好まず、儒学、朱子学と呼んだ。

私は、儒教も朱子学も共産主義（マルキシズム）も宗教だと考えている。確かにこれらは無神論という点で共通しており、「神や来世を信じるのが宗教」ならば、その定義に外れていることになる。

しかし、宗教を「人間生活の究極的な意味をあきらかにし、かつ人間の問題を究極的に解決しうると信じられた営みや体制を総称する文化現象」ととらえるなら、「神観念や聖性」を伴うことは宗教の絶対必要条件では無い。

ここで肝心なことは、「明治国家形成のグランドデザイナー」である井上毅は、ここのところをどう考えていたかである。先に紹介した井上の研究者齊藤智朗は、井上が儒教とキリスト教の関係をどうとらえたかについて、まず聖書の内容に対する井上の批判を彼の著作から引用し、次のように述べている。

「天神ヲ仮托シ、自ラ神子ト称シ、密法幻術ヲ行ヒ、未来ノ賞罰ヲ転シテ、更ニ現世ノ神通ヲ示ス、一生ノ言行、一ノ神怪ナラサルハナシ」と、キリスト教の「神怪」性を指摘して「浅近ニシテ、取ルニ足ラサル」と見なす一方、儒教については「孔孟ニ至テ、始テ鬼神ヲ遠ケテ、民義ヲ務シテ、生ヲ知テ死ヲ知ラス、其言、布帛菽粟（ふはくしゅくぞく。人間が生きる上必要最小限のもの。布、絹、豆、穀物を指す）、一毫ノ神怪無ク、一点ノ禍胎（かたい。禍の起こる原因）ナシ」と、その非「神怪」性を指摘した上で「真ニ千古ノ卓見ト云フヘシ」と最高の評価を下している。

（『井上毅と宗教　明治国家形成と世俗主義』弘文堂刊　丸カッコ内引用者）

つまり朱子学が人生最初の学問であった井上は中国人の伝統的考えを継承し、キリスト教は「神怪」性つまり論理的、科学的に証明不可能な事物をことさらに扱う非合理な迷信だが、儒教はそういった要素は一切無く合理的な哲学である、と考えていたのである。

井上の基本的思想がこうなら、たとえば「明治政府は、祭政一致の方針をとり神道の国教化をすすめた」という村上重良《むらかみしげよし》を中心とする「国家神道」論者の見方が正確では無いことがわかるだろう。まず井上は天皇絶対主義者ではあるが宗教は迷信であるという信念の持ち主である。その井上が軽蔑する「神怪」の類に天皇を加えようとするはずが無いではないか。しかし、子供のころ「朱子学」に井上が洗脳されてしまったように、村上が子供のときには明確に存在していた「天皇＝現人神」という思想が村上を誤らせたことは間違い無い。

それに井上の態度にも大きな矛盾がある。井上のキリスト教批判に見られる「天神ヲ仮托シ、自ラ神子ト称シ、密法幻術ヲ行ヒ」という文言は具体的に言えば「神の子と称したイエスが数々の奇跡を起こし神の国の到来を説いた」ことを示すのだろうが、それを言うなら『古事記』『日本書紀』で神の子孫であるとされた神武天皇が、突如現われた金鵄《きんし》の輝きによって敵を撃退したなどという「奇蹟」についてはどう考えるのか？　儒教に基づいてそうした「神話」もキリスト教と同様に認めないというなら話はわかるが、井上は少なくともそれを積極的には否定していないのである。

その井上の「グランドデザイン」はすでに述べたように、神道それも天皇家がかかわる祭祀の部門だけを一般宗教とは別枠の扱いとし、宗教では無く国家の基本道徳として扱うことであった。私なりに整理すれば、すなわち新たに制定される帝国憲法においては天皇の存在は宗教を超越した絶対的な存在である。しかし、それは「天皇は現人神である」という「信仰」を創出するということでは無い。それでは天皇を「神怪」とする「宗教」になってしまう。そうでは無くて、そんな宗教的概念をすべて超越したところに天皇は存在し（この考え方自体が宗教的なのだが）、その下に国民が議会を形成できるし信仰の自由もある、ということだ。

一方、「天皇が『神怪』では無い」ということは、その祭祀を管理する伊勢神宮は当然宗教行政を担当する内務省では無く、宮内省が管理すべきであり神官は官吏であるべきだ。逆に、そうした天皇家の祭祀と切り離された神社は宗教を扱って良い。つまり内務省の管轄となり神官は民間人となるし、もちろん「来世はどうなる」といった教説を語っても良い。言うまでも無く信教の自由があるからだ。しかし、この「自由」には天皇の絶対性を否定する権利は無い。それが帝国憲法第二十八条に「日本臣民ハ安寧秩序ヲ妨ケス及臣民タルノ義務ニ背カサル限ニ於テ信教ノ自由ヲ有ス」という規定の本来の意図であろう。ひょっとしたら井上は帝国憲法上の天皇は「来世を語らない」から、「神怪」では無いと考えていたのかもしれない。何度も言うが、儒教的考えによればそうなるからである。

■「皇室典範」はなぜ「法律」では無いのか？

さて、このような形で憲法上の天皇の姿が定まると、その絶対的な存在の天皇という地位の相続については憲法に制約されないようなルールで定めておく必要がある。天皇になれるのは皇族の男子だけという大原則は第二条で定めたが、細目まで憲法で定めると煩瑣《はんさ》になる。そこで起草され帝国憲法と同時に発布されたのが『皇室典範《こうしつてんぱん》』である。これは、あくまで「典範（正しい手本）」であって「皇位継承法」などという「法律」では無いことに注意すべきだろう。法律なら憲法より下位の規定であり議会で変更できることになる。それゆえ「旧『皇室典範』は、１８８９年（明治22）大日本帝国憲法と同時に制定され、同憲法とともに日本の最高の成文法であった。したがって、成文憲法は形式上、大日本帝国憲法と皇室典範の二つに分かれ、皇室に関する規定はすべて皇室典範に組み入れられた。その結果、帝国議会は皇室に関する事項については、まったく関与することができなかった」（『日本大百科全書〈ニッポニカ〉』小学館刊）ととらえるのが正しい見方であろう。

そして、このような天皇絶対体制（あくまでも天皇教では無い）の下において教育をどのように進めていくべきか、先に軍人勅諭を作らせ軍人の行動指針を示した山県有朋は、一般国民向けの教育指針も必要だと考えた。それが「教育勅語」（教育ニ関スル勅語）である。山県が最終的にその起草を任せたのも井上毅であった。原文は四百字に満たないのでとりあえず紹介する。

朕惟《チンオモ》フニ我カ皇祖皇宗《コウソコウソウ》國ヲ肇《ハジ》ムルコト宏遠《コウエン》ニ徳ヲ樹《タ》ツルコト深厚《シンコウ》ナリ我カ臣民克《ヨ》ク忠ニ克ク孝ニ億兆心《オクチヨウココロ》ヲ一《イツ》ニシテ世世《ヨヨ》厥《ソ》ノ美ヲ濟《ナ》セルハ此レ我カ國體《コクタイ》ノ精華ニシテ教育ノ淵《エン》源亦實《ゲンマタジツ》ニ此《ココ》ニ存ス爾《ナンジ》臣民父母ニ孝ニ兄弟《ケイテイ》ニ友ニ夫婦相和《アイワ》シ朋友相信《アイシン》シ恭儉《キヨウケン》己レヲ持シ博愛衆《シユウ》ニ及ホシ學ヲ修メ業《ギヨウ》ヲ習ヒ以テ智能ヲ啓發シ徳器《トクキ》ヲ成就シ進《ススン》テ公益ヲ廣メ世務《セイム》ヲ開キ常ニ國憲ヲ重《ジユウ》シ國法ニ遵ヒ一旦緩急アレハ義勇公ニ奉シ以テ天壤無窮《テンジヨウムキユウ》ノ皇運ヲ扶翼《フヨク》スヘシ是《コ》ノ如キハ獨《ヒト》リ朕カ忠良ノ臣民タルノミナラス又以テ爾祖先ノ遺風《イフウ》ヲ顯彰スルニ足ラン

斯《コ》ノ道ハ實ニ我カ皇祖皇宗ノ遺訓ニシテ子孫臣民ノ倶《トモ》ニ遵守スヘキ所之ヲ古今《ココン》ニ通《ツウ》シテ謬《アヤマ》ラス之ヲ中外ニ施シテ悖《モト》ラス朕爾臣民ト倶ニ拳拳服膺《ケンケンフクヨウ》シテ咸《ミナ》其徳ヲ一ニセムコトヲ庶《コイ》幾《ネガ》フ

明治二十三年十月三十日

御名《ギヨメイ》　御璽《ギヨジ》

御名御璽というのは、本当はそこには天皇の名前が書かれ天皇印が押してあるのだが、とくに名前を読むのは畏《おそ》れ多いので、そのように読むのが慣例となっていたのだ。

では中身だが、最近話題となった現代語訳は次のようなものだ。

私は、私達の祖先が、遠い昔遠大な理想のもとに、道義国家の実現をめざして、日本の国をおはじめになったものと信じます。、そして、国民は忠孝両全の道を全うして、全国民が心を合わせて努力した結果、今日に至るまで、見事な成果をあげて参りましたことは、もとより日本のすぐれた国柄の賜物といわねばなりませんが、私は教育の根本もまた、道義立国の達成にあると信じます。

国民の皆さんは、子は親に孝養を尽くし、兄弟・姉妹は互いに力を合わせて助け合い、夫婦は仲睦まじく解け合い、友人は胸襟を開いて信じ合い、そして自分の言動を慎み、全ての人々に愛の手を差し伸べ、学問を怠らず、職業に専念し、知識を養い、人格を磨き、さらに進んで、社会公共のために貢献し、また、法律や、秩序を守ることは勿論のこと、非常事態の発生の場合は、真心を捧げて、国の平和と安全に奉仕しなければなりません。そして、これらのことは、善良な国民としての当然の努めであるばかりでなく、また、私達の祖先が、今日まで身をもって示し残された伝統的美風を、さらにいっそう明らかにすることでもあります。

このような国民の歩むべき道は、祖先の教訓として、私達子孫の守らなければならないところであると共に、この教えは、昔も今も変わらぬ正しい道であり、また日本ばかりでなく、外国で行《おこな》っても、間違いのない道でありますから、私もまた国民の皆さんと共に、祖父の教えを胸に抱いて、立派な日本人となるように、心から念願するものであります。

（国民道徳協会訳）

しかし、この訳文に対しては厳しい批判もある。

■明治天皇による「国民よ、勉強せよ」というメッセージ

国民道徳協会の訳した「教育勅語現代語訳」の最大の問題点は、これを出したのが明治天皇で、にもかかわらず天皇の言葉であることが今一つ不明瞭であることだ。確かに原文も文中には「天皇」という言葉は無い。あるのは「朕《チン》（天皇の自称）」である。これを「私」とし皇祖《コウソ》皇宗《コウソウ》を「私達の祖先」とするのは現代語訳としては一応問題無いし、タイトルに

「教育勅語」とあるのだから、天皇の言葉であることは明瞭ではないかと言えば、確かにそのとおりである。

しかし、それではなぜ天皇が「国民各々が努力して自らを磨かねばならぬ」とわざわざ言う必要があったのか、わからない。もちろん、現代語訳は解説文では無いから、そこまで踏み込めないと言えば、これもそのとおりなのだが、せめて訳文のなかに「天皇として私は」などと入れておけば、ここに語られている教育理念が、天皇の権威を源泉としたものであることが明確になる。

根本の問題は、「なぜ国民は勉強しなければならないか?」である。その必要があってこそ国家は教育制度を整える必要も出てくる。おわかりだろうか。すべての根本はここにある。

ほんの数十年前まで「ウチの息子は職人になるんだから学校なんか行かなくてもいい」という親が存在した。江戸時代ならもっといた。寺子屋《てらこや》に通う子供も大勢いたが、それは主に町人の世界で、読み書き算盤《そろばん》ができたほうが社会生活に有利(たとえば商家に奉公できる)だからだ。百姓の息子は教育など受けなくても生きていけた。要するに、士農工商のように身分が定まっている社会は、小中学校あるいは高校や大学など必要無い。中国では誰でも努力して勉学に励み国家試験に合格すれば「士」になれたが、実際には農工商に生まれた人間が「士」を目指すのはほとんど不可能であった。勉学に励もうにもそんな人間を相手にしてくれる学校など存在しないからだ。やるとしたら独学か私塾のようなものに通うしかない。つまり儒教世界には学問を大切にする気風はあるが、だからと言って庶民にも広く学ばせるべきだという考え方は存在しない。訓民正音《くんみんせいおん》（ハングル）を作らせた朝鮮の世宗《セジョン》大王がなぜ偉大なのかと言えば、そういう思想を持っていたからであり、だからこそ一人の例外も無く朱子学中毒患者であった朝鮮官僚は、後世に至るまでハングルを一切評価しなかったのである。

　これに対して、たとえばフランスではキリスト教に基づく平等思想が王制を打倒し共和国となった。共和国になってみると、すべての国民は平等だということで上流階級に独占されていた教育が一般にも開放された。開放されてみると、人々は、上流階級だけで教育を独占し国民を愚かなままにしておくことも支配の有力な手段であり、国民国家としてはむしろ国民の教育を受ける権利を大切にしていかねばならないと気がついた。

　ドイツでも、近代化のきっかけはマルチン・ルターの宗教改革（ローマ法王庁への反抗）であり、具体的には聖書をラテン語からドイツ語に訳すことだった。ドイツ人はそのドイツ語訳によってローマ法王庁の主張がいかにデタラメかを知った。まさに「知は力なり」だ。しかし、その力を身につけるにはやはりドイツ語の読み書きができなければならない。

できるだけ多くの人間がそれを知ることこそ、神の下の平等の達成につながる。そのためには国民が誰でも学ぶことのできる、できれば無料の学校がいる。義務教育という考え方は西洋ではこういうところから出てきたのである。

今、日本の識字率は世界最高だと言う。ほとんどの人間が字が読めるようになったために、多くの日本人は、かつては文字とは読めない人にとって「暗号」だったという事実を忘れてしまった。詩人石川啄木《いしかわたくぼく》は妻には読めないローマ字で秘密を日記に書いたが、そういうことを人類最大の規模でやっていたのがローマ法王庁であった。そうした「機密ファイル」を一般国民にも読めるようにしたのが宗教改革（イギリスでも改革者は聖書をまず英語に訳した）で、それを徹底させるためには自国民の識字率を上げなければいけない。だからこそ「小学校」という発想が出てきたのだ。そして、こうした国民国家が一度成立してみると、そういう国家は発展しやすく戦争にも強いということがわかった。工業化一つ取ってみても、現場の労働者が算数ができる国とできない国のどちらが有利かわかるだろう。フランスもドイツもイギリスもアメリカもそれで強国となり、イスラム世界やアジアを圧倒した。こうした欧米列強が「近代化」できなかった国々を次々に自国領土とし植民地にしていくなかで、遅ればせながら近代化を達成しようとしたのが日本であり、その国家としてのグランドデザインを定めたのが帝国憲法であり皇室典範だった。しかし、法律で国民が教育を受ける権利を保証しても、肝心の国民が「ウチの息子は職人になるんだから学校なんか行かなくてもいい」という態度では、いつまでたっても欧米列強には追いつけない。

しかし、日本には英米独仏などの「脱カトリック国家」が共有していた「小学校」を必要とする伝統は無い。確かに、すでに述べたように『平家物語』『太平記』あるいは数々の謡曲《ようきょく》、歌舞伎などの普及によって国民の識字率は高く、一方でとくに都市部において寺子屋が普及しており算盤人口も少なくは無い。だから土台はある。しかし職人の息子も、ここが肝心だが百姓の娘（女子）でも、誰でも「小学校」に行くべきだという伝統は無い。無いなら作らねばならない。だが、ことは簡単では無い。法律で「そうしろ」などと命じても、長年の伝統は変えられない。だが、日本には「切り札」があった。もちろん天皇である。「天皇絶対」というのは帝国憲法が作った概念では無い。憲法はそれを追認強化しただけだ。これは江戸時代以来、吉田松陰らを経て日本人の心のなかに確立していた信仰なのである。ならば、その「絶対者の命令」いや「おさとし」として「国民よ、勉学するのだぞ」と、国民にメッセージを与えればいい。それが教育勅語なのである。

また、この現代語訳の批判者が一番問題にするのは「非常事態の発生の場合は、真心を捧げて、国の平和と安全に奉仕しなければなりません」というくだりのようだ。ここの原文は「一旦緩急アレハ義勇公ニ奉シ以テ天壌無窮《テンジョウムキュウ》ノ皇運ヲ扶翼《フヨク》スヘシ」だから直訳すれば「有事の際、国民は必ず国家のために馳せ参じ、天皇家のために戦わねばならない」となる。つまり、批判者たちは「天皇家の擁護」と書いてあるのを「国の平和と安全」に書き換えたと批判しているわけだ。

ただ、ここから先がわからない。「だから教育勅語は現代の教育指針として使用すべきではない」と言うなら、私も賛成する。確かに「使える」部分も無いとは言わないが、現代の日本国にはこの文言はそぐわないだろう。しかし、そもそも「国の平和と安全」で無く「天皇家の擁護」を強調しているのが問題で、制定当初からこんなものは価値が無いと決めつけている論者もいるようだが、そういう方々には、歴史というものがまったくわかっていらっしゃらないな、と申し上げる他は無い。

■二千年以上続く男尊女卑の壁を打ち破った「教育勅語」の歴史的評価

そう言えば、こういう論者のなかにはこの教育勅語を「儒教的」だと批判している人もいると聞いた。困ったものだ。漢文で書いてあると何でも儒教だと思い込むんじゃないだろうか（笑）。いや、冗談では無い。聖徳太子の『憲法十七条』も「和」という儒教ではまったく重要視されていない概念をもっとも大切にしているから、儒教とはかけ離れたものなのだが、日本史の専門学者のなかでも昔は結構「儒教的」だと評していた人がいた。

そもそも儒教が根本的にわかっていないのである。

まず儒教は男女平等では無い。徹底的な男尊女卑だから。科挙も「誰でも」受験できると述べたが、このなかに女子は入っていない。妻は夫に絶対的に従うべきものであり「夫婦相和」などということは絶対に無い。もちろん夫は妻を労《いたわ》らなければいけないのだが、それは決して平等ということでは無い。よくよくご覧になれば、ここにも「和」が入っているのがおわかりだろう。これのどこが儒教か。

しかも、前近代社会では女性とは男性にとって欲望を抱かせる「悪」でもある。イスラム教にもそういうところがあるが、儒教でも紀元前から「男女七歳にして席を同じゅうせず」(『礼記《らいき》』)であった。こんな世界では、男女共学の小学校などはなから無理な話だ。ちなみに、朱子学中毒患者の巣窟であった朝鮮国も琉球王国も男女共学など絶対に認めなかった。それを徹底させたのはじつは日本人なのである。

この教育勅語は天皇の権威をもって、儒教が二千年以上正しいとしていた男尊女卑の壁を破ったのである。それだけでも評価すべきだと私は思うし、それがまさに歴史的評価ということだ。

また、儒教社会には一市民が武器を取って国のために戦うという考え方も無い。かつて紹介したように、幕末の『ロンドンタイムズ』は中国人を「戦いが始まるとすぐ逃げてしまう」と評した（『逆説の日本史 第20巻 幕末年代史編Ⅲ』参照）。私はそれは中国人が決して臆病なのでは無いと弁護しておいたが、儒教社会では戦争するのは士の仕事であり農工商はそもそも国家のことにかかわってはならないのだ。徴兵されたのならともかく、国が侵略されたからといってただちに武器を取って戦う義務は無い。逃げて良いのである。それが儒教社会だ。

しかし、それでは近代国家はできない。日本国も、朝鮮や中国ほどでは無いけれども儒教の影響を強く受けた社会である。だから国民国家の国民は、国を守るために武器を取って戦うべきだという常識が無い。常識が無いところに、新たにそれを植え付けるためにはやはり天皇の権威に頼るしか無かった。つまり、この当時は天皇あるいは天皇家を守れという言い方でしか一般国民に国を守らせる方法が無いのだ。

たとえば、江戸時代に「平和を守る」ということは、徳川将軍家を守ることであった。エゴイズムとは言えない。民主主義国家体制では無いのだから、徳川家の安泰がそのまま日本国の平和につながる。当時はそういう形しか無かった。それが歴史というものである。

後に軍部が強調した言葉に「お前たちは天皇陛下の赤子《せきし》である」というものがあった。なぜ赤子（赤ん坊）なのかと言えば、これも儒教を超えるためである。

「忠孝」などと一口に言うが、本来の儒教には優先順位がある。「忠（主君に対する服従）」

よりも「孝（親に対する報恩）」のほうが優先順位が上というのが儒教社会の根本原則である。孟子は弟子に「もし国王の父が死刑にあたる罪を犯した場合、息子である国王はどう対処すべきか」と問われたときに「親を連れて（国法を無視して）海外逃亡せよ」と言った。また、こうした社会ではたとえ国の運命を懸けた大戦争をしているときでも、軍人は親が病気なら司令官であっても故郷に帰らなければいけない。それが最優先ということであり、皇帝ですらそれを止めることができない。もし止めたら千載《せんざい》の後まで非難されるだろう。皇帝は「忠」の対象であっても「孝」の対象では無いからだ。それが儒教社会というものである。しかしそれでは近代国家はできない。近代国家とは「私の問題」である「孝」より「公の問題」である「忠」が優先される社会でなければならない。

ここで国民すべてが天皇の「子供」であると考えたらどうだろう。天皇はすべての国民の親ということになり、天皇に対する「忠」は親に対する「孝」と同義になる。こうなれば戦争の最中に兵士が親孝行のために家に帰る、などということも防止できる。つまり、近代国家ができるわけだ。

これも二千年以上儒教社会が守り続けてきた「孝優先（公軽視）」という価値観を天皇の権威をもって見事に改変したということだ。

それゆえ日本は近代国家への道を踏み出すことができたのである。

■「歴史の極意」を理解するために知っておくべき「アントニーの法則」

最近「教育勅語」をめぐって森友《もりとも》学園問題などもあり、多くの識者がその内容について自分の意見を表明している。ネットで展開されているそれらの人々の意見を見て、正直言って私はがっかりした。要するに、日本人は歴史の見方というものがまるでわかっていないな、というのが私の感想である。

念のためだが、私は右翼では無い。もっとも右翼と言っても様々な定義があるだろうが、まず戦前のような軍事力をもって世界を牛耳ろうと考える人々こそ右翼だと考えている。この意味で中国こそもっとも右翼的な国家であり、アメリカもそういう傾向があると言えるだろう。

逆に言えば、憲法九条改正程度のことで右翼扱いされても困る。自分の国を守るのは国家として当然の権利であり、国民に対する国家のもっとも大切な義務でもあるからだ。しかし、その論議は措いておこう。本題では無い。

問題は教育勅語であり、帝国憲法あるいは軍人勅諭であるからだ。その歴史的スタンスを正確に理解してもらうには、やはり「アントニーの法則」を説明しなければいけないだろう。

「アントニーの法則」の命名者は私である。アントニーとは、ウィリアム・シェイクスピアの史劇『ジュリアス・シーザー』で、シーザーが暗殺を正当化したブルータスの後に登場し、熱弁をふるってシーザーの正当性を訴え逆にブルータスを悪人とする方向に民衆を導いた登場人物マーク・アントニー（マルクス・アントニウス）のことを言っている。登場人物アントニーにシェイクスピアは次のように言わせている。

The evil that men do lives after them,
The good is oft interréd with their bones;
※oft（ɔft）はoftenの古語

福田恆存《ふくだつねあり》、小田島雄志《おだしまゆうし》といった先達の訳を参考にすると「人（偉人あるいは英雄）の死するや、その為したる善事は墓に葬られ、悪事のみ千載の後まで語り継がれる」といったところだろうか。これを最近私はよく高校生相手の講演で話す。歴史の初心者にまず知って欲しいのがこの「アントニーの法則」なのに、日本では歴史学者も作家、文化人もこの法則に気がついていない人があまりにも多いからだ。

高校生に「これ、どんな意味だと思う？」と聞くと、「人間って恩をすぐに忘れる動物ということでしょう」という返事が返ってくる。確かに、人間は恨みは忘れないが人から受けた恩はすぐに忘れる。このセリフも一見そのことを言っているようだが、私はシェイクスピアはもっと深い意味を持たせていると考えている。私の好意的解釈かもしれないが、これはまさに「歴史の極意」とも言うべき重大な法則だからだ。

その妙味が一番理解しやすい事例は、日本史では本章の冒頭で触れた徳川綱吉の時代であろう。そこで述べたように、私が綱吉を名君だと言うまで歴史学界の先生たちもほとんどすべて「綱吉は人間より犬の命を大切にしたバカ殿だ」と言っていた。歴史が見えていないのである。武士というのは戦場で敵の首を取ってくることが仕事だ。悪い言い方をすれば「剣客商売」ならぬ「殺人商売」なのである。だからたとえば辻斬りや無礼討ちなどして人殺しの練習に励むことは、ちょうど職人が毎日自分の技術を磨くために練習をするのと同じことで、褒められることだった。また、馬術や弓術の世界では、馬に乗り犬を追い回し弓矢で射殺《いころ》す犬追物などは、戦場で実際に役に立つテクニックを養える「スポーツ」として武士の世界では大変人気があった。この名人は褒められたということだ。

そうした生命軽視の社会を根本的に変えたのが綱吉だ。「殺して褒められる社会」から「犬を殺しても死刑」の世界。確かに綱吉と同時代の人間は「武家の棟梁である将軍なのにその心がまるでわかっていない」などと綱吉を批判する。綱吉の高邁な理想が理解できないのである。しかし粘り強くその「悪法」を一世代続ければ、世代交代が起こり常識は完全に変わる。たとえ犬であれむやみやたらに殺してはならないと、新しい常識が生まれる。問題はここだ。新しい世代はそれが常識になるから、一昔前は「人殺し、犬殺しの名人が褒められた」ことがまったくわからなくなる。つまり、それを変えるのが、どれほど大変だったか、変えた人間はどれほど悪口を言われたか、と言うこともわからなくなる。しかし、そういう人間がいたからこそ世の中は変わったのだ。それなのに「生命尊重の世界を実現した」という最大の善事は忘れ去られ、「人より犬の命を大切にしたバカ殿」という悪事のみはいまだに語り継がれているではないか。おわかりだろう。歴史学者の先生方もアントニーの法則がわかっていないのである。

由比正雪《ゆいしょうせつ》という軍学者がいた。江戸時代初期、幕府を転覆させようという「陰謀」を企んだ人間である。江戸時代の人間がそれを非難するのはわかる。徳川家に対する反逆は絶対悪だったからだ。しかし現代の人間は、彼の目的は幕府の過酷な大名取り潰し政策によって生まれた大量の浪人の救済にあったのだから、もっと柔軟な目で評価しなければいけない。しかし、通俗時代劇などでは正雪はいまだに悪人だ。もっと平和的な手段を取るべきなのに一足飛びに武力に訴えたのが良くないという視点で、正雪の行動はとらえられている。しかし、それは歴史がまったくわかっていない証拠なのである。正雪を悪人呼ばわりする人に私は聞いてみたい。あなたは松平定政《まつだいらさだまさ》を知っていますか、と。日本初の慈善家といってもいい人である。正雪と同時代の人で大名でありながら浪人たちがあまりに困窮しているのを嘆き、その領地二万石をすべて返上し浪人救済にあててくれと幕府に建白した人物である。

私はこのことも高校生によく聞く。この人物の行為は当時どう評価されたでしょうか？常識で言うならば賞賛されたと言うところだろう。しかしそれは現代の常識だ。じつは定政は乱心者つまり狂人として社会的に葬られたのである。

なぜか？　大名取り潰し政策を立案し推進し武家諸法度《ぶけしょはっと》を定めたのは徳川家康であるが、その徳川家康は江戸時代東照大権現と呼ばれる神であった。神の決めたルールは人間が変えることができない。それを変えようとする人間は大悪人で、徳川の一族にはそんな大悪人がいるはずが無いから、万一いたなら頭がおかしいとして処分するしかない。

由比正雪が武力で世の中を変えようとしたのはこの後のことである。もはや武力による手段しか残されていなかったのだ。正雪の遺書が奇跡的に現代に伝えられているが（おそらく役人のなかにも共鳴者がいたのだろう）そのなかで正雪はちゃんと定政のことについて幕府を批判している。

いまだに正雪は平和的手段を取らず一足飛びに武力に訴えた悪人としてドラマなどでは

描かれることが多い。なぜそう描かれるのか？　日本歴史学界の見方がそうだからである。しかし未遂に終わったとは言え、正雪の行動が幕府を変えた。幕府はこれ以後よほどのことが無い限り、大名を取り潰さなくなったのである。ここでもまさに「幕府の頑迷な態度を改めさせ、以後浪人（失業者）の発生を最小限にした」という善事は忘れ去られ、「武力で世を乱そうとした大悪人」という悪名のみが千載の後まで語り継がれている。アントニーの法則どおりである。

■教育近代化に貢献し日本を変えた「教育勅語」の功績

ここで教育勅語に戻ろう。じつは教育勅語についても同じことが言える。アントニーの法則どおりなのである。

教育勅語に対して厳しい批判をする人いわゆる左翼、リベラルと言われる人たちのようだが、その人たちの批判の中身は決まっている。これは天皇に対する忠誠を貫き国民に戦争を強いるものであり、民主的では無いという評価である。

これも歴史がわかっていない証拠である。民主的民主的と言うが、日本は幕末まで士農工商の身分制度があった国なのである。たとえば土佐藩の執政吉田東洋《よしだとうよう》は坂本龍馬などは虫けらのように思っていただろう。誇張では無い。土佐の郷士《ごうし》は道端で正式な藩士に会ったら、その場で土下座しなければならなかった。同じ人間などという感覚はまったく無かったのである。職人の息子なんだから学校には行く必要が無いと思っていた親は掃いて捨てるほどいた。とくに女子については良妻賢母になるための最低限のしつけは必要だが、それ以上の高等教育などまったく必要無いと思っていた人間が国民の大多数であった。

しかも、これも先に述べたとおり、武士階級が基本教養としていた朱子学では、男女七歳にして席を同じうせずという厳しいルールがあり、男女共学など夢のまた夢であった。つまり国民全員が当たり前のように小学校に行くことも、そこで男女が席を同じくして学ぶことも、あるいは女子が良妻賢母になる以上の高等教育を受けることも、儒教社会ではまったく不可能であり、中国にも朝鮮にも（キリスト教に基づく学校は例外として）そのような学校は無かった。

しかし、日本ではよくご存じのように明治の中期に現在の津田塾《つだじゆく》大学や日本女子大学が創立され、共学にも同志社《どうししや》大学など女子の高等教育に熱心な大学が次々とできたではないか。これはいったいなぜか？

ここで、もう一度教育勅語をじっくり見ていただきたいのだが、そこには儒教の根深い悪弊である男女差別に関する言葉が一つも無い。国民はすべて教育を受ける必要がある、と述べている。だからこそ津田梅子《つだうめこ》も新島八重《にいじまやえ》も、男どもの「女子には教育はいらん」と言う偏見に対し、「陛下もそれを奨励されています」という形で、堂々と大学設立を主張しそれを完遂することができたのだ。

これらはすべて教育勅語の功績ではないか。つまり、日本の教育近代化に教育勅語は画期的な貢献をしたのに、その功績はまったく忘れ去られている。

また、左翼あるいはリベラルが批判してやまない「有事の際は天皇家のために戦え」というところも、これ以前に日本人は「公」のために戦うという感覚を持っていなかったのだから、こういう表現しかできなかったということが忘れられている。

幕末まで多くの日本人は、自分が幕臣でも各藩の藩士でも無く日本人であるという自覚を持っていなかった。士農工商の身分を超えた国民という自覚も無かった。

だからまず明治はそれを形成する必要があった。あの時点で天皇抜きで日本国のために戦えと言っても誰もついてこない。だからこそ、天皇を持ち出す必要があった。そしてそれが一定の役目を果たしたからこそ、我々は今「公」という感覚を当たり前だと思っている。それは教育勅語や帝国憲法が日本人に定着させたものである。

儒教社会を改革することがいかに大変かは、お隣の韓国、中国を見てもよくわかるはずだ。韓国ではいまだに「公」の概念が順調に育たず、歴代の大統領は「公」より「私」を大切にする伝統の下にあり、係累の少なかった朴槿恵《パククネ》前大統領の前は、遡《さかのぼ》って五代の大統領が一人の例外も無くファミリー汚職で追及されている。そして朴氏も「身内同様の人」に便宜を図ったという汚職の罪で投獄されてしまった。「孝＝ファミリーへの忠誠」をモラルの中心に据える儒教では、どうしてもそうなるのである。それを考えれば帝国憲法や教育勅語がいかに日本を変えたかわかるだろう。

しかし、それを忘れた歴史のわからない人々が、「教育勅語は天皇制維持のための旧弊」などという悪口を言っているようだ。日本は言論は自由だから、悪口を言う自由もあるが、歴史的事項に言及するなら、もう少し公正な視点を持っていただきたい。

そのためには、この「アントニーの法則」を、ぜひ身につけていただきたいところである。

■外国人の名前表記に一貫性が無いちぐはぐな歴史教科書

大日本帝国憲法は一八八九年（明治22）二月十一日発布された。この二月十一日という日付は、『日本書紀』に記載されている、紀元前六六〇年（神武天皇元年）一月一日に神武天皇が橿原宮《かしはらのみや》で即位したとする故事に基づくもので、それを新暦に換算した「紀元《きげん》節《せつ》」という国家の祝日に合わせて発布したものである。ちなみに「紀元節」は一九四五年（昭和20）の敗戦の影響で廃止されたが、現在「建国記念の日」として復活している。

そして一八九〇年（明治23）十一月二十九日に施行され、天皇臨席のもと初の帝国議会が開かれた。

この憲法がいかにして作られたか、陰のプランナーであった井上毅の動向と思想を中心に分析してきたが、あらためて制定過程を時系列的に紹介しておこう。もっともこんなことは、これまでの歴史教科書や百科事典には必ず述べられていることだから、読者のなかにはあらためて紹介する必要が無いと感じる人がいるかもしれない。確かにそうなのだが、ここであえて高校教科書の記述を紹介しておくのは、高校教科書とは基本的に日本歴史学界の大御所の監修のもとに、その総意によって作られたものだからだ。すなわちその記述を見れば歴史学界の通説がわかり、場合によってはその通説がこの『逆説の日本史』が主張しているところといかに異なっているか、明白にわかるからである。

以下は高校の歴史教科書ではもっとも優れていると評される『詳説 日本史B』（山川出版社刊）の記述である。

《憲法の制定》

政府は、明治十四年の政変の際に、天皇と政府に強い権限を与える憲法を制定する方針を決めていたが、翌1882（明治15）年には、伊藤博文《ひろぶみ》らをヨーロッパに派遣して憲法調査に当たらせた。伊藤はベルリン大学のグナイスト、ウィーン大学のシュタインらから主としてドイツ流の憲法理論を学び、翌年に帰国して憲法制定・国会開設の準備を進めた。

まず１８８４（明治17）年に華族令《かぞくれい》を定め、華族の範囲を広げて、旧上層公家・大名以外からも国家に功績のあったものが華族になれるようにして、将来の上院《じょういん》（貴族院）の土台をつくった。ついで１８８５（明治18）年には太政官制《だじょうかんせい》を廃して内閣《ないかく》制度を制定した。

これにより、各省の長官は国務《こくむ》大臣として自省の任務に関して天皇に直接責任を負うだけでなく、国政全体に関しても総理《そうり》大臣のもとに閣議《かくぎ》の一員として直接に参画《さんかく》するものとなった。また、宮中《きゅうちゅう》の事務に当たる宮内省《くないしょう》（宮内大臣）は内閣の外におかれ、同時に天皇御璽《ぎょじ》（天皇の印）・日本国璽《こくじ》（日本国の印）の保管者で天皇の常侍輔弼《じょうじほひつ》の任に当たる内大臣《ないだいじん》が宮中におかれた。初代総理大臣の伊藤博文は同時に宮内大臣を兼任したが、制度的には府中《ふちゅう》（行政府）と宮中の区別が明らかとなった。

地方制度の改革も、ドイツ人顧問モッセの助言を得て山県有朋《やまがたありとも》を中心に進められ、１８８８（明治21）年に市制《しせい》・町村《ちょうそん》制が、１８９０（明治23）年には府県制・郡《ぐん》制が公布され、政府の強い統制のもとではあるが、地域の有力者を担い手とする地方自治制が制度的に確立した。

政府の憲法草案作成作業は１８８６（明治19）年末頃から国民に対しては極秘《ごくひ》のうちに

進められ、ドイツ人顧問《こもん》ロエスレルらの助言を得て、伊藤を中心に井上毅《こわし》・伊東巳代治《みよじ》・金子堅太郎《けんたろう》らが起草に当たった。この草案は、天皇臨席《りんせき》のもとに枢密院《すうみついん》で審議が重ねられ、1889(明治22)年2月11日、大日本帝国憲法(明治憲法)が発布された。

まず本筋とは関係無いことだが、なぜグナイスト、シュタイン、モッセ、ロエスレルなど外国人の名は姓だけでフルネームを記載しないのか。グナイストにはハインリヒ・ルドルフ・ヘルマン・フリードリヒ・フォンという「ファーストネーム」がある。日本人にとっては長ったらしい名前だが、たとえばルドルフ・フォン・グナイストという省略形を記載し欄外註で正確に述べればいい。歴史教育というのは過去の出来事を正確に提示することが基本だ。このようにきちんと書けば昔のドイツでは結構長ったらしい名前が好きだったんだなという「勉強」にもなる。そういう知識は次の段階へのステップにもなる。

大化《たいか》の改新《かいしん》で中大兄皇子《なかのおおえのおうじ》に味方した人物に蘇我倉山田石川麻呂がいた。「そがのくらやまだのいしかわまろ」は確かに覚えにくいが、現実にそういう名前だったのだから仕方が無い。これを面倒だから単に「蘇我」という姓だけの記述にしてしまえば、対立した蘇我入鹿《いるか》もそうせざるを得なくなり区別がつかなくなる。また英語圏では、日本人の名前というのはすべての音に母音がつくから記述するのはかなり面倒なはずである。しかし「Prime minister Kakuei Tanaka（総理大臣・田中角栄）」と書くのが面倒だからといって、「Prime minister Tanaka」と略してしまえばもう一人の田中姓の総理大臣「Giichi Tanaka（田中義一）」との区別がつかなくなる。

この教科書では蘇我倉山田石川麻呂はフルネームなのに、グナイストはそうでは無い。それなのに戦国時代の人物はフランシスコ・ザビエルやウィリアム・アダムス（三浦按針《みうらあんじん》）などとしている。どんな基準でやっているのか、さっぱり見当もつかないが、この国際化時代にはやはりフルネームかそれに近い形で外国人の名前は記すべきだ。第一、日本の発展に貢献してくれた人物に対して失礼ではないか。

■「大成功」を収めた帝国憲法がその後国を破滅に導くことになった「大誤算」

さて本題に戻ろう。じつはこうした高校教科書およびそれを使って歴史教育をする先生方には気の毒な面もある。約二千年の歴史を有する日本史をたった一年で、しかも膨大な近現代史まで含めて教えなければいけないということだ。これは本来ちょっと無理な話である。数学や英語が何年もかけて教えられているのに、日本史の教育期間を一年に限定するというのは問題がある。歴史教育重視というならばこういうところを改めてもらわなければならない。そうした制約があるので歴史教科書というのはどうしてもダイジェスト的な表面的なものにならざるを得ない。それは私も理解している。しかしそれを踏まえた上であえて苦言を呈すと、まず陰の主役である井上毅がほんの脇役としてしか出てこない。確かにこれまで史料の不足もあり井上の活躍がわからなかったということもあるだろうが、私は根本的には現代日本歴史学の三大欠陥としてずっと前から指摘している「歴史の宗教的呪術的側面の軽視」の問題があると考えている。

これまでまったく西洋型の憲法を持たなかった国が、しかも神仏混淆《しんぶつこんこう》という形でキリスト教以外の様々な宗教が混じりあった複合体を信仰していた国が、突然キリスト教を信仰する欧米諸国が確立した近代国家を作り上げる必要に迫られたのである。こうした問題は基本的に素人の伊藤博文が渡欧して何回か学者の講義を聞けば憲法草案ができる、などというような単純な問題では無いのだ。すでに述べたようにこの憲法を構築するために、先人はいくつもの思想的壁にぶち当たりそれを乗り越えなければいけなかった。もちろん、それはそうした努力の末に完成した帝国憲法が完璧であったという意味では無い。むしろその逆かもしれない。人間の作ったものは必ず何かしら欠陥を含んでいるものである。

歴史上の実例を挙げれば、大恩人織田信長の子孫を押しのける形で、天下を手中にした豊臣秀吉の忘恩行為を見ていた家康は、日本に朱子学というモラルを導入しそれを武士階級に徹底することによって二度とそのような事態が起こらないようにした。しかし、天才家康の目論見《もくろみ》は完全にひっくり返った。まさにその朱子学の影響によって、日本人は日本の真の主君は徳川家では無く天皇家であると確信し、そうした人々が討幕運動を起こしたからである。そもそも討幕つまり幕府に対する反乱を根絶するために「忠義」をモラルの核心に据える朱子学を導入したのに、結果はまるで逆になってしまった。これが「人間の歴史」である。神ならぬ人間はしばしばそういう失敗を犯す。だからこそ歴史は面白いし恐ろしい。

そういう歴史を見るコツがわかっていない人々は、まさにこの時点で天皇を現人神として祀り上げる「国家神道」が作られた、などという誤解をすることになる。そうしたものが、ある意味でこの憲法の欠陥を突く形で作られたのはもっとずっと後の話である。その証拠に伊藤とともに日本の骨格、とくに「軍部」を作った山県有朋は「軍人は政治に関与してはならない」という信念の持ち主であった。だから伊藤が憲法で目指した「天皇の絶対化（神格化では無い）」に協力するとともに、その絶対者である天皇の名で軍人勅諭を出させた。「軍人は政治に関与するな」と天皇が命令を出したということだ。今、意外と忘れられていることは、戦前の軍人たちはこの軍人勅諭を根拠に選挙権を与えられなかったことである。明治国家のプランナーたちの「軍人は政治に関与させない」という強い意志はそういうところでも感じ取れる。彼らは軍人が政党を作ったり特定の利益代表として国会に議席を持つようなことは厳に避けるべきだと思っていたし、また天皇の命令をもってそれを徹底させたのだから、将来軍人が政治に関与して大日本帝国を滅亡の道へと進ませるなどということは絶対にあり得ないと思っていただろう。

実際にはそうなった。繰り返すが、そこが歴史の面白さというか、怖さでもあるわけだ。なぜそうなったかについては、本章でもすでに一部述べたが、それを詳細に述べていくことが今後の課題である。ただその前に、この体制が一時は強力な力を発揮し日本を世界の大国に押し上げたことも述べる必要がある。一時この憲法は「大成功を収めた」のである。それも歴史上の事実だ。女子の高等教育が広く認められたのも帝国憲法そして教育勅語が出されてから後であるし、それ以上に大きいのは日清戦争、日露戦争に勝ったことだろう。この勝利はあきらかに帝国憲法によって構築された大日本帝国の力量によるものであり、日本を世界の大国に押し上げた。しかしその後、伊藤や山県がまったく想定していなかった、まさに徳川家康のような大誤算が起こり、大日本帝国は破滅する。話は少し先走るが、以前戦国の名将武田信玄の遺訓を紹介したのを覚えておられるだろうか？　何度か紹介したので、直訳では無く私なりに言い換えると「成功はいいが大成功は良くない。なぜなら、それに心が奢《おご》り努力することを忘れるからだ」ということになる。おわかりだろう、これが明治維新から帝国憲法制定を経て日清・日露戦争の勝利、そして昭和二十年の敗戦に至る大きな流れであるということだ。

この章を締めくくるにあたって、帝国憲法いや大日本帝国憲法、教育勅語、軍人勅諭、そして皇室典範がどのような相関関係になっているか、下図で示しておこう。

あらためて繰り返せば、これら一連の法や勅は、まず天皇を絶対者として位置づけ、その天皇の命令をもって、日本にあるいは儒教社会にそれまで無かった国家の運営に参加する「国民」を、作り上げることにあった。もちろん、それは同時に儒教社会では成立し得ない「平等」、そしてきわめて軽視されがちな「公」という概念を育成する目的もあった。それがうまくいったからこそ、我々日本人の

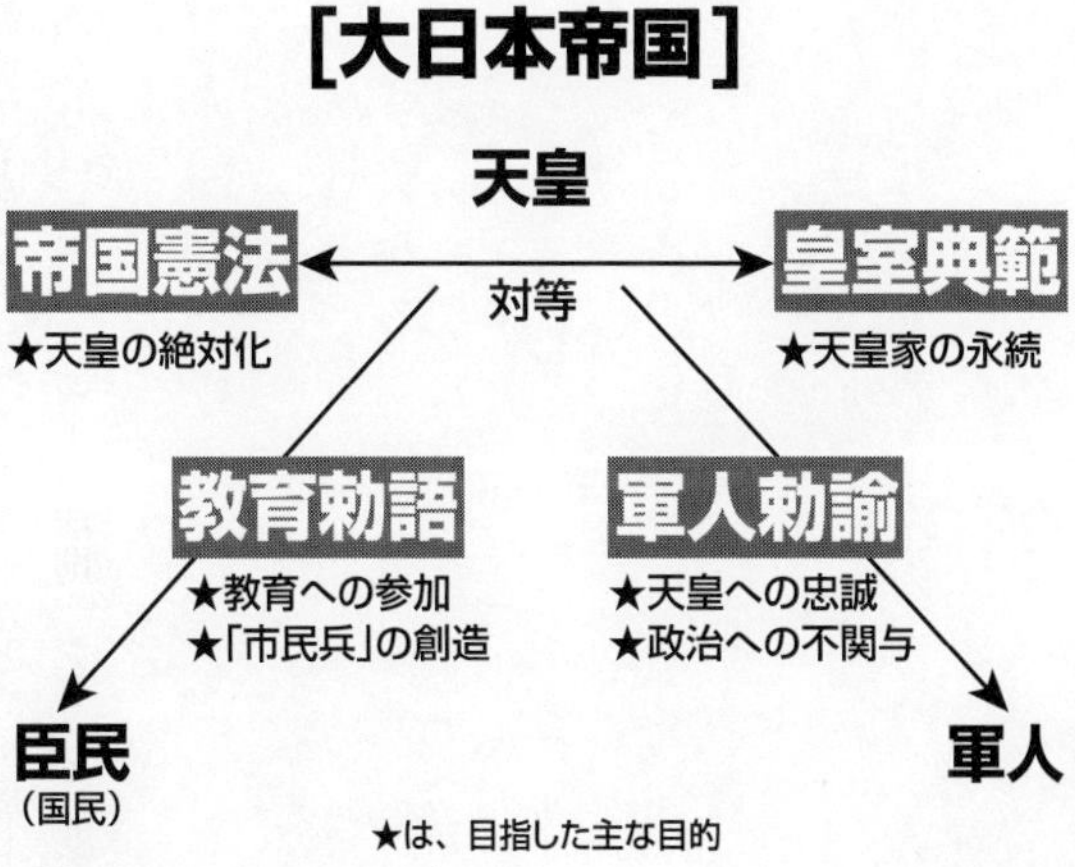

ほとんどは絶対神の下の平等を信じるキリスト教徒でも無いのに、万人平等だと固く信じているし「公」の概念も身につけている。このあたりは「アントニーの法則」をもう一度思い出していただきたいところだ。

大日本帝国の試練Ⅰ

第二章

条約改正と日清戦争への道

「文明と野蛮の対決」のリアル

■幕末・明治の日本人が朱子学によって「優越思想」に染まっていった「皮肉」

日清戦争とはいかなる戦いであったか？

この問題もまず「教科書どおり」に述べれば次のようになる。

天津《てんしん》条約の締結後、朝鮮に対する影響力の拡大をめざす日本政府は、軍事力の増強につとめるとともに、清《シン》国の軍事力を背景に日本の経済進出に抵抗する朝鮮政府との対立を強めた。

1894（明治27）年、朝鮮で東学《とうがく》の信徒《しんと》を中心に減税と排日を要求する農民の反乱（甲午《こうご》農民戦争、東学の乱）がおこると、清国は朝鮮政府の要請を受けて出兵するとともに、天津条約に従ってこれを日本に通知し、日本もこれに対抗して出兵した。農民軍はこれをみて急ぎ朝鮮政府と和解したが、日清両国は朝鮮の内政改革をめぐって対立を深め、交戦状態に入った。当初は日本の出兵に批判的だったイギリスも、日英通商航海条約に調印すると態度をかえたので、国際情勢は日本に有利になった。同年8月、日本は清国に宣戦を布告し、日清《にっしん》戦争が始まった。

（『詳説日本史B』山川出版社刊）

では天津条約とは何かと言えば、福澤諭吉《ふくざわゆきち》が支援していた朝鮮独立党の金玉均《きんぎょくきん》が、一八八四年（明治17）、清国とフランスの戦争で朝鮮国の警備が手薄になったとき、日本公使館の援助を得て起こしたクーデター甲申《こうしん》政変がきっかけである。すでに述べたように、このクーデターはまるでそれを見越していたような朝鮮王妃閔妃《びんひ》と清国の袁世凱《えんせいがい》の逆襲によって完全に失敗に終わったのだが、天津条約とは、このときに一触即発となった日清両国が妥協して結んだ条約のことである。その主な内容は日清両国ともに朝鮮国から撤兵し、今後出兵する場合は互いに事前通告をするというものであった。

このクーデターの失敗で清国の朝鮮に対する影響力は増大し、また日本の清国、朝鮮国に対する世論は悪化した。そうした傾向を受けて翌一八八五年（明治18）、福澤諭吉は『脱亜論《だつあろん》』を発表したわけだが、この影響はやはり大きく日本国内には頑迷固陋《がんめいころう》な朝鮮国は日本の武力によって開明させるしかないという世論が強くなっていく。そうした世論のなかで、西郷隆盛《さいごうたかもり》が「征韓論《せいかんろん》の英雄」として持ち上げられるということにもなっていく（『逆説の日本史　第23巻　明治揺籃編』参照）のだが、これを苦々しい思いで見ていたのが維新の「最長老」とも言うべき勝海舟《かつかいしゅう》であった。勝は一貫して東アジアの中国、朝鮮、日本の三国が共同して欧米勢力にあたるべきだという考え方の持ち主だったからだ。じつは勝に対しては何かと批判的だった福澤も、この点に関しては勝と同意見だったのだが、甲申政変の失敗以降福澤の意見が百八十度変わったことはすでに述べたとおりだ。第一章で述べたように福澤はこの間、大隈重信《おおくましげのぶ》と連携して日本にイギリス流の憲法を実現しようと奔走していた。その運動は岩倉具視《いわくらともみ》、伊藤博文《いとうひろぶみ》、井上毅《いのうえこわし》らによって挫折させられたが、福澤はその過程で信頼できるオピニオンリーダーとしての地位を高めた。だから、その福澤が提唱した脱亜論は保守派だけで無く改革派の支持も集めたのである。

そしてこのころから明治二十七年の日清戦争にかけて、「明治の新教育」を受けた人々が社会の若手層として登場してくることも見逃せない。当然彼らは「神功皇后《じんぐう》の三韓征伐《さんかんせいばつ》」という神話を歴史上の事実として信じている。日本が朝鮮半島全体では無く新羅《しらぎ》を一時「征服」したのは歴史的事実（高句麗《こうくり》「広開土王碑《こうかいどおうひ》」に明記）だが、最終的には唐《とう》・新羅連合軍に惨敗したこと（白村江《はくそんこう》の戦い＝663年）は知らない。教科書にその事実は載せられていなかった。何度も述べたことだが、明治の初期から天皇を「現人神《あらひとがみ》」とする教育が行なわれていたわけでは無い。しかし、「白村江の惨敗」は消され「元寇《げんこう》への大勝利」が強調された歴史教科書、そういう教科書で教育を受けた人間のなかから「大日本帝国は金甌無欠《きんおうむけつ》」で「不敗の帝国」であると信じる「生徒」が次々に育っていったことは事実である。当然それは天皇を「現人神」とする教育への土台にはなる。ちなみに「金甌無欠」

とは「傷のない黄金のかめのように、完全で欠点のないこと。国家が強固で、外国の侵略を受けたことがないこと」(『デジタル大辞泉』) を言うが、もともとは中国の言葉（出典は『南史《なんし》』）なのである。そうしたことも、つまり中国の文化的影響も、次第に忘れ去られていく。また江戸時代は志士への褒《ほ》め言葉は「尽忠報国《じんちゅうほうこく》の士《し》」であった。これは中国の南宋《なんそう》時代の忠臣岳飛《がくひ》の座右の銘で文字どおり「忠を尽くして国に報じる」ことなのだが、この言葉も次第に楠木正成《くすのきまさしげ》の「七生報国《しちしょうほうこく》（七度生まれ変わって国に報じる）」に置き換えられていく。理由は簡単で、前者は「中国製」だからであろう。

そして、これが最大の皮肉というか逆説なのだが、なぜ幕末から明治にかけての日本人が、中国文化の排除、言葉を換えて言えば日本優越思想に染まっていったかと言えば、その背景にあるのが徳川家康《とくがわいえやす》によって奨励された「中国製哲学」である朱子学の普及なのである。朱子学は「亡国の哲学」なのだが、その亡「国」とは清国であり朝鮮国であるばかりでなく大日本帝国も含まれ、今後は日本と中華民国（台湾）は除くが、大韓民国《だいかんみんこく》、朝鮮民主主義人民共和国、中華人民共和国あたりまで含むことになるかもしれない。大日本帝国は天皇の権威を背景にした帝国憲法、教育勅語《きょういくちょくご》、軍人勅諭《ぐんじんちょくゆ》によって、かなりの度合いで朱子学の旧弊を破壊した（教育勅語が男尊女卑を実質的に打破したのが典型）のだが、それでもその悪影響は残った。まさに朱子学は「取り扱い注意」の「危険物」なのだ。

しかし、そうした「危険物」にも社会的効用はある。これもすでに述べたことだが、朱子学は中華思想であるがゆえに、「野蛮な外国に屈してなるものか」という熱狂的な愛国心を生み出す。もっともそれが同時に「敵に学ぶもの無し」という排他的独善的信念をも生み出すところが朱子学の最大の欠点なのだが、少なくとも戦争に勝とうという意欲を育てる効果はある。これが日清戦争、日露戦争にあたって日本側に有利に働いたことは間違い無い。もっとも同時にそれは「三八《さんぱち》式歩兵銃（明治38年に仮制式採用）」を四十年後の太平洋戦争でも主力銃として使い回す、という愚かな「効果」も生んだが。

■明治最大の課題「不平等条約の改正」を目論み繰り広げられた「鹿鳴館外交」

一方、明治時代の最大の政治課題とも言うべき条約改正についても、日清戦争開戦直前の時点まで、ここでまとめておこう。

そもそも明治政府が開戦に踏み切った背景には、一刻も早く欧米先進国並みの一流国として認められ条約改正を可能にしたいという意気込みがあったからである。江戸幕府が欧米列強と締結した各種条約を明治政府は継承したが、それは不平等条約であり改善目標は一般外国人の治外法権《ちがいほうけん》の撤廃そして関税自主権《かんぜいじしゅけん》の回復であった。この二点が解消されなければ対等な関係とは言えないからである。一般に条約改正問題という場合、この二点を明治政府がいかにして解消させたかの経緯ということになる。

すでに一八六九年（明治2）、新政府は各国に条約改正の意図を通告した。しかし諸外国は応じる気配も無い。政体もきちんと定まらず組織も整わず憲法も議会も無い状態だったから無理も無いと言えば無理も無いのだが、日本は一方で近代化された軍事力を背景に清国と日清修好条規は結んだ。これは対等条約ではあったが欧米諸国との条約改正は一向に進まない。当時、欧米事情視察のために各国を回っていた岩倉使節団は条約改正について非公式に打診したが、ここでも各国の反応はきわめて消極的であった。

一八七三年（明治6）、外務卿《がいむきょう》に就任した寺島宗則《てらしまむねのり》はまず関税自主権の回復に絞って改正交渉に入り、日本に友好的なアメリカとの交渉は進展し、関税自主権の承認を含む新条約の締結に一度は成功した。しかしイギリスが難色を示したため、結局条約は実施に至らなかった。

寺島からバトンを受けたのは井上馨《いのうえかおる》である。一八七九年（明治12）から一八八七年（明治20）までの八年間、井上は条約改正の実現に奔走した。井上の方針は、関税自主権の回復だけで無く治外法権の撤廃も包括して処理していくというものであった。そして井上は治外法権を撤廃するための見返りとして、裁判所に外国人裁判官を任用するという妥協案を示した。各国と個別の調整をしたうえで一八八四年（明治17）、東京での各国の参加による改正会議の開催を提案した。しかし、前述の金玉均の甲申政変勃発のため、日清間の緊張が高まり条約改正会議の開催は延期となった。仕切り直しは一八八六年（明治19）になった。憲法発布前だがその時点では内閣制に移行しており、井上は外務大臣、青木周蔵《あおきしゅうぞう》は外務次官として欧米諸国の代表と交渉にあたった。井上は妥協案を提示したがイギリスの強硬な反対で交渉は一時暗礁に乗り上げた。しかし、逆にイギリスとドイツが新しい妥協案を提示してきた。その内容とは以下のようなものである。

（一）本条約実施後二年以内に日本は内地を開放し、二年以後は内地居住の外国人は日本裁判所の管轄に属する。
（二）前記二年間に日本は泰西の主義に基づく刑法・民法・商法などを公布しその英文を実施半年前に外国政府に通知する。
（三）外国人が原告または被告の事件は直接控訴院（第二審）に提訴し得る、その際控訴院・大審院の判事は過半数を外国人とする、公用語として英語を認める。
（四）本条約の有効期限を十七年とする。

（『国史大辞典』吉川弘文館刊）

しかし、この内容が民間に漏れると朝野を挙げての反対運動が起こった。もっとも反対が強かったのは外国人判事の採用で、井上は結局混乱の責任をとって辞任した。

この井上が条約改正の責任者であった時代に繰り広げられたのが、あの悪名高い「鹿鳴館《ろくめいかん》外交」である。井上は、いわば迎賓館である鹿鳴館に外国政府高官を招き盛んにダンスパーティー等を開くことによって、日本が欧米列強並みの文明国であるということを手っ取り早く示そうと考えたのである。鹿鳴館は現在の帝国ホテル（東京都千代田区内幸町《うちさいわいちょう》）の隣にあった旧薩摩藩装束屋敷跡を取り壊して、その跡地に建設されたものだった。工期は三年かかり一八八三年（明治16）に完成した。設計はお雇い外国人で日本の明治建築の数々を担当したジョサイア・コンドルである。レンガ造りの二階建てで、一階が大食堂、二階がダンスホールで、完成の年一八八三年（明治16）から井上が外務大臣を辞任した一八八七年（明治20）まで、足掛け五年にわたって盛んにダンスパーティーや仮面舞踏会が開かれた。これを鹿鳴館時代という。

この間、初代内閣総理大臣であった伊藤博文も、元芸妓《げいぎ》の梅子《うめこ》夫人を伴ってパーティーに出席し盛んに「外交」を行なったのだが、日本人の多くは西洋式マナーに慣れておらず、とくにご婦人方は洋服の着付け一つとってもなかなかうまくいかず、外国人の失笑を買ったということが記録に残っている。皮肉なことに明治維新の負け組であった会津《あいづ》藩士山川《やまかわ》浩《ひろし》の妹捨松《すてまつ》は若いころからアメリカに留学し、夫である西郷隆盛のいとこ大山巌《おおやまいわお》とは英語で会話していたので、婦人たちのマナー等の指南役として大いにもてはやされたという。また伊藤の妻の梅子も学歴は無いが頭が良く負けず嫌いで、英会話については伊藤よりも上手だったという話もある。

しかし、結果的に井上の目論見《もくろみ》は上手くいかなかった。いくら鹿鳴館内でパーティーが盛り上がっても、一歩外へ出ればまだまだ文明開化は遅れているというのが欧米列強とくにイギリスの評価であった。かつて内務卿大久保利通《おおくぼとしみち》は自分に逆らった元司法卿江藤新平《えとうしんぺい》を梟首《きょうしゅ》とし、その写真をマスコミを使って晒《さら》した（『逆説の日本史 第22巻 明治維新編』参照）。そういう事実があるのだから、福澤諭吉がいかに『脱亜論』で「日本は支那や朝鮮のように野蛮では無い」と主張しても説得力は無い。イギリスがもっとも治外法権撤廃に反対し外国人判事の登用を望んだのも、これが理由だろう。元政府高官に恣意的に残虐な刑罰を科すような国の裁判などまったく信用できない、イギリス人がそのような残酷な刑罰を受ける可能性は否定できないではないか、ということだ。

となれば、いかに反対が多くても条約改正のためには外国人判事の登用を実行するしか無いことにもなる。

■大隈重信が条約改正の突破口に考え出した「外国人判事の登用」という奇手

憲法施行直前の日本政府が条約改正の切り札と考えていた外国人判事登用問題は、その後初代内閣総理大臣伊藤博文と大隈重信外務大臣のコンビに引き継がれ、伊藤が総理大臣の座を黒田清隆《くろだきよたか》に譲った後も、大隈は外相として閣内にとどまり引き続き条約改正問題に取り組んだ。

ここで多くの読者が疑問に思うのは、大隈の心情だろう。在野の福澤諭吉と組んで日本にイギリス流の憲法を定着させようとしていた大隈は、伊藤と黒田の結託によって政府を追放され野に下った。その後、大隈は国会開設に備え立憲改進《りっけんかいしん》党を結成して総理（党首）となり、一方で東京専門学校（後の早稲田《わせだ》大学）を創立し、国民から見れば反政府の姿勢を貫いていた。

それがなぜ一転して伊藤、黒田に協力するようになったのか。

この間の大隈の心情を詳しく語る史料は残されていないが、やはり条約改正こそ新生日本の急務であり、これが改正されない限り国家財政の安定はあり得ないと思ったからではないか。大隈はもともと財政通だから、不平等条約による関税自主権の喪失が国家にとってどれぐらいの厳しい負担であるか熟知していたはずだ。日本は国を新しくするために、いくらでもカネが欲しいときである。しかしこのままでは国家の富がどんどん流出していく。まず、それを止めなければいけないという使命感があり、それを実現させるためには個人の恩讐など排除すべきだと思っていたのではないか。もちろん、条約改正を自分の手で実現することで後世に自分の名を残したいという名誉欲、そして困難な政治課題を達成することによって今後日本の政界で重きをなそうという野望もあったかもしれない。

また注目しなければならないのは、大隈がそこまでこの件に深入りしたのは、実現の可能性が高いと考えていたに違い無いということだ。いくら改正に尽力しても失敗に終わってしまえば、世間は権力に尻尾を振ったうえに能力も無い男、という冷ややかな目で大隈を見るようになるだろう。それでは政治家大隈がこれまでに築いてきた声望が一気に崩れることになる。成功の見込みが高いからこそ、外務大臣に留任してまで条約改正問題を一気に解決しようとしたのだろう。

もっとも、大隈が目指していた条約改正は、おそらく彼にとって一番重要であった関税自主権の回復では無く、治外法権の撤廃のほうであった。これは「取りあえず」ということであっただろう。一気に全部解決するのは難しいから、取りあえずやりやすいところからやる。それでもとにかく条約改正を一部分でも実現してしまえば、それが突破口になる。すでに述べたように、とくに条約改正に反対していたイギリスが、なぜそんな頑《かたく》なな姿勢を取っていたかと言えば、やはり日本の刑罰が残酷である、ということが一番大きかったようなのだ。考えてみれば、この時点でも幕末から二、三十年ほどしかたっていない。その幕末においては、今の政府の主導権を握っている侍たちがガイジンを斬り殺すのは当たり前だった。総理大臣をやっていた伊藤も黒田も昔は「テロリスト」だった。イギリス人の目から見ればそうなる。前にも述べたように伊藤の主催で行なわれた仮装パーティーでイギリス人（？）が、「閣下も昔は御殿山《ごてんやま》でひと暴れされたようですな」と皮肉を言ったのはまさにこの時代である。言うまでも無く、御殿山で伊藤が仲間とともに焼き討ちをかけたのはイギリス公使館であった。また大名行列を横切っただけでイギリス人が殺傷された生麦《なまむぎ》事件を起こしたのは、黒田と同じ薩摩藩の人間なのである。しかもその後、明治政府は天皇の名をもって五箇条《ごかじょう》の御誓文《ごせいもん》を出し、「旧来の陋習《ろうしゅう》」とは縁を切ると「誓った」にもかかわらず、元司法卿江藤新平を晒し首にするなど人権無視の野蛮な行動は一切やまない。こんな国が信用できるか、というのがイギリス人の本音であっただろう。

しかし大隈は違う。おそらくこの時点での政府部内ではもっとも英語が達者な人間であり、古くは英国公使ハリー・パークスにも一目置かれた人物で、ガイジンに対するテロ行為などはしたことが無い。だから細かい記録は残っていないのだが、イギリス側もあの大隈なら信用できると思っていたに違い無いのだ。その信用を利用してもっとも条約改正に消極的なイギリスを説得し、取りあえず一般人に対する治外法権の撤廃を実現する。それを突破口に最終的には関税自主権の回復を目指すというのが大隈の計画で、そのために大隈自身のアイデアでは無かったが、外国人の日本国内における犯罪については日本の法廷で審理するが、それには外国人判事を登用してあたらせるという、いわば「奇手」を使って厚い壁を崩そうとしたのだろう。これも記録には残っていないのだが、おそらく大隈はイギリス側の同意を得るために、どのような人物を登用するかについてもイギリス側に細かく伝えていた可能性がある。

これが「奇手」なのは、そもそも外国国籍の人間を日本の法廷の判事に登用するのは憲法違反の疑いがあるからだ。この時点でまだ憲法は発布されていなかったが、発布そして施行ともなれば当然その問題が浮上する。じつは憲法の仕掛け人である井上毅ですら、「この方策は憲法違反の疑いがあるからやめたほうがいい」という内容の意見書を内閣に提出していた。この点について大隈はあくまで臨時措置であり、その後徐々に外国人判事の数を減らしていけば問題無いという考えであったようだ。そして、かつての政敵である内閣総理大臣黒田清隆も大隈の計画の実現性が高いのを認め、全面的にバックアップする姿勢を取った。その事態が進めばおそらくこの形で条約改正は一部実現しただろう。

ところがとんでもない蹉跌《さてつ》が大隈を襲った。この際大隈を暗殺してでも、外国人判事登用をやめさせようという勢力が動き始めたのである。その勢力は玄洋社《げんようしゃ》と名乗っていた。

玄洋社は「日本で最初に大アジア主義を標榜した明治時代の国家主義団体」(『国史大辞典』吉川弘文館刊)である。「大アジア主義」とは、「アジア諸民族の連帯・団結によって、西洋列強のアジア侵略に対抗し、新しいアジアを築こうという思想と運動。アジア主義、汎(はん)アジア主義とほぼ同義に用いられ、〔1〕日本の大アジア主義の系譜、〔2〕孫文の大亜州主義、〔3〕ネルーの第三勢力論の三類型がある」(『日本大百科全書〈ニッポニカ〉』小学館刊)である。つまり勝海舟や西郷隆盛が唱えた日本、中国、朝鮮の三国が連携し欧米列強に抵抗していこうという構想の発展形である。勝や西郷の視野には南アジアやインドまでは入っていなかったようだが、今後大アジア主義はそれらも取り込んでいこうという発想が見られる。

そもそも玄洋社は、福岡藩黒田家の旧家臣の子弟によって創設された。幕末、福岡藩は藩主の「迷君」黒田長溥《ながひろ》によって筑前勤皇党《ちくぜんきんのうとう》に属する加藤司書《かとうししょ》、月形洗蔵《つきがたせんぞう》らが粛清されてしまい(乙丑《いっちゅう》の獄《ごく》)、明治維新直前には逆に佐幕派を粛清してしまったため、維新には何の貢献もできなかった。これを恥じた旧福岡藩の人々は一八七六年(明治9)、熊本神風連《しんぷうれん》の乱などに呼応して秋月《あきづき》の乱を起こしたが失敗し、翌年の西南戦争にも西郷隆盛側に呼応して挙兵したが、西郷軍との合流に失敗し鎮圧されてしまった。そのリーダーはともに福岡藩士の家に生まれた箱田六輔《はこだろくすけ》、頭山満《とうやまみつる》、平岡浩太郎《ひらおかこうたろう》らであったが、彼らは西南戦争を機に他の不平士族と同じく武力抵抗路線から自由民権路線に方向転換し、まず地元福岡で向陽社《こうようしゃ》を結成した。当初の目的は板垣退助《いたがきたいすけ》の愛国社とともに国会開設運動を行なうことにあったが、後に玄洋社と改称したころから自由民権運動から離れ、大アジア主義を標榜する思想家集団の色彩を強めていった。

■海外から高く評価され条約改正交渉に有利に働いた大審院判決

その玄洋社は大隈の計画が実現しそうなことに深い危惧を抱いた。天皇の名の下で開かれる裁判で、こともあろうに外国人が審理を担当することは国辱以外の何物でも無く、そのような事態は絶対に阻止しなければいけないと彼らは考えたのである。背景には政府の情報漏れもあった。当時は民主主義国家では無いしマスコミも未熟だから、大隈案の内容は国民には秘密にされていた。そういう形で交渉を進めることが可能だったのだ。ところが交渉相手のイギリスのマスコミは日本のマスコミとは違う。その内容がタイムズなどにすっぱ抜かれ日本にも伝えられた。つまり中身がバレてしまったのだ。それらの報道を見る限り計画は実現しそうである。となれば、もはや言論に訴えているヒマは無いということにもなる。

一八八九年（明治22）十月十八日夕刻、閣議を終えた大隈の馬車が霞ヶ関《かすみがせき》の外務省正門に差しかかったとき、待ち伏せしていた元玄洋社社員（直前に退社手続きを取っていた）来島恒喜《くるしまつねき》が馬車めがけて爆弾を投げた。来島は警察官に見とがめられないために和服では無く、官吏がよく着るフロックコートを着用していたという。爆弾は命中し馬車は破壊されたが、大隈は九死に一生を得た。だが右足切断の重傷を負い、結局この混乱の責任を取って黒田が総理を辞任したために、大隈も外相を辞任せざるを得なかった。まさに大隈は「失脚」し条約改正交渉は頓挫した。なお犯人の来島はその場で短刀で喉を刺して自決した。二十九年の生涯だった。

首相の座を引き継いだのは山県有朋《やまがたありとも》である。その山県内閣では外務大臣青木周蔵が条約改正にあたった。すでにこの時点では大日本帝国憲法が公布されており、翌一八九〇年（明治23）には第一回総選挙が予定されていた。そこで青木外相は大隈案を撤回し外国人判事の登用問題を白紙に戻した。まず法典を整備し裁判制度を確立することこそ、欧米先進国の信頼を得る道であるという、いわば「急がば回れ」の正攻法に転じたのだ。そこで刑法、民法、刑事訴訟法、民事訴訟法などが相次いで制定された。こうしたなか、民法は我が国の醇風美俗《じゅんぷうびぞく》に反するものとして非難を浴びた。しかし、方針自体は揺らぐこと無く引き続き進められたのだが、途中とんでもないアクシデントに見舞われた。

一八九一年（明治24）、来日中のロシア皇太子ニコライ・アレクサンドロビッチが滋賀県大津《おおつ》で、こともあろうに護衛の任にあたっていた巡査津田三蔵《つださんぞう》に斬りつけられ重傷を負うという事件が起こり、責任者の青木外相は引責辞職せざるを得なかった。これを大津事件という。

津田の動機は当時日本で広く語られていた「ロシアは日本侵略を目論んでおり、皇太子一行はその偵察に来たのだ」という風聞を信じ込んだからだが、この十三年後に日露戦争で戦うことになるとは言え、この時点でロシアにそのような意図は無かったことは明白だ。しかし警察官も信じる、そういう風聞が当時すでに存在したことは、記憶にとどめていただきたい。

もちろん政府は大いに慌てた。幸い皇太子の命には別条無かったものの、大国ロシアがこれを口実にどんな態度に出るかまさに戦々恐々とした政府は、明治天皇が直接見舞いするよう取り計らい、なおかつ犯人をすみやかに死刑に処するよう当時の最高裁にあたる大審院に圧力をかけた。

ところが大審院院長児島惟謙《こじまいけん》は日本の刑法では外国皇族に対する特別な規定は無いことから、刑法どおり通常の謀殺未遂罪で津田を裁くべきだという態度を貫き、最終的に死刑では無く無期徒刑《むきとけい》（無期懲役）の判決を下した。政府は当然この処置に不満を抱いたが、海外の反応は逆であった。日本は行政権から司法権が独立している、健全な法治国家として高く評価されたのである。この評価はその後の条約改正にも有利に働いた。まさに「禍《わざわい》転じて福となす」だが、良いことばかりでは無い。被害者のロシア皇太子は「日本は野蛮国だ」という印象を深めて帰国した。後のニコライ二世、日露戦争時のロシア皇帝である。

■日清戦争に絶対反対の立場を貫いた「ブレない男」勝海舟の信念

ここで、私が『逆説の日本史 幕末編Ⅰ～Ⅳ』で示した「七人のキーマン」勝海舟、岩倉具視、西郷隆盛、大久保利通、木戸孝允《きどたかよし》、坂本龍馬《さかもとりょうま》、高杉晋作《たかすぎしんさく》（生誕順）のうち、最後の生き残りである勝海舟の動向について詳しく触れておきたい。

なぜなら、勝はこの時点の明治政府が進めていた基本方針について、ことごとく反対の姿勢を貫いていたからである。そして先のことになるが、彼は日清戦争にも絶対反対の立場をとった。幕末の、いや日本史全体から見ても、きわめて優秀で時代を見通す眼を持った勝がなぜそう思ったのかを分析すれば、日清戦争が日本人にとってどのようなものであったかということを、さらに明確に分析できるからである。

話は明治六年（1873）まで遡《さかのぼ》る。いわゆる「征韓論政変」で朝鮮国との外交で強硬論を唱えていた西郷隆盛、板垣退助、江藤新平、後藤象二郎《ごとうしょうじろう》、副島種臣《そえじまたねおみ》らが政府の公職を去り一斉に野に下った年である。もっとも西郷隆盛は、後に岩倉具視が決めつけたような「征韓論者」では無かったと私は考えている。また、後に大久保利通が実行させた江華島《こうかとう》事件のようなやり方については絶対反対だったことも確実である（『逆説の日本史 第22巻 明治維新編』参照）。つまり、欧米列強が日本に対して行なったような乱暴で非道なやり方は厳に慎むべきだと、西郷は考えていたということだ。

ところが、これも第二十二巻で述べたように、その後の日本では福澤諭吉の『脱亜論』の強い影響などもあり、征韓論が正しい唯一の国策として認識され、西郷はその先駆者であるという評価がなされるようになった。これは日本、朝鮮、中国の三国が連帯して欧米列強に対抗すべきだという勝の信念と真っ向から対立するものである（正確に言えば、勝自身は中国では無く「支那」という表現を用いているが、これにはまったく差別的意味は無い）。勝はそうした世論の認識を「誤解」と捉え、その認識を改めるために全力を尽くした。同時に西郷の名誉回復を目指したことは言うまでも無い。それが同じく朝敵とされた徳川慶喜《よしのぶ》の名誉回復と並んで、勝の晩年の大きな仕事であった。

西郷が下野してからの勝は、一時は参議、海軍卿あるいは元老院議官として政府のために働いたこともあったが、その後の政府を仕切っていた岩倉、大久保、伊藤らとそりが合わずか二年後の明治八年（1875）、いったん公職をすべて辞した。以後はしばらく浪人生活である。そしてその二年後、西南戦争が起こり西郷は、賊軍つまり朝敵の巨魁として敗死した。

私は常々述べているように、勝海舟を維新の志士ナンバーワンだと考えている。人格においては西郷のほうが上かもしれないが、島津斉彬《しまづなりあきら》に諭されようやく正しい道に目覚めた西郷と違って、勝は最初から「日本人」として行動していた。その見識は見事であると同時に、その後の勝はいささかも「ブレ」なかった。「ブレない男」それが勝の真骨頂である。

もちろん、西南戦争直後の勝もそうだった。「ぬれぎぬを　干そうともせず　子供らがなすがまにまに　果てし君かな」。明治十二年（1879）に勝が詠《よ》んだ西郷への挽歌である。「濡れた衣を干そうともせず→無実の罪を晴らそうともせず」とあるから、西南戦争における西郷の立場を勝がどう考えていたかわかるだろう。この歌を勝はこっそり詠じたのでは無い、西郷を偲《しの》ぶ集まりで堂々と披露したのだ。すでに西南戦争直後に勝は「城山《しろやま》」という西郷を悼《いた》む琵琶歌《びわうた》を作っているが、本来なら西郷は「賊」として死んだのだから、その死を公式に弔《とむら》うわけにはいかない。もちろん政府部内にも西郷を尊敬していた人々は多数いたのだが、朝敵である西郷を弔うことは天皇に対する反逆行為になるので公的には何もできないのである。

しかし、勝はそんなことには一向に頓着しなかった。西郷の漢詩を表面に刻み込み、裏面には勝自身の、「江戸城無血開城」における西郷の功を讃えた文章を彫り込んだ石碑を、東京の浄光寺《じょうこうじ》という寺に建立した。言うまでも無くこれは「墓の代わり」である。また私家版として『亡友帖《ぼうゆうちょう》』つまり「亡き友人の思い出」という本も作った。私家版といっても一般販売しなかっただけで大量に印刷し各方面にばらまいたのだが、島津斉彬、木戸孝允、横井《よこい》小楠《しょうなん》などに混じって大々的に取り上げられているのが西郷なのである。

西郷には遺族がいた。男子では後に京都市長として有名になる菊次郎《きくじろう》の他に、正妻の子である寅太郎《とらたろう》がいたが、「朝敵の子」であるがゆえに世に出ることも無く、鹿児島で熱烈な西郷信者に保護されて暮らしていた。勝は寅太郎を何とかして世に出したいと考えた。しかし、政府の人間は誰もがおよび腰である。そこで勝は明治天皇側近で江戸城無血開城の同志でもあった山岡鉄舟《やまおかてっしゅう》を通じて、天皇から寅太郎を召し出すという形を作った。もちろん大の西郷びいきである天皇も喜んでその話に乗ったのである。繰り返すが、「西郷は朝敵」であるから、たとえ政府高官であろうと寅太郎を天皇に推挙することはできない。しかし天皇自身の意向であるならば誰も文句はつけられない。やはり勝は敏腕の政治家であった。この話は寅太郎側が「まだ父の賊名も取り消されていないので畏《おそ》れ多い」と渋ったこともあり、一時難航した。後から考えると、このことまですべて政治家勝の計算に入っていたのではないかと思われる。というのは、結局この対面は実現し寅太郎は公費でドイツ留学を認められるのだが、それを機に勝は西郷赦免の運動を大っぴらに展開するからである。「寅太郎がかわいそうだし、そもそも西郷に罪は無いではないか。天皇もそう考えておられる」ということだ。遺児処遇問題を西郷赦免活動のきっかけにしたのだ。かちかちに凍った氷を、少しずつ溶かしていったのである。

そして、晩年の勝の大仕事であった西郷赦免はついに実現した。大日本帝国憲法が発布された明治二十二年（１８８９）、それを記念した大赦で西郷は罪を許され正三位を追贈されたのである。

■条約改正反対派に利用された勝の「建白書」

しかし、勝はこの結果には満足しただろうか。経過には不満であったに違い無い。なぜなら勝は大日本帝国憲法そのものにはやはり反対だったからである。

しかしそれは、大隈や福澤のイギリス流憲法を是とする反対論とは、まったく違う内容のものであった。そのことを述べる前に、ここで勝の身分について述べておこう。

参議、海軍卿を辞して以来、公職には就かなかった勝だが、明治二十年（１８８７）に伯爵《はくしゃく》を授爵した。そして翌年には枢密《すうみつ》顧問官に任官した。こうしたところが、生涯在野の論敵福澤諭吉に批判されるところなのだが、勝にしてみれば寅太郎問題などで常々皇恩を受けておきながら、天皇から恩典を与えられるのを執拗に拒むことは失礼（一度は辞退している）という感覚があったのだろう。それゆえ伊藤博文らが侯爵《こうしゃく》になった後の話だが、大隈重信、板垣退助らとともに伯爵を受けたのである。皇恩を受けたのだから報恩はせねばならない。政治家勝にとってそれは当時の政治に対して意見を表明すること。具体的には伊藤内閣総理大臣に建白書を提出することであった。その建白書の内容について、勝海舟研究の第一人者松浦玲《まつうられい》は次のように述べている。

「支那は隣国、殊に我国の制度、文物悉く彼の物より伝来せし国柄故、今更仇敵の様御覧なされず、信義を以て厚く御交際有之度し、左候ても国辱と申す義は無之候」というのである。海舟から見れば、伊藤博文総理大臣、井上馨外務大臣の政府は「支那」を仇敵とみなし、これと交際することを国辱だと心得ているわけなのだ。／井上馨から大隈重信、陸奥宗光と引継がれていく条約改正は、欧米との平等実現を目指すと共に、裏側では対清国不平等押しつけを目論んでいた。（中略）その方向に反対し、信義を守って「支那」を敬重せよと言うのが、八七年五月提出海舟意見書の力点の一つである。これがアジア人としての当たり前の考え方だけれども、このようにはっきりと述べた例を他に知らない。

（『明治の海舟とアジア』岩波書店刊）

松浦によれば、この意見書の政府批判の根本にあるのは、何でもかんでも西洋の真似をすべきでは無く、それは国内の深刻な不安を引き起こすから、発展のために障害となるものだけを取り除けばそれでいい、ということだ。旧幕時代に溜まりに溜まった悪弊は明治維新という荒療治で解消されたが、それ以上のことをやる必要は無い、というのである。原文をさらに引用すれば、

しかし伊藤は聞く耳を持たなかった。伊藤にしてみれば、海舟が波乱だと非難するそのことが、新国家の創立なのであった。／だが再び海舟に戻って言えば、その新国家創立こそが余計なことなのである。

（引用前掲書）

そして、両者の対立はこの条約改正問題で決定的なものとなる。一般的にはこの「八七年五月提出」の勝の建白書が条約改正反対の狼煙《のろし》を上げたものと理解されているが、それは

正確では無い。引用した部分を再読していただければわかるように、勝は条約改正の方向性が清国に対する不平等を助長するようなものになってはいけないと、取りあえずは述べただけである。しかし条約改正反対派にとっては、最終的には大隈外相に爆弾を投げつける者までいたのだから、利用できるものは何でも利用しようという思惑があった。そういう改正反対派にとって、「あの勝海舟も条約改正に反対している」と述べることは絶好の宣伝材料でもあった。早い話が利用されたのである。

では勝自身は、条約改正そのものに対してはどう考えていたか。清国に対する不平等を助長する方向性さえ無ければ、当然改正はすべきだと考えていたのか。それともそうでは無いのか?

言うまでも無く条約改正の二大ポイントである（一般外国人の）治外法権撤廃および関税自主権の奪回は、誰がどう考えても行なうべきことであり、勝もこの点ではまったく異論は無かった。問題はそのやり方で、外国人犯罪の審理には外国人判事を登用してあたらせるというような「奇手」を使うことを認めるかどうかである。この点についても勝は意外に柔軟な考え方をしていた。というのも彼は根っからの政治家であるからだろう。いきなり最善の理想的な解決を求めても、人間の世界ではまず間違い無く成立しない。取りあえずは妥協し物事を実現の方向に持っていく、というのが政治の今も昔も変わらぬ手法である。外国人判事登用案にしても大隈はそれを最終解決にしようとは毛頭考えていなかっただろう。それを突破口にして漸次理想を実現してゆくという形を考えていたことは間違い無い。だから問題は、取りあえずの「妥協」を民衆がどこまで支持するかなのである。民意がそれを認めるか、と言い換えてもいい。そのことを勝は政治問題を決定する最終的なポイントだと見ていた。

と言うと、まるで民主主義のようだが、勝の心にある民意尊重ということは西洋的民主主義によるものでは無く、どちらかというと儒教的なものであろう。朱子学という「毒酒」に汚染される以前の牧歌的なもので、勝が西郷と並んでもっとも畏敬していた横井小楠が言う「尭舜《ぎょうしゅん》の世」であったに違い無い。勝が横井にアメリカの議会制度を説明したときに、横井の漏らした感想が「尭舜の世ですな」であった。聖王《せいおう》が世襲では無く徳の有る人物に王位を禅譲することによって運営される、孔子《こうし》も理想とした社会。古いと言えばこれ以上古いものも無いが、勝のような柔軟な頭脳を持つ人間ですら基本教養は儒教に基づくものであったことを忘れてはいけない。

しかし帝国憲法施行によって曲がりなりにも議会が成立して以降は、当初民権運動には何のかかわりも持とうとしなかった勝も、その動向には注目した。議会というものが民意を反映していることも間違い無いからだ。この条約改正問題においては大隈外相「失脚」

後、再びこの問題を再登板して引き継いだ形の伊藤首相と、陸奥宗光《むつむねみつ》外相も民意つまり議会の賛同は得られず、交渉はいったん暗礁に乗り上げた。

しかし、内閣が議会を意のままにコントロールする方法が無いわけではない。ひょっとしたら現代のアメリカ大統領も同じことを考えていなければいいのだが、それは国家を非常事態に持ち込むこと。具体的に言えば戦争を起こすことである。

■伊藤博文にとって最大の政治的誤算となった「帝国議会」の手強さ

この時点で日本の最高権力を掌握していた伊藤博文にとって、もっとも大きな政治的誤算は帝国議会という存在が意外に「手強い」ということであっただろう。伊藤は、出身藩は違っても大久保利通の後継者と考えていいのだが、その大久保が考えていた「大日本帝国」においての当初の目標は、議会を作るのは時期尚早であるから、優秀な官僚で固めた行政部門が立法府の役目も代行して一刻も早く富国強兵《ふこくきょうへい》を実現する、というものだった。いわゆる有司専制《ゆうしせんせい》である。そのために不平士族は徹底的に叩き潰す方針を取ったため、それが佐賀の乱、秋月の乱、西南戦争を招いてしまい、不平士族の激しい憎しみは大久保に集中し暗殺という結果も招いてしまった。これを機に不平士族は武力では無く言論によって国を動かそうという方針に転じるが、その目標が議会の開設であり、それを可能にするための憲法の制定であった。

こうした状況においても伊藤は、不平士族に主導権を奪われないように、有能な官僚井上毅の提言を受け入れ、憲法の基本的性格をイギリス風では無くプロシア流とし、しかもその憲法の制定にあたっては「天皇がつくる」欽定《きんてい》憲法という形を取り、不平士族の介入を阻止した。同時に教育勅語、皇室典範《こうしつてんぱん》の策定にも尽力し、「同志」山県有朋と軍人勅諭の発布にも漕ぎ着けた。

とくに大日本帝国憲法の制定にあたっては、伊藤が完全に主導権を取っていた。それゆえ、そうした状況で作成された憲法が発布されても、伊藤の権力による大日本帝国の舵取りについては大きな影響を与えないはずであった。平たく言えば「憲法あるいはそれによって創立された議会は、伊藤政治の邪魔にならない」はずであった。

ところが、実際はそうでは無かった。冒頭に述べたのはそのことである。では、なぜそうなってしまったのか。伊藤の誤算はどこにあったのか?

やはり伊藤には近代の憲法というものがよくわかっていなかったのだろう。プロシア流に天皇の権力を強化し、行政府は天皇の権威を盾にして強権政治を行なえる形を取っておけば、議会が何を言っても政治の方向性は保てる、と考えていたらしい。

ところが実際に憲法が施行され、帝国議会（貴族院と衆議院）が創立され国政に参画してくると、とくに不平士族の出身者が多い衆議院では、何かと「民力休養《みんりょくきゅうよう》」を訴えてくる。具体的には税金を安くしろということだ。しかし政府は逆に直接税だけでなく酒税など間接税も増額する方針であった。とくに陸海軍の充実のためにはそれが必要だったからである。近代国家になったとは言え、陸海軍の装備は欧米列強には見劣りがした。いや欧米列強だけでは無い、日本に比べれば近代化が効率的に進んでいるとは言えない清国ですら、その陸海軍の規模は日本よりはるかに上であった。人口も国土も日本の数倍の規模を持つ国家である。その実力は侮《あなど》りがたいものがあった。とくに朝鮮国の支配権をめぐって清国と戦争になった場合、清国は陸上のルートで兵も送れるし補給もできるが、日本は必ず海を渡らなければならないという問題があった。つまり制海権を確保できなければ補給ルートが断たれ、敗北は必至であるということだ。そのためには海軍力を充実しなければいけない。

一方、清国の軍制は日本と違って国家の下に一元化し統制が取れているという状態では無かったが、それでもアヘン戦争(1840)、太平天国《たいへいてんごく》の乱(1851)などの屈辱的な経験は、西洋式海軍の整備の必要性を清国に認識させた。

ここに李鴻章《りこうしょう》という人物がいる。郷勇《きょうゆう》の出身であった。郷勇とは、本来清国の正式な国軍であった「八旗《はっき》(騎馬軍団の戦闘旗に基づく名称)」が腐敗堕落によって正常に機能しなくなったので、地方で臨時に徴募された軍隊で当然非正規のものであった。しかし日本でも長州藩士によって構成された正規軍よりも、国難に際して義勇軍の形で編成された奇《き》兵隊《へいたい》のほうが優秀で精強であったように、清国でも八旗より郷勇のほうが精強であった。そこで中央政府もこれを国家の正式な軍隊として認めるようになり、国防を担わせるようになったのである。

郷勇というのは総称であって個別にはその本拠を置く地名で呼ばれた。李鴻章が長であった郷勇は淮勇《わいゆう》（淮軍《わいぐん》）と呼ばれた。安徽《あんき》省淮河《わいが》を本拠地としていたからだが、李鴻章がリーダーとしてきわめて優秀であったので清国は彼に予算を与えて実質的に清国海軍を建設させた。これを北洋《ほくよう》艦隊という。

この「海軍」建設にあたって李鴻章が実行したことは、幕末に勝海舟がやったこととほとんど同じである。優秀な若者を選び留学生としてイギリス等に派遣し海軍術を学ばせ、一方で洋式軍艦を購入する。さらに要衝の地である遼寧《りようねい》省旅順《りよじゆん》や山東《さんとう》半島威海《いかい》衛《えい》にドックを建設し軍港化を進めた。この二港は北洋艦隊の本拠地となった。そのような努力を重ねた結果、日本では黒田清隆が第二代内閣総理大臣に就任した一八八八年（明治21）に施設も含めた北洋艦隊は完成し、清国の正式な北洋海軍となった。その規模は当時の世界第四位であり、主力艦の戦艦「定遠《ていえん》」「鎮遠《ちんえん》」は排水量約七千三百トンでアジアでは第一位であった。

注意すべきは、北洋海軍は李鴻章の淮軍の一部であって陸軍もあるということだ。このあたりが一元化されていないという意味であって、たとえば郷勇が作った軍団は他にもあって各地方に点在していたのだが、互いに共通の制服や武器を持っていたわけでは無い。みんなバラバラである。もちろん日本も明治維新による統一以前は幕府や薩摩、長州などの雄藩がそれぞれ別個に軍隊を持ち、ユニホームなども統一されていなかったのだが、日本はそもそも幕藩体制という「地方分権国家」であったのだから、明治になって中央集権が実現されるまではそうした状態であってもやむを得ないと言える。しかし清国は悠久の昔から中央集権国家なのである。それなのにアヘン戦争という屈辱的な体験を経た後も、国家のシステムとして一元化した軍隊組織を持つことができなかったということは、もっと注目されていい。これが朱子学に基づく中華体制ということであり、だからこそ清国は持てる力を集中するということができなかった。

しかしそうは言っても、アジア最大の巨艦を持つ北洋艦隊は当時の日本にとって大きな脅威であった。これに対抗できない限り、朝鮮半島で清国と戦争することなど夢のまた夢である。

■アジア最大の巨艦を見せつけるためにわざと日本に寄港した清国北洋艦隊

ところで時代はずっと下るが、日本が当時世界一の戦艦である「大和《やまと》」を建造したときに軍事機密としてずっとこれを極秘にしていた。ところがそれは戦略上大きな誤りであったという批判がある。いったいどういうことか？　あくまで軍事戦略上の話だが、まさに原爆のような特別な秘密兵器を製造するというなら話は別だが、世界一の戦艦を建造するならばそれを積極的に外部に公開すべきだというのが常識なのである。あの戦艦にはとてもかなわないと思わせることが、敵に対する抑止力になるからだ。実際は大和は想定していた戦艦同士の決戦にはほとんど臨むことは無く航空機の集団戦法によって撃沈されてしまったのだが、少なくとも建艦当時はそういう常識が無かったのだから、「こんな巨大な戦艦を作っている」と公表すべきだったという批判がある。

その常識を実行したのが、北洋艦隊であった。丁汝昌《ていじょしょう》提督に率いられた北洋艦隊は、まだ全容が整わなかった一八八六年（明治19）には長崎、名実ともに完成した一八八八年（明治21）には横浜に来航して、その威容を見せつけているのである。とくに一八八六年八月一日の北洋艦隊の長崎寄港では、上陸した清国水兵と現地の日本人の間で騒乱事件が起こった。長崎清国水兵事件という。北洋艦隊はその直前ロシア海軍牽制のために朝鮮沖に出動していたのだが、そのうち定遠、鎮遠の主力艦を含む四隻の軍艦が長崎港に入港した。その理由は修理が必要だが朝鮮国には洋式戦艦を扱えるドックが無く、やむを得ず、長崎に入港したという触れ込みであった。

ところが、そのうちに清国水兵数百名が勝手に上陸を始め、遊廓《ゆうかく》で登楼の順番を争ったり、泥酔して一般の婦女子を追い回したり、商店に乱入して金品を強奪したりした。長崎県警が鎮圧に向かったが清国水兵と斬り合いになり、双方数十人の死傷者を出すという大事件になった。騒乱はいったん収まり水兵らは各艦に戻ったが、一夜明けるとみだりに上陸しないという申し合わせを清国側が破り水兵が大挙上陸したばかりか、警察署前でわざと立ち小便するなどの挑発行為に出たため再び争乱となり、双方多数の死傷者を出した。

そもそも、なぜ北洋艦隊は長崎を目指したのか？　修理のためなら護衛の艦を一隻つけるとしても二艦で十分であり、また四艦揃って故障するなどということも考えられない。そもそも朝鮮沖からなら、根拠地である旅順や威海衛は遠くない。

この二年前、金玉均ら朝鮮開化派の起こしたクーデター甲申政変の支援問題で日本と清国は一戦交えており、しかも日本の敗北に終わっている。北洋艦隊がわざわざ長崎に寄港したのは、修理は口実で主力艦である定遠、鎮遠の威容を見せつけ、日本側の戦意を喪失させる目的だったのではないか。すでに述べたように、制海権を奪わない限り日本の勝利は無いのである。通常、海軍の戦艦は仮想敵国いやすでに戦っているから敵国と言ってもいいのだが、そのドックに船を預けたりはしない。言うまでも無く速力や装甲の程度、武器の数など性能が全部バレてしまうからだ。それでも預けるとしたら、敵に情報公開してもまったく問題が無いとき、平たく言えば「お前たちの船じゃ太刀打ちできまい」と高をくくっているときである。

また、首脳陣のそうした空気というのは何となく現場にも伝わるものだ。水兵たちが執拗に乱暴狼藉を働いたのも、首脳陣と同じそういう気分にいたのだ、と考えれば説明がつく。ただ、これは近代以前の「中国軍」についてすべて共通することだが、中国軍はしばしば愛国心のような崇高な理念は持たず、カネとオンナ目当ての軍紀の乱れた兵の集団であったケースが多いので、このときも上層部がそうした水兵たちを抑え切れなかったことも考えられる。

この争乱の解決にあたっては、欧米列強が仲裁を務めた。その顔を立てるということもあっただろう、それから二年後の横浜訪問では北洋艦隊は紳士的にふるまったのだが、とにかく日本人は北洋艦隊がいかに恐るべき力を持った艦隊かを目の当たりにしたのである。この六年後に日清戦争が始まり、日本艦隊と北洋艦隊が東シナ海の制海権をめぐって対決した。いわゆる黄海《こうかい》海戦だが、この海戦において日本海軍は、北洋艦隊の旗艦定遠を撃沈まであと一歩のところまで追いつめた。なぜ日本海軍が勝てたのかはいずれ詳しく述べるとして、この海戦でのエピソードがきっかけで生まれた軍歌（正確には戦時歌謡と言うべきかもしれない）を紹介しておこう。それは『勇敢なる水兵』（佐佐木信綱《ささきのぶつな》作詞、奥《おく》好義《よしいさ》作曲）というもので、戦前の教育を受けた人なら誰でも知っている歌と言っても過言では無い。「煙も見えず雲もなく　風も起こらず浪立たず　鏡のごとき黄海は　曇りそめたり時の間に」と始まるこの歌は、五番、六番になると「副艦長のすぎゆくを　痛む眼《まなこ》に認めけん　苦しき声を張り上げて　彼は叫びぬ『副長よ』」「呼び止められし副長は　彼の傍《かたへ》にたたずめり　声を絞りて彼は問う『まだ沈まずや定遠は』」と続く。

　これは海戦当時、日本艦隊の旗艦「松島《まつしま》」に搭乗していた三浦虎次郎《みうらとらじろう》三等水兵が敵弾を受けて瀕死の重傷を負いながらも、たまたま近くを通りかかった副長の向山慎吉《むこうやましんきち》少佐に「まだ定遠は沈みませんか」と尋ね、大損害を与えたという副長の言葉に安心して息を引き取ったという、実際のエピソードを歌にしたものだ。こうした戦時英雄賛歌、戦意高揚歌の第一号と言うべきものだが、そのテーマが「定遠はまだ沈まないのか」であったことを多くの人が忘れている。それほど北洋艦隊というのは、日本人にとって恐怖の対象であったのだ。

■戦争を止める具体的手段として認知されていた「帝国議会における戦費の否決」

それでは、帝国議会という存在が、伊藤博文、山県有朋、黒田清隆といった、大久保利通、木戸孝允らに続くニューリーダーにとって「意外に手強い」ものであったという認識とは、具体的に言えばどういうことか?

二〇一八年（平成30）は明治維新（１８６８年）から百五十年目の記念すべき年だったが、じつは維新から大日本帝国が破綻した一九四五年（昭和20）まではわずか七十七年しかない。維新から大日本帝国憲法成立までを新しい国家形態の模索の時期とし、その公布の年（１８８９年）から数えるとすると、なんと「大日本帝国史」は五十六年しかないのである。まさに一昔前の「人間の一生」程度の期間だったのだ。

現在はその「青年期」の最初の試練であった日清戦争について分析しているわけだが、その終焉の「老年期」に、中核組織である帝国陸軍を「外部の目」で見た貴重な記録がある。山本七平《やまもとしちへい》（１９２１〜91）の一連の著作だが、そのなかに議会と戦争の関係に対する指摘がある。非常に重要な問題を含むので、長文にわたるが引用したい。

政府も国民も、本当に「天皇の軍隊」を統制できず、軍だけが勝手に暴走したのであろうか。そうは言えない。戦争を行うには戦費が、軍を維持するには軍事費が不可欠である。従って、議会が戦費いわゆる臨軍費（臨時軍事費）を否決すれば、軍は動けない。従って、国民が軍を支配するか軍が国民を支配するかは、「戦費の支配権」をどちらが握るかにあった。（中略）ベトナム戦争は結局、議会の戦費打ち切りで終った。だが日華事変では、軍が憂慮するほど厭戦《えんせん》気分が国内に充満しながら、臨時軍事費を打ち切ることによって戦争を終らそうという発想はどこにもなかった。一体この戦費は、だれの責任で支出したのか。その人間こそ最大の戦争責任者の一人だが、「戦費支出の戦争責任」は未だに究明されていない。（中略）（引用者註　ある真面目な青年将校は次のように本音を漏らした）「毎年、毎年、臨軍費の予算の範囲内でしか作戦ができず、これ以上は〝予算がないから戦争はできません〟という状態を強いられてきたのだ。役人は責任のがれに〝予算がない……〟といえばそれですむかもしれぬ。だが、一国の安危は予算がないでは、すまされぬのだ。それなのに無敵皇軍は常に逐次戦闘加入を強いられ、そのため実に無理な作戦を強いられながらすべては中途半端、トドメを刺すことができない。日華事変が片づかなかったのは軍の責任ではない。議会の責任だ。議会が悪いのだ」

（『一下級将校の見た帝国陸軍』文藝春秋刊）

とくに最後の青年将校の述懐に対して、山本は次のような感想を述べている。

「そうか、そうだったのか。戦費を打ち切れば戦争を終らすことができたのか……」

同時に、学生時代からの、軍の国民への直接宣伝、新聞ラジオ雑誌等の戦意高揚記事、配属将校の演説等々が、走馬灯のように頭の中を走った。「そうか。彼らはこの点を国民の目から隠すため、あんなことを言いつづけて来たのか……」

（引用前掲書）

山本のような知性の持ち主が、ある意味で非常に単純なこの原理（戦費を打ち切れば戦争を終わらせることができる）に気づかなかったということは、当時の多くの国民や政治家もそうであったということであり、またその問題から目を逸《そ》らすための軍を中心とした宣伝活動がいかに巧みであったかに加えて、日本人の国家観に何か致命的な（欧米諸国とはまったく違う）欠陥があるのではないかとも思わせる。

しかし、国家予算というものに対する冷徹な見方というものが、少なくとも明治人には存在したということも山本は指摘している。内村鑑三《うちむらかんぞう》、堺利彦《さかいとしひこ》、幸徳秋水《こうとくしゅうすい》といった反戦派は、戦争を具体的に止める手段として「帝国議会における戦費の否決」を掲げていたというのだ。

ではそのリアリスティックな見方が大正、昭和を経て、いつ失われたかというのも大日本帝国史を解析する重要なポイントになる。

ここで改めて指摘しておきたいのが「歌の力」である。大日本帝国が「戦う帝国」になっていった過程において、いわゆる軍歌、戦時歌謡の果たした役割というのは非常に大きいというのが、私の見解である。軍歌と戦時歌謡、ふつうは明確に区別しないのだが私の定義では、軍人によって作られ軍隊内で主に歌われていたものを純正の軍歌とし、まさに先に紹介した『勇敢なる水兵』のように民間で先に作られたものを戦時歌謡と考える。

その意味の純正の軍歌で清国軍に対する日本人兵士の士気を大きく高める効果があり、さらに一般にも広まり国民の士気も高めたのが軍歌『元寇』である。帝国陸軍軍楽隊士官であった永井《ながい》建子《けんし》の作詞作曲である。

一・（鎌倉男児）
四《し》百《ひゃく》余《よ》州《しゅう》を挙《こぞ》る　十万余騎の敵　国難ここに見る　弘安四年夏の頃　なんぞ怖れん
われに　鎌倉男児あり　正義武断の名　一喝して世に示す

二．（多々良《たたら》浜）
多々良浜辺の戎夷《えみし》　そは何　蒙古勢《もうこぜい》　傲慢無礼《ごうまんぶれい》もの　倶《とも》に天を戴《いただ》かず　いでや進みて
忠義に　鍛えし我が腕《かいな》　ここぞ国のため　日本刀を試しみん

三．（筑紫《つくし》の海）
こころ筑紫の海に　浪《なみ》おしわけてゆく　ますら猛夫《たけお》の身　仇《あだ》を討ち帰らずば　死して
護国の鬼と　誓いし箱崎《はこざき》の　神ぞ知ろし召す　大和魂《やまとだま》いさぎよし

四．（玄界灘《げんかいなだ》）
天は怒りて海は　逆巻く大浪に　国に仇をなす　十余万の蒙古勢は　底の藻屑と消えて
残るは唯三人《ただみたり》　いつしか雲はれて　玄界灘月清し

十三世紀の元寇（蒙古襲来）を日本の鎌倉武士が「神風」を味方に見事撃退したさまを歌ったものだが、非常に闊達なメロディーで歌いやすく、元気の出る曲である。永井はこうした曲作りの名人で他に軍歌『雪の進軍』があり、楠木正成（大楠公《だいなんこう》）の息子正行《まさつら》を歌った『小楠公』という作品のメロディは、日本軍歌としてもっとも有名だった作品のひとつ

『歩兵の本領』にも、そして第一高等学校寮歌『アムール川の流血や』にも使われている。この二作品については、いずれ述べる機会があるだろう。

■日本史上初めて力を持つようになった「民意」と「世論」

さて、ここで清の李鴻章が北洋艦隊を完成させた一八八八年(明治21)に話を戻そう。清との格差を目の当たりにした日本政府は、山県有朋参議兼参謀本部長が「陸海軍拡張に関する財政上申」を閣議に提出した。当時はまだ内閣は成立していない。山県の専門は陸軍だが、北洋艦隊の威容に衝撃を受けたのか、その内容は海軍軍艦四十八隻の拡充を主眼とし、合わせて陸軍常備兵をこれまでの約一万八千人から四万人に増員するという内容のものだった。閣議でその方針が承認されると、松方正義《まつかたまさよし》大蔵卿は酒税、煙草《たばこ》税の増税により八年かけてこの整備計画を実現する予算案を作成し閣議の了承を得た。しかし西南戦争後の財政再建を目指した松方デフレが定着したこともあり税収の伸びは低く、計画の実現は前途多難であった。

また問題となったのは、実際にはどのように海軍の艦艇を揃えるかという問題である。北洋艦隊の主力艦「定遠」「鎮遠」は排水量七千トン級で主砲の口径は三十センチだから、理想を言えばそれを上回る一万トン級の戦艦を揃えたいところである。しかし少し前から日本の海軍顧問として招聘されていたフランスのルイ・エミール・ベルタンはその方針に反対した。建造費用のかさむ一万トン級戦艦を少数保持するよりも、小型でスピードの速い海防艦に「定遠」クラスの砲を装備し、合わせて高速巡洋艦そして魚雷で敵を攻撃できる水雷艇を多数持ったほうが、国土の防衛能力も高まり現実的だというのである。そこで海軍は取りあえずその方針の下に、日本三景にちなむ艦名の三景艦（「厳島《いつくしま》」「松島」「橋立《はしだて》」）を建造した。いずれも四千トン級だが主砲は三十二センチで、そこだけは「定遠」を上回っていた。

もちろん海軍はこれでは満足せず、日清戦争に備えて一万二千トン級の戦艦を艦隊に加えようとしたのだが、結局日清戦争には間に合わなかった。当時の日本の造船技術ではそれほどの巨大戦艦を造ることは不可能であり、外国（イギリス）に発注せざるを得なかったからだ。国内で建艦するなら建造費が国内にばらまかれる形となり景気も向上するのだが、外国に発注する場合は一方的な外貨の流出となる。これも新生日本が欧米列強並みの大国となるためには乗り越えなければならない壁であった。

陸軍ではそれまでの鎮台《ちんだい》制をより近代的な師団制に変え、通常の師団を六個、近衛《このえ》師団を一個、合わせて七個師団を編成した。総兵力は約二十万人である。合わせて軍制度の改革も行なわれ、陸軍省から参謀本部が独立した。陸軍省は軍政を担当する行政機関であり、それと軍令(軍隊の指揮)を担当する部門は別であるべきだという法意識のもとにである。統帥権《とうすいけん》(軍隊の最高指揮権)は帝国憲法によれば天皇にあるからだ。したがって参謀本部(当時は海軍も統括)は天皇直属の機関となり、初代参謀総長には有栖川宮熾仁親王《ありすがわのみやたるひと》が就任した。

しかし、これだけの準備を整えたとは言え、当時の日本の実質的なリーダーである伊藤博文は積極的な開戦論者では無かった。大国である清とむやみに事を構えるべきでは無い、という態度をとっていたのである。しかし、その伊藤が方針を大きく変えることになった。その理由だが、一つは議会対策、そしてもう一つは伊藤の懐刀の形で外交を担当していた陸奥宗光が開戦にきわめて積極的な態度をとったからである。

初めての総選挙が一八九〇年(明治23)七月に行なわれ、その結果を踏まえ十一月に第一回帝国議会が召集された。初代総理大臣は伊藤博文だが内閣は国会開会以前に発足していたので、初めて議会を相手に「戦った」のは第三代総理大臣山県有朋だった。帝国憲法にも予算は議会の承認を得ないと施行できないと規定してある。反政府の立場をとる自由党や立憲改進党は「民力休養(減税)」を唱え、政府予算をしばしば削減に追い込んだ。この事態を憂慮した第四代総理大臣松方正義は初めて解散権を行使し、次の総選挙で政府職員を使った露骨な選挙干渉を行なったのだが反政府勢力の優位は揺るがなかった。結局松方は責任をとる形で辞職した。

これではならじと、第五代総理大臣を引き受け再登板したのが伊藤博文である。伊藤内閣は閣僚に外相陸奥宗光、農相後藤象二郎など、土佐人を主体とした自由党にも影響力を持つメンバーを選び、一八九二年（明治25）の第四回帝国議会を乗り切ろうとした。提出された予算案は主に海軍の建艦費用に重点を置いた増税案で、民力休養を唱える野党勢力と真っ向から対決するものであった。伊藤はここで初めて挫折を味わった。議会運営が暗礁に乗り上げ予算が承認されなくなってしまったのである。

窮した伊藤は「切り札」を切った。明治天皇である、天皇は伊藤の説得で天皇家に対する予算である内廷費を削り海軍予算に回すことに合意した。さらに伊藤は官吏の俸給の一割を国庫に返上し同じく海軍予算に回す姿勢を示した。「天皇おん自ら海軍予算を増やす御努力をなされているのだから、反対派も協力すべきだ」ということだ。結局、これが決め手となって予算は一部修正されたものの、何とか国会の承認を得ることができた。

伊藤は議会との関係が修復されたことを機に、新生日本の設立当初からの懸案である条約改正を進めようと考えた。内政が安定していないと対外交渉はできない。憲法が制定され、民法や商法などの法典も整備され、近代国家としての形が整った今こそ条約改正の好機だと考えたのである。

しかし、伊藤はここでも議会制度の根幹にある「民意」に悩まされることになった。暴漢に爆弾を投げつけられて片足を失った大隈重信にしても、その「外国人判事登用策」を支持した黒田清隆にしても、一足飛びに完全な条約改正は不可能だという現実的な認識を持っていた。伊藤ももちろんそうだったのだが、国会開設を機に新生日本史上初めて具体的な力を持つようになった「世論」が、政府のこれまでの妥協的な態度を厳しく批判するようになったのだ。彼ら強硬派は「条約励行《じょうやくれいこう》」つまり外国との条約を忠実に守れ、などと言い出した。幕末に結ばれた外国との通商条約には「外国人は居留地とその周辺以外への外出は認めない」などという規定があったので、条約改正反対派はこれをきちんと守らせれば外国人は閉口し、彼らのほうから条約改正を求めてくるだろうと言い出したのである。

だが、そんな幼稚な議論に閉口したのはむしろ伊藤や陸奥であった。

■「条約励行論」よりはるかに現実的とされた「条約破棄論」

この時期、首相伊藤博文や外相陸奥宗光が条約改正の切り札になるかもしれないと考えていたのは、むしろ条約破棄論であった。どんな条約でもそうだが、基本的に破棄することはできる。もちろん一方的な破棄はできないし事前に様々な協議および通告は必要だが、いったんすべてを白紙に帰すという考えは一応の選択肢としてあった。少なくとも、条約を形式どおり実行して外国人の移動や居住を制限する条約励行論よりははるかに現実的で危険が少ない、と考えていたのである。

危険というのは、条約が現在の状態よりも日本に不利な形で再締結される可能性である。そもそも欧米列強は、日本の開国政策が本心からのものなのか疑問を抱いていた。明治二十年代になっても？　と現代人は不思議がるかもしれないが、逆に言えば維新から二十数年しかたっていない。それ以前の日本は攘夷《じょうい》一辺倒で外国人と見たら斬り殺す国であった。とくに武士はほとんどそうだったし、他ならぬ伊藤博文ですら今は「改心」したというものの、かつては品川御殿山のイギリス公使館を焼き討ちした「テロリスト」であった。前にも述べたように、この「テロ」は高杉晋作が攘夷派への「ガス抜き」として行なったもので、であるがゆえに御殿山が選ばれたと私は確信している。なぜならばこの事件は正確には「イギリス公使館焼き討ち」では無く「イギリス公使館建設現場焼き討ち」だからだ。イギリス人を一人も殺さないで済むように高杉が配慮したということだ。実際このとき伊藤が一人でもイギリス人外交官を斬っていたら首相になれたかどうかわからないし、少なくとも外交が相当やりにくかったことは確実だろう。イギリス人は「閣下も、昔は御殿山で活躍された」ことをあきらかに知っていたのだから。こういうこともあって伊藤は生涯「兄貴分」高杉晋作に感謝していたのだろうと思う。

また、こうした外国人の不安、つまり「いつ何時、日本人はかつてのような外国人を斬り殺すのが当たり前の国家に逆戻りするのではないか」という不安を解消させる切り札が、明治天皇の「五箇条の御誓文」であったことも忘れてはいけない。そうした外国人の不安に対して、もっとも有力な不安解消の材料が、「明治天皇が『旧来ノ陋習ヲ破リ天地ノ公道ニ基クベシ　智識ヲ世界ニ求メ大ニ皇基ヲ振起スベシ』と先祖の霊に対してお誓いになっています」ということだったのだ。攘夷のような「旧来ノ陋習ヲ破リ」、国際法のような「天地ノ公道ニ基ク」、そして開国をして「智識ヲ世界ニ求メ」る国家を作るので、二度と幕末の日本のような国家にはならないので安心してください、というのが五箇条の御誓文が世界に発したメッセージで、あれはすでに述べたように国内ばかりではなく国外の反応も意識した文書であったのだ。欧米人も日本人が天皇の命令には絶対服従するということは熟知している。だからこそこの御誓文は大きな効果があり、憲法や様々な法典、あるいは近代的制度が成立する以前でも、新生日本は諸外国の信用を得ることに成功したのである。

「教育勅語」もそうだが、今から百年以上前の文書なのである。当然現代の視点で見れば古臭いところや反動的なところはある。しかし当時の常識はどうだったのか、その常識を打破した功績は認められるのか、という「アントニーの法則」に基づく価値判断をしなければ、歴史というものはわからない。

■反発する議会に対し伊藤が繰り返し使った「伝家の宝刀」とは？

さて、話を戻そう。

一八九二年（明治25）の第四回帝国議会（以下、第○議会と略す）の紛糾を「天皇」という切り札で乗り切った伊藤首相は、懸案事項である条約改正を陸奥外相とのコンビで達成しようとした。この時点では両者の脳裏には日清戦争という選択肢は無かったようだ。取りあえず大日本帝国の運営を考えれば、巨大な貿易赤字を生み出している関税自主権の喪失を何とかすべきであり、それが一足飛びに実現できなくても領事裁判権の撤廃を足掛かりにして何とか全体の改正の方向に一歩でも進みたい。国防という重要なテーマのためには陸海軍とくに海軍を清国海軍（北洋艦隊）に対抗できるように整備しておくことが必要だが、それは直ちに日本と清国の戦争を意味しないというのが、伊藤と陸奥の立場であった。

ところがこの考えが、とくに陸奥において徐々に変化していくのである。

一八九三年（明治26）、第五議会が始まった。この議会では伊藤らの構成する藩閥《はんばつ》政府に反発する人々が条約励行論を盛んに主張し、むしろこれを足掛かりにして条約改正を進めるべきだと政府を攻撃した。条約励行論がいまひとつわかりにくいと思うので、ここは勝海舟研究の第一人者松浦玲に解説してもらおう。

現行条約励行論は、現行条約が良いと言うのではない。許しがたい不平等条約だということは、よくわかっている。ただし不平等条約だった代わりに、徳川幕府の交渉委員だった岩瀬肥後守、井上信濃守らの強い主張で、日本居留の欧米人の行動には開港地十里四方の外へは出られないなどの厳しい制約が課されていた。そういう規定が徳川時代に既になしくずしに緩和され、明治になってからは全く有名無実化している。これを励行して欧米人を困らせてやれというのが現行条約励行論である。

（『明治の海舟とアジア』岩波書店刊）

海舟はもちろん、こんな姑息なやり方には反対だった。

現行条約は、徳川がヨーロッパ基準を押しつけられ、しかも不平等を押しつけられたという二重の屈辱の産物である。条約文が欧米人の行動に制約を課しているのは、幕府が本筋とは違うその場凌ぎの小手先の抵抗をした結果であって、誉められた話ではない。徳川そんな条文を拠りどころにして改正反対運動をやられては恥かしくてたまらない。徳川一門がそれに同調したら恥の上塗りである。

（引用前掲書）

条約励行論のような極端な議論を議会の多数派が主張し、勝が心配していたように徳川一門ですらそれに同調するような動きがあったのはなぜか？　やはり藩閥政府がずっと進めてきた「ヨーロッパ基準」を第一のものとし、それに何が何でも合わせていこうというやり方、たとえば井上馨の「鹿鳴館政策」、あるいは大隈重信の「外国人判事登用方針」などに対する不満が原因だろう。もちろんそれは佐賀の乱鎮圧、あるいは西南戦争の勝利など武力で反対派を黙らせていた藩閥政府に対し、そうした不満を堂々とぶつけられる議会という場所ができたことが大きい。

しかし、これまで反政府の言論に対しては警察力を使って弾圧するだけで対処できたのに、議会ができたことによって、少なくとも予算案については議会の承認を得なくてはならなくなった伊藤や陸奥はやりにくくて仕方がなかっただろう。第四議会は「天皇」という切り札、別の言い方をすれば奇策によって何とか乗り切ったものの、第五議会はまたまた政府と議会が対立し抜き差しならなくなった。政党側は条約励行論を基調とした条約改正案を提案してきて、それまでの交渉経過を踏まえてきた政党側にとっては屈辱的だが、ある意味では現実的な政府案とはまったく折り合いがつかなくなったのである。

そこで伊藤は、今度は奇策では無く「伝家の宝刀」を使った。解散権を行使したのである。具体的には、天皇に対し議会の解散を奏請しそれを受けて解散の勅書が衆議院に届けられるという形になる。これは現在の日本国憲法においても採用されている形式である。これに伴い一八九四年(明治27)三月一日に第三回総選挙が行なわれたが、さすがに条約励行論を唱える強硬派は議席を減らし、政府と歩調を合わせる自由党が百二十議席を獲得した。しかし、この「与党」だけでは議会をコントロールはできなかった。定員は三百議席であり、過半数に満たなかったからである。

こうしたなか、解散とは関係の無い貴族院でも強硬派が主導権を握り、全国の新聞も強硬派の論調に転じた。冷静に見ればこの強硬派の唱える条約励行論は無理があり、勝海舟の言う「恥の上塗り」でもあって時計の針を逆に戻すものなのだが、やはり長年マグマのように溜まっていた藩閥政府に対する反感がこの問題を機に一気に噴き出したと考えればいいのかもしれない。

逆に伊藤らにとってみれば、野党とは空理空論を唱え政府に不満をぶつけるだけのとんでもない存在という認識だっただろう。日本の憲政史がそのような認識の下に始まったのは不幸だった。その考えを突き詰めれば、国家の健全な発展のためには野党など必要無いということにもなりかねないからだ。この構想は大日本帝国の末期に不幸にも実現する。だが、それは先の話だ。

この総選挙の結果に基づき第六議会が召集されると、伊藤は今度は別のやり方で「国会対策」に乗り出したらしい。「らしい」というのは明確な史料があまり残されていないからだが、利権をちらつかせたり買収したりして中立派議員を政府陣営に引き込もうとしたのである。ところがこの議会工作は失敗した。こうしたことでも藩閥政府に対する反感が思いのほか強かったことがわかる。とうとう、この議会で伊藤内閣不信任案が可決成立してしまった。こうなると伊藤には内閣総辞職するか、衆議院を解散するか、そのどちらかしか選択肢は無い。幸いなことに、伊藤には明治天皇という大きな支持者がいた。伊藤は再び天皇に奏請し衆院解散に持ち込んだ。わずか一年の間に二度も解散権を行使したのである。当然再び総選挙が行なわれ議会が召集されるという形になるのだが、伊藤ら政府側には次の総選挙で政府支持の議会ができるという勝算はまったく無かった。こうなると何かしら政府が大きな手柄を立て、そのことによって政府支持を固めるという形が唯一考えられる現状打開の手段である。そこで伊藤はイギリスとの条約改正交渉に的を絞り、陸奥外相をして何らかの成果を上げさせ、それによって政局運営を円滑ならしめようとした。

ところがこのとき、本来なら外交交渉ですべてを解決すべき立場にある外相陸奥宗光は、日本が清国と開戦する、つまり「戦争という非常時」に持ち込んでしまえば議会も容易にコントロールできるし日本の国益も拡大できる、という考えに傾いていたのである。

■父の幽閉による一家困窮と脱藩——幸福では無かった陸奥宗光の生い立ち

ここで、当初は日清戦争に踏み切るつもりは無かった首相伊藤博文の尻を叩く形で開戦に踏み切らせた外相陸奥宗光のプロフィールについて述べよう。

宗光は一八四四年(天保《てんぽう》15)、和歌山藩士伊達宗広《だてむねひろ》の第六子として和歌山城下で生まれた。同時代の仙台藩の家老にも伊達宗広という同姓同名の人物がいるので、こちらのほうは号の「千広《ちひろ》」で呼ぶ場合もある。紀州《きしゅう》藩士の家に生まれた宗広は国学を学び、紀伊《きい》御三家当主で和歌山藩主徳川治宝《とくがわはるとみ》に見出され大番頭格を務めた。

伊達千広としての著作に『大勢三転考《たいせいさんてんこう》』がある。この『逆説の日本史』と同じ日本通史だが個々の事象を綿密に書いたものでは無く、国学者としての立場から日本の歴史はどのような形をしているか概略を述べたものである。日本史は「時の勢」によって大きく二度変化し現在の体制（幕府の政権の時代）は三度目だというのがその骨子で、それゆえ『大勢三転考』というタイトルがつけられたのである。

最初の時代は、「骨《かばね》の代」。これは古代の氏姓制度である。身分と本拠地と官職が一体化された時代とされ、これが「大化《たいか》の改新《かいしん》」以降天皇による公地公民化などで崩されていくことになる。それまでの見方は神武《じんむ》天皇以来日本はずっと「天皇の国」であるというものであったから、大化の改新で質的な変化があったということを認識したのは宗広が初めてであったとも言われる。これから日本は二度大きく変わることになる。

最初の変化は「職《つかさ》の代」と呼ばれる奈良、平安時代（ちなみにまだこういう時代区分に関する用語は当時は存在していない）である。これは大和朝廷に仕える重臣たちが、律令に基づき天皇によって任命される官職によって、身分や土地から切り離され朝廷の一員として位置づけられた時代ということである。

次の変化は、「名《みよう》の代」と呼ばれる。鎌倉時代以降に武士が、大名・小名という「名」になることによって実力で土地を支配する時代だ。幕府時代（武家政権時代）ということで、宗広は明治維新をその目で見たから実際にはこの後もう一度大きな変化があったわけだが、それには言及していない。しかし国学者という「神功皇后の三韓征伐」等の神話を頭から事実と信じ込む傾向にある人々のなかでは、非常に客観的に日本史全体の形を捉えている。こうした著作の先駆けをなすものと言っていいだろう。もちろん国学者らしいところもあって、それはこうした体制の変化をもたらす「時の勢」は八百万《やおよろず》の神々の神意ととらえているところである。

宗光はこんな熱情的だが冷静で客観的な視点をあわせ持つ父親の息子として生まれた。しかし少年時代は必ずしも幸福とは言えなかった。紀州藩重臣であった父はその後宗光が八歳のときに藩内の政争に敗れ、幽閉の身となってしまったからだ。一家は困窮した。このあたり、やはり家中の政争（お由羅《ゆら》騒動）で父が遠島になり一家困窮した薩摩の大久保利通と境遇が似ている。家が貧しく「罪人」の一家になってしまったということは、養子の口もかからず和歌山にはいづらくなったということだ。宗光が元服《げんぷく》するとすぐ江戸遊学したのは、一刻も早く故郷を離れたかったからだろう。遊学といっても貧しい家がその費用を出してくれるはずも無く、内弟子として住み込み様々な雑用をこなす生活だったのではないかと思われる。要するに、大家の若様育ちでは無いということだ。当然、紀州藩脱藩も早くから視野に入っていた。父宗広は数年後幽閉を解かれたが、紀州藩を見限って脱藩し京都へ移り住んだ。宗光も父の後を追うように脱藩し京都を本拠地とした。そして、このころから伊達では無く陸奥陽之助《ようのすけ》と称するようになる。別に陸奥家に養子に行ったわけでは無いようで、関西地方では幕末四賢侯の一人宇和島《うわじま》藩主伊達宗城《だてむねなり》が非常に有名だったから、その一族と間違えられるのを嫌ったからではないだろうか。もっとも先祖が伊達家の一族すなわち「陸奥」地方の出身であったことは間違い無い。

ここで人生の一大転機が訪れる。頻繁に出入りしていた坂本龍馬と知り合い弟分になったことだ。その縁で、勝海舟が神戸に設立した海軍操練所にも塾生として入った。そして海軍操練所が閉鎖された後も龍馬と行動を共にし、薩摩藩士とも深い交流を結び海援隊《かいえんたい》にも参加した。その生涯の恩人とも言うべき坂本龍馬が暗殺されたとき、陸奥（ここからはそう呼ぶ）はある行動に出ている。天満屋《てんまや》事件だ。陸奥をリーダーとする海援隊および陸《りく》援隊《えんたい》のメンバーが、まるで新撰組《しんせんぐみ》のように大坂にあった天満屋という旅籠《はたご》に斬り込みをかけ、まさに新撰組と戦ったという事件である。いったいなぜそんなことになったのか？

「いろは丸事件」を覚えておられるだろうか？　一八六七年（慶応《けいおう》3）五月深夜、伊予国《いよ》大洲《おおず》藩所有で海援隊がチャーターし長崎から大坂に向かっていた「いろは丸」と、逆に長崎に向かっていた紀州藩の軍艦「明光丸《めいこう》」が現在の岡山県笠岡《かさおか》沖で衝突した事件である。明光丸は無事だったが、いろは丸は大破し、明光丸により曳航される途中に鞆《とも》の浦《うら》沖で沈没した。衝突の際、素早く明光丸に乗り移った龍馬は明光丸に当直士官がいなかったことを確認したうえで航海日誌を奪い、それを証拠として紀州藩の過失を広く訴えた。これは日本最初の海難審判事故と言われる。結局、龍馬側の主張が認められ、土佐《とさ》藩の依頼により運んでいたミニエー銃その他の火器や金塊などに相当する約八万両を紀州藩が支払うという形で決着した。もちろん紀州藩は大いに不満であっただろう。金のこともさることながら、担当者は切腹に追い込まれたし、そもそも本当に八万両に相当する物品がいろは丸に積まれていたのか、紀州藩は疑っていた形跡がある。実際、二〇〇六年（平成18）に行なわれた沈没船の調査では、それらしき積荷は見つかっていないという報告もある。

そして龍馬は長崎でこの賠償金が支払われた数日後に京都で暗殺された。つまり陸奥は、龍馬暗殺はこの一連の交渉で煮え湯を飲まされた紀州藩の担当者三浦休太郎《みうらきゅうたろう》（安《やすし》）の犯行であると確信し、その宿舎天満屋を襲撃したのである。三浦は明治以後も生き延びて新政府に出仕し東京府知事も務めた。暗殺事件には無関係だったらしいのだが、龍馬周辺の人間が自分を狙っているという噂を耳にし、新撰組に身辺警護を依頼した。新撰組はこれを受けて幹部の斎藤一《さいとうはじめ》以下七名を天満屋に派遣していたので、ますます陸奥は三浦を疑い結局斬り合いということになった。双方ともに死傷者を出したが、陸奥、三浦、斎藤は無事にその場を逃れた。これは想像だが、陸奥は「父の仇」でもある紀州藩に対して日ごろからあまり良い感情を持っていなかったのではないか。それが「龍馬を殺したのは紀州藩に違いない」という「確信」につながったのだろう。

その後、陸奥は維新政府に出仕し、兵庫県知事、神奈川県知事等を歴任するが、藩閥政府の横暴に耐えきれず辞任する。血の気の多い人物だったのである。また維新以前には外国留学経験は無いのだが語学の才能があったようで、後に英語が堪能であるということで大隈重信の知遇も受けるようになる。しかし西南戦争に呼応する土佐立志社の大江卓《おおえたく》らの政府転覆計画に参加していたと見做《みな》され、有罪判決を受け投獄されてしまう。

獄中ではイギリスの哲学者ジェレミ・ベンサムの著作の翻訳に没頭した。「最大多数の最大幸福」という言葉に象徴される功利主義である。この間、大久保利通が暗殺されたということは陸奥にとって幸運だったかもしれない。四年間の刑務所生活の後、陸奥の才能に注目した大隈や伊藤博文の奔走によって特赦が与えられた。そして出所後は直ちに海外遊学を認められ、一八八八年（明治21）駐米公使に抜擢され、メキシコとの間に最初の対等条約（日墨修好通商条約）を締結することに成功した。

一八九〇年（明治23）帰国後、第一次山県有朋内閣に入閣して農商務大臣となり、同年実施された第一回総選挙に和歌山第一区から立候補し当選した。また一八九一年（明治24）五月に成立した松方正義内閣でも留任した。しかし坂本龍馬以来の親交がある土佐の後藤象二郎や大江卓と連携し政府の選挙干渉問題で薩摩閥を攻撃したため大臣を辞職し、枢密顧問官となった。そう簡単に尻尾は振らないぞというところだったかもしれない。

■条約改正の必要性を知らしめた英国人船長による日本人乗客置き去り事件

このころ日本は、千島艦《ちしまかん》事件に悩まされていた。一八九二年（明治25）十一月、日本海軍がフランスに発注していた砲艦千島が神戸に向かう途中、愛媛県和気《わけ》郡沖の瀬戸内海においてイギリスP&O社所有のラヴェンナ号と衝突し、千島は沈没して乗組員七十四名が殉職したという大事件である。ラヴェンナ号は無事で死者も出なかった。問題はこの海難事故の裁判が不平等条約の領事裁判権の規定によって、横浜の英国領事裁判所を第一審としたことだ。政府は八十五万ドルの賠償を求めた。一審では日本の主張が認められたが、控訴審にあたる上海英国高等領事裁判所はP&O社の主張を認め、日本側の要求を却下してしまったのである。

当然、世論は紛糾した。この種の事件では六年前の一八八六年（明治19）にノルマントン号事件というのがあった。横浜から神戸へ向け航行中だった英国貨物船ノルマントン号が暴風のため紀伊勝浦《かつうら》沖で座礁沈没し、日本人乗客全員が水死した事件である。ノルマントン号のドレーク船長は日本人乗客を残し、自分は乗組員とともにボートでさっさと船を脱出して助かったのである。当然ドレークは厳罰に処せられるべきであったが、これも不平等条約で管轄裁判所となった神戸英国領事裁判所はなんと無罪を宣告したのである。抗議の声が殺到し、日本政府の厳重な抗議もあったため第二審にあたる横浜英国領事裁判所はドレークを有罪とはしたが、その刑はたった禁錮《きんこ》三か月であった。

一・

岸打つ波の音高く
夜半《よわ》の嵐に夢さめて
青海原をながめつつ
わが兄弟《はらから》は何処《いずく》ぞと

二．
呼べど叫べど声はなく
たずねさがせど影はなし
うわさに聞けば過《す》ぐる月
二十五人の兄弟は

三．
旅路《たびじ》を急ぐ一筋《ひとすじ》に
外国船《とつくにぶね》とは知りつつも
航海術《こうかいじゅつ》に名も高き
イギリス船と聞くからに

四．
ついうかうかと乗せられて

波路《なみじ》もとおき遠州《えんしゅう》の
七十五里もはや過ぎて
今は紀伊《きい》なる熊野浦《くまのうら》
（中略）

十二．
外国船の情けなや
残忍非道《ざんにんひどう》の船長は
名さえ卑怯の奴隷鬼《どれいき》は
人の哀れを外に見て

十三．
己《おの》が職務を打ち忘れ
早や臆病の逃げ支度《じたく》
その同胞を引きつれて
バッテーラへと乗り移る

十四．
影を身送る同胞は

無念の涙やるせなく
溢《あふ》るる涙を押し拭《ぬぐ》い
ヤオレ憎き奴隷鬼よ

十五．
如何《いか》に人種は違うとも
如何に情けを知らぬとも
この場をのぞみて我々を
捨てて逃《のが》るるは卑怯者

（中略）

三十五．
白皙《はくせき》人種はみな生きて
黄色《おうしょく》人種はみな溺る
原因あらば聞かまほし
彼《かれ》も人なり我《われ》も人

三十六．
同じ人とは生れながら

危難《きなん》を好む人やある
いのち惜しまぬ者やある
イギリス国の法官よ

三十七.
汝《なんじ》の国の奴隷鬼は
人を殺して身を逃る
義務を忘れて法犯す
凶悪無道《きょうあくむどう》の曲者《くせもの》ぞ
(以下略)

事件後、その非道を訴え条約改正の必要性を広く世間に訴えた「流行歌」の『ノルマントン号沈没の歌』である。五十九番まであるのでとても全部は紹介できないが、事件の中身を正確に迫真性をもって訴えている(作者不詳)ということで、国民の愛唱歌となった。メロディは『抜刀隊《ばっとうたい》の歌』を借用している。政府はこれを全面的に禁止したのだが、その流行に歯止めをかけることはできなかった。もちろん民衆の望む形の厳罰には至らなかったのだが、最初はあまりにも軽すぎる刑罰を何とか処罰の方向にもっていく方向性をつけたのが、外交官としての陸奥宗光だったのである。つまり刑務所に閉じ込められていた陸奥は、解放後まるで水を得た魚のように、天賦の外交能力を発揮し始めたのだ。

そして外交官陸奥の評価を一段と高くしたのが、朝鮮国との防穀令《ぼうこくれい》の問題であった。

■防穀令事件で外交的勝利を収め条約改正交渉を任されることになった「陸奥外交」

防穀令事件とは、一八八九年（明治22）に起きた日本と朝鮮国との穀物貿易に端を発した紛争である。防穀とは「李朝時代、朝鮮で地方官が、自己の行政管轄内で凶作・兵乱などによる穀価の騰貴を防止するため、穀物売買・運搬の禁止、購入穀物の差し押えなどを行うこと」（『国史大辞典』吉川弘文館刊）である。

これより先の一八七六年（明治9）に締結されていた日朝修好条規では、朝鮮で生産された米や豆類を日本が輸入できることになっていた。明治維新後、工業の育成に力を注ぎ人口も増加した日本では、そのぶん朝鮮産の穀物の需要が高まった。大豆など豆類は加工食品の原料としても重宝された。つまり工業でも朝鮮産穀物への依存度が高まったということだ。しかし、農産物の出来具合は天候に左右される。そこで、その後の日朝間の貿易協定で、日本は朝鮮の地方官が一か月前に日本領事館に予告すれば防穀令を出せるものとしていた。従って防穀令はこの事件の前にも複数回出されていた。

ところが、この年の朝鮮は急激な天候不順に見舞われ、とくに北部の咸鏡道《かんきょうどう》では住民の食糧が足りなくなるほどの凶作となったため、翌年にかけて咸鏡道など三か所で防穀令が出され日本への輸出がストップされた。だがしかし、この輸出の中止で大打撃を受けた日本企業がこれら三つの防穀令が一か月前に通告するという規約を守っていないとして、朝鮮に損害賠償を求めるよう日本政府に要求したのである。それを受けた日本政府は賠償要求に合わせて防穀令そのものを廃止するよう朝鮮政府に求めた。

日本側の抗議に朝鮮側は取りあえず、これらの防穀令は事前通告義務違反だったとして発令した三人の官僚を罰して、事を収めようとした。しかし日本側はそれでは納得せず、改めて損害賠償を朝鮮国に要求するという強硬な姿勢に転じた。皮肉なことにこの背景には帝国議会の設立があった。それまでは「民意」というものが、国家を動かすということはあまり無かった。しかし、一度議会というものができるとカネを持っている経済界が議員を通じて国会を動かし、それが行政府にも強い影響を与えるという、日本にそれまで存在しなかった構図が生まれた。

そのうえ不幸なことには、明治維新以来日本には、朝鮮は無礼で未開な国という偏見が広がっていた。無礼というのは、日本国天皇が朝鮮国王に対して親書を送ったのに対し、華夷《かい》秩序（中華思想）の権化である朝鮮が「皇」の字を使った国書など受け入れられないと突き返したことであり、未開というのは福澤諭吉が『脱亜論』で強調したような自ら近代化することができない国、というイメージである。

それゆえ、江華島事件以来、朝鮮は武力で屈服させ日本の指導のもとに近代化すべきだと思うようになっていた政府も、「世論の支持を得た」という形で、この防穀令事件をことさらに問題化する姿勢をとったのである。

賠償金の当初の額は約十四万七千円だったが、第二次伊藤博文内閣では外相陸奥宗光のリーダーシップのもと、強硬派の自由党員大石正己《おおいしまさみ》を公使に起用し賠償額を約十七万円にする強硬姿勢をとった。ただでさえ難航している交渉のなかで、賠償要求額を切り下げるならともかく、切り上げることによって新たな交渉を始めたのだから、多くの人間がこの「陸奥外交」に危惧を抱いた。

ところが、陸奥は頑強に抵抗する朝鮮に対し、最後通牒を突きつけ外交断絶をほのめかす一方、朝鮮に対して強い影響力を持つ清国の李鴻章に斡旋を依頼し、とうとう賠償金十一万円を朝鮮に支払わせることに成功した。この手腕に、交渉決裂を予測していた人々までが拍手を送り、「外交は陸奥に任せれば上手くいく」という「信頼」を生み出した。そこで伊藤首相も、陸奥外相に難航している条約改正交渉を一任するという思い切った決断を下したのである。

さて条約改正問題は、大隈重信外相が推進した「大審院に外国人判事を登用する案」が国粋主義者の反発を受け大隈外相が爆弾で「失脚」した後は、第一次山県有朋内閣の青木周蔵外相にバトンタッチされた。青木外相は当然条約改正案を修正したが、その最大の修正点は外国人の大審院判事採用の取り消しであった。そして、憲法が発布され第一回総選挙が施行されるなか、政府は欧米列強を見習った西洋スタイルの法典の編纂を急ぎ、刑事訴訟法・民法・民事訴訟法・商法などが公布された。イギリスなどは「商法も無い国とまともな条約改正交渉はできない」という態度をとっていたからである。つまりこの時点で、欧米との条約改正交渉を進める基本条件は整ったのだが、すでに紹介した大津事件によって青木外相は辞表を提出せざるを得ず、交渉は一時頓挫することになった。これも先に述べたように、この大津事件は大審院長児島惟謙が政府の犯人死刑要求を突っぱねたことにより、日本の法制度への信頼性が高まるという思わぬ効果もあったのだが、民法典などの制定を急いだことは国内の反発を招いた。

次の外相は松方正義内閣のもとで、あの「北海道共和国」を夢見た元幕臣榎本武揚《えのもとたけあき》が任ぜられたのだが、この第三回帝国議会では条約改正の根本条件の一つであった商法・民法など諸法典の実施の延期法案が、貴族院でも衆議院でも可決されるという異例の事態に至ったのである。

条約改正は確かに大切だが、まず国家の柱となる重要法典をきちんと見直すべきだという意見が多数を占めたのである。必ずしも保守的な立場からの反対論だけでは無く、英米の法律を模範とすべきだという進歩的な立場からも慎重論が出されたのだ。結局、松方内閣はこの混乱を収めることができず総辞職し、当然ながら榎本外相も交渉の表舞台を去らざるを得なくなった。

そこで次の第二次伊藤内閣では政府は不退転の決意を固め、条約改正交渉に臨むことにした。そのために選ばれたエースが、防穀令事件などで日本に見事な外交的勝利をもたらした外相陸奥宗光だったのである。陸奥は政府内でそれまでの条約改正案を一変し、純粋な対等条約締結を目指すと豪語し独自の改正案をまとめた。その骨子は次のようなものである。

一．一般人の治外法権撤廃を第一目標とする。
二．関税自主権の回復については全面的解決よりも段階的解決を優先する。
三．外国人の日本における土地所有権はこれを認めない。

そして、これらの交渉については一括交渉では無く各国への個別交渉とすること、そのなかでもっとも「手強い」交渉相手であるイギリスを最初の交渉国とすることが決まった。しかも、外相経験のある青木周蔵（当時駐ドイツ公使）をイギリス公使兼務とし、直接交渉に当たらせることにした。

■法治国家としての信頼を揺るがした「ショウ事件」という大事件

ところがここで、大隈外相「失脚」事件、大津事件に続いて第三のアクシデントが起こった。ショウ事件である。この事件はあまり有名で無く、歴史辞典にも記載が無いほどだが、この条約改正交渉のさなかの一八九三年（明治26）、イギリス公使館付きの英国国教会のアレクサンダー・クロフト・ショウ副主教が日本の路上で日本人に殴打されていたのに、日本の警官が見て見ぬふりをした（とイギリス人は信じた）事件である。なぜそういう事態になったのか？　詳細は不明だが、先述したノルマントン号事件の影響もあったのかもしれない。確かに殴打されたのは一人であり何人もの死傷者が出たというような大きな事件では無い。しかし、被害者が公使館関係者であると同時にキリスト教の聖職者であったことがイギリスの懸念を深めた。日本人はすぐに過去のことを忘れてしまう（過去の過ちや憎しみは水に流すことがもっとも良いと考える神道的思考による）が、イギリス人はそうでは無い。むしろ歴史というデータベースを非常に重んじる民族である。だから何度も述べたように条約改正の日本側のリーダーである伊藤博文が、昔は「イギリス公使館焼き討ち」に参加した「テロリスト」であったという経歴をファイルから消去することは無い。もっともこれも前に述べたとおり「五箇条の御誓文」でそうした過去は清算されたということもファイルにある。だから伊藤や陸奥は交渉相手として信頼できるとは思っている。しかし、そうでは無い連中がまだまだ存在しているのではないかという危惧は当然あった。その危惧を現実の不安に結びつけたのがこのショウ事件であった。だから、これは決して小事件では無く、むしろ大事件なのだ。

日本の世論は対外強硬論であった。この点ではノルマントン号事件の影響は非常に大きかったと言えるだろう。確かにノルマントン号事件では、船長としての義務を放棄したイギリス人のせいで、二十五人の日本人乗客が全員死亡しているのである。

こうした不利な状況を、憲法の発布、議会の開催そして諸法典の整備などで乗り切ろうとしたのが当時の政府であり伊藤内閣であった。しかし事態は伊藤や陸奥の思惑とは逆の方向に進んだ。とにかく一刻も早く完全な形での条約改正、とくに一般人に対する治外法権の撤廃を実現したいという「民意を代弁した」議員たちは、強硬策として「条約完全履行案」を国会に提出する道を選んだのである。勝海舟が危惧していた、あの「嫌がらせ」

法案だ。一八九三年の第五回帝国議会が開かれるとすぐに衆議院では「条約励行建議案」が提出された。慌てた政府は十日間の停会を天皇に奏請したのだが、不幸なことにこのさなかにショウ事件が起こったのである。イギリスが問題にしたのは「イギリス人が殴打された」ということよりも、「それを官憲が見て見ぬふりをした」ということだったろう。自国人が暴行されることはアクシデントとして常に起こりうる。ましてやノルマントン号事件のような悲劇の後ではなおさらである。それでも法治国家は、そうしたアクシデントに対し法律に則った処置をしなければならない。警察官がそれをしないというのでは法治国家として信頼できない。この点では結果的に日本の信頼を高めた大津事件も、単なる暴漢では無く警察官が「外国人ＶＩＰ」を殺そうとして斬りつけたということだから、別の意味では欧米諸国の日本の法治国家としての信頼性を疑わせる事件であったことは間違い無いのである。イギリスは条約改正交渉の中断を申し入れてきた。

慌てた陸奥は停会明けの衆議院で自ら演壇に立ち、「条約完全履行」のような反動的な法案を提出して条約改正に支障を与えてくれるなと議会の説得を試みた。しかし議会の姿勢はまったく変わらなかったため、やむを得ず陸奥は伊藤と相談し天皇に奏請して、議会を解散する強硬措置をとった。その後総選挙が行なわれたが、結果は条約完全履行派の勝利であった。伊藤・陸奥コンビは翌一八九四年（明治27）、新たに召集された第六回帝国議会も解散するという、さらなる強硬手段におよんだ。これが可能だったのは伊藤が明治天皇の絶対的信頼を得ていたからである。しかしいかに天皇の絶対的信頼を得ていると言っても、二度も議会を解散させたのだから政府としては何が何でも条約改正を実現しなければならない。

イギリスとの交渉はその年から再開された。イギリスが再開に応じたのはロシア帝国の南下政策が進められるなか、日本とこれ以上対立しては国益に不利であるという判断があったからである。交渉においては、まず日本側が切望していた一般人の治外法権を放棄することをイギリスが確約し、関税の問題についても全面的な自主権の回復は認めないが品目によって認めるという姿勢をイギリスは打ち出した。一方日本側が難色を示していたイギリス人に日本の土地の永久所有権を認めるかどうかという問題では、「所有権は認めないが永久貸借権を認める」という形で妥協した。この結果、日本にとっては初めて不平等条約を解消したと言ってもいい、日英通商航海条約が締結された。

しかし、重大な問題が残っていた。条約はそれぞれの国会が批准しなければ発効せず消滅してしまうということである。しかし、イギリスはともかく日本の帝国議会は反政府派に支配されている。そこで、この状況を突破するには一つしか方法がない、と伊藤・陸奥コンビは考えたのである。

■暗礁に乗り上げた条約改正を強引な「日清開戦」で成功させた陸奥の「正義」

　伊藤首相と陸奥外相が悩まされていたのは条約改正問題だけでは無い。国会が何度も解散と召集を繰り返すなか、朝鮮半島の情勢は風雲急を告げていた。

　ショウ事件で中断された日本とイギリスの条約改正交渉が再開された一八九四年（明治27）、伊藤・陸奥コンビはようやく日英通商航海条約の締結寸前まで漕ぎ着けたものの、国会は相変わらず内閣不支持だった。伊藤は強権をもって第六回帝国議会も解散に追い込もうと考えたが、次の総選挙で選ばれる議員も衆議院・貴族院共に内閣不支持の方針を貫くことはあきらかだった。帝国憲法の規定では条約は国会の批准が無くても有効なのだが、イギリスは違う。イギリスと対等の条約を結ぶなら日本も国会の賛成を得たい。しかしこのままでは状況は絶望的である。

　このような国内情勢のなか、海を隔てた朝鮮半島では朝鮮史上もっとも大規模な農民蜂起が起こった。これは一昔前「東学党《とうがくとう》の乱」と呼ばれたもので、なぜそう呼ばれていたかと言えば、この実態は国家の圧政に対する「農民一揆」であるにもかかわらず、当時の朝鮮政府がその実態を覆い隠す目的で「東学党という宗教団体の妄言に踊らされた愚か者の反乱」と宣伝した、と現代の歴史学界は見ているからだ。従って、現在は起きた年のエト

（朝鮮に独自の元号は無い）を取って、「甲午農民戦争」という名称が用いられる。

しかし、「儒・仏・道教を折衷した東学」の信者が、この反乱に指導的な役割を果たしたことは間違い無く、「宗教一揆」の側面を全面的に捨象するのも実態を正確に捉えているとは言えない。日本以上に完全な朱子学社会であった朝鮮では、そもそも農民は士大夫《したいふ》に服従すべきものであって反抗は許されない。反抗を可能にするには士農工商《しのうこうしょう》という身分制度を否定する思想ないし宗教がなければならない。東学はそれであった。創始者の宗教家崔済愚《さいせいぐ》は西学《せいがく》（キリスト教）にそれを求めず、東洋思想で朱子学に対抗しようとしたからこそ自らの宗教を「東学」と称したのだ。このあたり、大日本帝国憲法の影のプランナーとなった井上毅の苦心と相通じるところがある。ちなみに、崔済愚は朱子学社会を揺るがすものとして国家の手で処刑されたが、井上毅は新国家のプランナーとなった。そこが日本と朝鮮、朱子学社会を脱却しようとした国と、それを温存しようとした国の違いなのである。

ところが、相も変わらず共産主義思想の影響を受けた一部の日本の歴史学者は、政府の重税政策、官僚の賄賂や不正の横行、飢饉《ききん》による食糧不足など、農民への圧政さえあれば農民が自動的に社会変革に立ち上がると思い込んでいる。もちろん、それらは暴動の原因にはなるが、国家に改革を求める形の戦争は、農民側にそれを正当化する思想が波及していない限り起こらない。

フランス革命が成功したのは、それ以前にキリスト教が神の下ではすべて平等という思想を成立させていたからであり、日本の明治維新が成功したのもそれ以前に日本人は天皇の前ではすべて平等という思想が成立していたからである。

そして、士農工商つまり人間は絶対に平等では無い、という強固な思想「朱子学」に国民全員が支配されていた朝鮮において、曲がりなりにもそれはおかしいと問題を提起したのが東学であり、その信者の集団である東学教団（東学党）であった。この意味でやはり本来は「人間不平等」の社会である中国（清）で起こった太平天国の乱と相通ずるものがある。その点を無視して名称だけ変更するのは、かえって実態を見誤ることになるだろう。

一八九四年三月初めに、東学教団の幹部全琫準《ぜんほうじゅん》によって全羅道《ぜんらどう》で結成された農民軍は瞬く間に強大な勢いとなり、全羅道の警備軍に続いて中央から派遣された討伐軍も打ち破り、四月末には道都の全州《ぜんしゅう》を占領した。繰り返すが、暴動ならば食糧など欲しいものを奪ったところで終わりになる。処罰が恐ろしいから逃散し軍としてまとまることも無い。農民軍が戦闘を続けることができたのは、「天と人が一体になれる」つまり官も民も人として違いは無いという東学の思想があったからなのである。近代以前の中国の農民反乱も基本的にはこの形であることを忘れてはいけない。朱子学を乗り越える原理がなければ農民は決して団結できない。だからこそ、現代中国も共産主義を乗り越えようとする新しい宗教は、人民をして国家に反抗せしめる有力な原理となり得ると警戒し、徹底的に宗教を監督管理しているのである。

同じことだが、当時の朝鮮の指導層もこの暴徒ならぬ農民軍を恐れた。具体的には首都の漢城《かんじょう》まで攻め上ってくるのではないかと心配したのである。しかし、こういうときに朝鮮には、いや新羅《しらぎ》以来の朝鮮半島の国家には、と言ったほうが正確だが、頼もしい味方がいた。宗主国いわば「親分」の清国である。朝鮮はただちに清に対し派兵および反乱軍の鎮圧を要請した。

一方、清は派兵には慎重だった。そもそも農民反乱であるし、首都が陥落したわけでも無い。朝鮮軍でもじゅうぶん対応できるだろうと見た。また、派兵した場合は日本との間で締結した天津条約によって日本への通知が必要であり、しかも派兵後はすみやかに撤兵し駐留はしないことになっていた。つまり、即時派兵に応じることはあまり清の利益にならない。そのこともあって、清国政府はしばらくは事態を静観する姿勢を取った。

ところが、日本政府の対応はまるで違った。伊藤と陸奥はこの時点で第六回帝国議会を解散させる方針を決めていたが、それを閣議決定した六月二日に合わせて、公使館警護と在留邦人保護のために朝鮮への派兵を決定したのである。

じつは伊藤は当初朝鮮への派兵には慎重な態度を取っていた。言うまでも無く派兵は清との武力衝突を招き戦争に発展する可能性も絶無とは言えないからだ。ところが、その可能性を前提に、むしろ戦争に発展することを望む形で伊藤の尻を叩いたのが陸奥であった。外相である陸奥のもとには、その日までに朝鮮駐在の杉村濬《すぎむらふかし》代理公使から「朝鮮政府は清国に対し援軍を要請した」という報告が入っていた。しかしこれは朝鮮が清に依頼したということであって、清がそれを受けたということでは無い。しかし陸奥は以下のように伊藤に迫った。

六月二日、山県有朋枢密院議長も参加の閣議が開かれ、帝国議会の解散を決め、同時に朝鮮への出兵を決議した。『公爵山県有朋伝』は、陸奥外相が、閣議の最初に、杉村の電報を伊藤首相に示し、「清国にして何等の名義を問はず軍隊を朝鮮に派遣する以上は、我国に於ても亦《ま》た相当の軍隊を派遣し、朝鮮に対する日清両国の勢力均衡を維持せざる可からず」と述べた、と記述している。「何等《なんら》の名義《めいぎ》を問《と》はず」出兵する清国、というのは陸奥の作った話で、出兵に論議を進ませるための意図的誘導であったが、山県をはじめ、閣僚はただちに賛成した。

（『戦争の日本史19　日清戦争』原田敬一著　吉川弘文館刊）

　この陸奥の「画策」によって閣議決定はなされ、伊藤は直ちに参内し帝国議会解散と合わせて朝鮮への派兵を天皇に上奏《じょうそう》し裁可された。天皇はあくまでも居留民（在留邦人）の保護を念頭に置いて裁可したのであったが、このとき派遣が決定された混成一個旅団（構成員8000人）は師団並みの力を持つ、居留民保護の目的には規模が大きすぎる軍であった。このあたり山県と陸奥の「阿吽《あうん》の呼吸」があったのかもしれない。その一方で日清開戦を極力避ける方針を表明していた陸相大山巌が現場の指揮官である第二軍司令官に転出させられるという「事件」もあった。何の証拠も無いが、現役の陸相をそのように「左遷」できるのは山県ぐらいの地位がないと不可能だろう。

■日清戦争勝利の結果日本が得た「莫大な利益」とは何か？

　清はあくまで慎重だった。清の事実上の軍事総司令官である李鴻章は「甲午農民戦争」は朝鮮政府が自力で対応すべきという態度で一貫していた。しかし、日本は六月四日、派兵用の輸送船が出港する宇品《うじな》港を持つ広島に大本営《だいほんえい》を設置した。大本営は帝国陸海軍の大《だい》元帥《げんすい》である天皇が駐屯する場所である。したがって国会も東京では無く、広島で開かれることになる。これが陸奥の狙いだった。そこで日清開戦ともなれば、議会は非常時の緊急措置として政府の行動を全面支持することになるだろう。そうすればイギリスとの条約改正についても認めざるを得なくなる。辛辣な言い方をすれば、陸奥は自分の強引なやり方で暗礁に乗り上げた条約改正を、何とか成功させるために日本を清との戦争へ無理矢理導いたということだ。もちろん陸奥には陸奥の「正義」があった。陸奥のもとで外務次官を務めた林董《はやしただす》は「回顧録」のなかで次のように陸奥の行動を擁護している。

陸奥氏は種々苦辛して、終に戦端を開くに至れり。故に此戦争は、其事のみに限りて評論すれば頗る無理なるものにて、勝安房（海舟　引用者註）氏も之を無名の師と論じたれども、我国が之より収め得たる有形無形の利益は莫大なるのみならず、縦令此時には平和に事済むとするも、此時英国と調印済みたる条約に引続き、各国との条約改正となりたる暁には、是非とも清国との戦争は免るべからず。

（『明治の海舟とアジア』松浦玲著　岩波書店刊）

要するに林が言いたいのは、日清戦争は陸奥宗光が無理やり開戦に持ち込んだ戦争だったことは事実だが、それを勝海舟のように「無名の師（無益な戦争）」と評するのは間違っている。この戦争を戦ったことにより日本が得た利益は莫大で、そもそも英国をはじめとする各国との条約改正も、この戦争が無ければ不可能だった、ということである。条約改正については、それは事実だったと言うべきかもしれない。なぜなら解散総選挙の後に広島で召集された第七回帝国議会は、それまでの方針を一変し「天皇の裁可した戦争」「それを実行する行政府」に対して、全面的に支持する立場に変わったからである。「荒れに荒れて続けざまに二度も解散させられたのと同じ衆議院とは信じられないほどの従順さであった」（引用前掲書）のだ。

「政府が意図的に戦争を始め、非常時であることを理由に議会の反対を抑え操る」という形ができてしまったと言ってもいい。これは昭和史に禍根を残すことになった、と私は考えるが、この時点ではまだまだ先のことである。

では、林は条約改正以外では、この戦争がどのような莫大な利益をもたらしたとするのか？

それは大日本帝国が欧米列強と対等な立場になることによって、「キリスト教白人クラブ」への入会、別の言葉で言えば「帝国主義推進委員会」のメンバーになれたということだ。つまり、列強の了解があれば清や朝鮮をいかようにも、ちょうどイギリスがインドに対して行なったような形にもできることになった、それを林は、莫大な利益と呼んでいるのである。

一方、日清戦争を無名の師と断じた勝海舟はどのような考えだったのか。それは有名な彼の漢詩（五言絶句《ごごんぜっく》）に余すところ無く述べられている。

隣国交兵日　隣国と兵を交えるの日
其軍更無名　其の軍　更に名無し
可憐鶏林肉　憐れむ可し鶏林《けいりん》の肉
割以与魯英　割《さ》きて以て魯英《ろえい》に与う

日清戦争は大義名分も無く国益も期待できない戦争であり、そんなことをすれば朝鮮（鶏林の肉）は結局ロシアやイギリスのような欧米列強に奪われてしまうだろう（日本のものにはならない）、ということだ。少し先の話になるが、日本は日清戦争に勝ち朝鮮半島は「確保」したものの、賠償代わりに獲得した清国の領土である遼東半島《りょうとう》はロシアなどの三国干渉《さんごくかんしょう》で返還せざるを得なかったし、何よりも日本という小国に負けた清を列強は侮り次々に侵略の手を伸ばした。まさに「肉を与える」という結果に終わったのである。東アジアの中国・朝鮮・日本が手を携え欧米列強に対抗していこうという海舟の理想からは、まったくかけ離れた愚かな行動を日本は取ってしまったということだ。

やはり日本はここで大きく舵を切ったと言えるだろう。

■伊藤首相に日清開戦を決意させた「不平等条約解消」という使命感

日本が公使館警護と在留邦人保護を名目に、朝鮮への派兵を閣議決定し天皇の裁可を受けたのは一八九四年（明治27）六月二日であった。

しかし、これはあくまで形の上では派兵決定であって、日清開戦を意味するものでは無かった。また、当時日本政府の代表であった伊藤博文首相も当初はそこまでやる気は無かった。しかし、一方でイギリスとの条約改正交渉がせっかく上手くいっているのに、帝国議会の猛烈な反対でそれが挫折しそうなことについては大きな不満と強い警戒感を持っていた。そこに条約改正の直接担当者である陸奥宗光外相がつけ込んだと言っていいだろう。陸奥はあえて戦争を起こそうとしていた。戦争になってしまえば、国家非常体制ということで議会の反対を封殺することができる。実際、陸奥の目論見は成功しそのとおりになったわけだが、それに至る経過を日付を追って見ていこう。

六月四日に政府と軍は協議し、あくまで派兵を円滑に進めるため広島に大本営を設置することが決定された。先に述べたように広島には大量の船団・兵員を派遣できる軍港宇品港があるからだ。翌五日、一時帰国していた在朝鮮国公使大鳥圭介《おおとりけいすけ》は非常事態に備えて、海軍陸戦隊の警護を受けて巡洋艦「八重山」で朝鮮に戻った。一方、清国軍の李鴻章も度重なる朝鮮国の派兵要求に重い腰を上げ、六日に配下の北洋陸軍の兵士二千五百名を現地に向かわせ、翌七日天津条約に基づき日本に対し「朝鮮に派兵した」と通告した。

陸奥はこれを待っていた。日本が派兵するのは、清国が先に派兵したからで、やむを得ない決断だという形を取りたかったのである。しかし準備は事前に進められていた。九日には日本の先発隊第五師団第十一連隊第一大隊も宇品港を出港した。ちなみに師団は最大四個連隊で、連隊は最大四個大隊で構成される。大隊は五百人程度で構成されるから、この先発隊は取りあえず在外公館保護という名目に見合った派兵の形をとっていた。

清国側は「当方は朝鮮政府の要請によって派兵した。しかし日本側には何の要請も無く現地も平穏だから大量の派兵は必要無いだろう」という見解を送ってきた。また、朝鮮に帰国した大鳥公使からも「内乱拡大の可能性は低い」という報告が届いていた。

こうした情勢のなか、十三日に伊藤首相は在日清国公使汪鳳藻《おうほうそう》と事前協議したうえで、閣議で日清両軍が連携して「東学党の乱」を鎮圧し、撤兵後に朝鮮国内の改革について清国と協議するという方針を打ち出した。つまりこの時点でも、伊藤はまだ戦争をする気は無かったのである。

> 一転したのは十五日の閣議だった。陸奥外相は、十三日の伊藤提案に二項目を付け加えた。①朝鮮の内政改革について清国と協議を開始した後は、終局になるまで朝鮮から撤兵しない、②清国が内政改革について不同意の場合も、日本単独で内政改革を進めさせる、という追加である。これは、十三日午後の汪清国公使と伊藤の、撤兵後に協議するという合意を否定するもので、軍隊を留めたままの協議は天津条約第三款に違反し、清国がまず呑《の》めない条件であり、②の日本単独推進策も清国は拒否するだろう、と考えられた。この二項目追加により、武力衝突の可能性を高めることになる挑戦的な性格の交渉条件に伊藤提案は変身した。
>
> 十五日の閣議提案は、日清戦争における「ハル・ノート」（いわゆる最後通牒）に相当するものだった。
>
> （『戦争の日本史19　日清戦争』原田敬一著　吉川弘文館刊）

問題は、伊藤がなぜあきらかに開戦の方向に事態を進めようとする陸奥の行動を許したかだ。伊藤とて長州藩士の時代から場数は限りなく踏んでいる、陸奥の意図がわからないはずが無い。にもかかわらず、自分の提案の方向性を百八十度変えてしまう陸奥の提案をなぜ許したのか？

一つ考えられるのは、条約改正をしなければならぬという使命感は、我々が今考えるよりはるかに重かったということだろう。せっかくイギリスと上手くいきかけている交渉が、このままでは暗礁に乗り上げてしまう。不平等条約というのは、伊藤らが倒した幕府政権の残した「負の遺産」である。これを解消することを、伊藤は自分に課せられた歴史的使命だと思っていたのではないか。その心情を外交の天才とも言うべき陸奥が見抜き、今戦争を起こせば国家の非常体制が成立し議会も従わせることができると、粘り強く伊藤を説得したのではないだろうか。もちろん陸奥の視野には、彼の腹心だった林次官が述べたように、欧米が進める帝国主義への道へ大日本帝国を誘うという、彼の「広大な理想」もあっただろう。確かにリアリストの目から見れば、勝海舟の主張する中国、朝鮮、日本の連携などは当分は夢物語に過ぎない。朱子学の「毒」に骨の髄まで冒された中国や朝鮮などと連携するのは不可能で、福澤諭吉が『脱亜論』で主張したように絶縁するしかない。そして、どうせ絶縁するならば、中国・朝鮮という「肉」に手を出さないのはもったいない、イギリスがインドにしたように大いに食らえばよいというのが、陸奥だけで無く当時の日本の新しいエリートたちの考え方であったようだ。

そして、もう一つ伊藤をその気にさせたのは皮肉なことに、さんざん対立した議会の意向であった。当時の帝国議会は嫌がらせに過ぎない「条約徹底履行案」が採択されるほど海外強硬派の巣窟であった。つまり、彼らは清国に対しても日本が強硬姿勢をとることを望んでいたのである。それは無視できない。だからこそ伊藤は戦争への道へ踏み込んでいった。

陸奥は外相として、この十五日の閣議の決定事項を汪公使に通告した。汪はこれを本国に伝達したが、二十一日に返ってきた返答は「内乱はすでに鎮圧状態にあり、天津条約で合意しているとおり日清両軍は速やかに撤兵すべきである」というものであった。日本側がこれを了承し速やかに撤兵すれば戦争など起こりようもなかった。しかし、逆に日本はかねて準備していた混成旅団（約８０００人）を朝鮮に派遣することを決定した。これはあきらかに開戦を視野に入れてのことである。

日本がもっとも恐れていたのは清国よりも、不凍港を求めて朝鮮に深い関心を示しているロシアと、そのロシアの南下政策に歯止めをかけようとしているイギリスが日清両国の紛争に干渉してくることだった。この二大強国を相手に何かを仕掛けるほどの力は、当時の大日本帝国には無い。

だが、七月に入って待ちに待った朗報がロンドンからもたらされた。十六日、ついにイギリスとの条約改正の調印に成功し、新しい日英通商航海条約が成立したというのだ。それはイギリスがはっきりと日本を支持すると表明したということでもあった。じつは、陸奥外交は一方で「日清開戦」も「カード」に使っていた。このまま条約交渉が決裂するようなことがあれば、日本はイギリスの敵であるロシアに接近せざるを得ないという姿勢をちらつかせたのだ。それはイギリスの国益に反するから、一刻も早く条約に調印することが望ましいという、イギリス側の外交判断につながったわけだ。外交というのはまさに様々な分野に影響を与えるのである。そしてロシアはこの日英合意を警戒したのか、最終的には介入してこないという見通しが立った。そこで日本政府は「朝鮮の政治に対し日本は清国と同等の権利を持つことを認めよ」と清国に強硬姿勢を示したのである。そして、それに怒った清国が日本の即時撤兵を要求してきたとき、日本は、天津条約を無視する形で混成旅団ら大部隊を朝鮮にとどめ、さらに今後起きるすべての事態の責任はあげて清国側にある、という内容の「絶交書」を清国政府に送った。

清国皇帝光緒帝《こうしょてい》は激怒し、李鴻章に日本軍攻撃を命じた。しかし、李はあくまで慎重だった。日本が開戦にまで踏み切るとは予測がつかず、現地の話し合いで何とかなると思っていたのだ。しかしそれは日本にとって絶好の時間稼ぎができたということでもあった。

取りあえずの計画は、日本軍が景福宮《けいふくきゅう》（朝鮮王宮）を包囲して制圧し、国王の父である大院君《たいいんくん》を臨時政府の首脳に祀り上げ、大院君をして日本軍に内政改革を妨害する清国軍の駆逐を依頼する、との命令を出させるというものだった。あくまで朝鮮国の要請で日本軍が清国軍を朝鮮半島から追い払う、という形をとろうとしたのである。計画は七月二十三日に実施された。この電撃作戦は成功し、当初の目論見どおり大院君を首班とする傀儡《かいらい》政権の樹立にも成功した。

これまでの通説では、日清戦争はこの二日後の七月二十五日に行なわれた豊島沖《ほうとうおき》海戦から始まったとされていたが、じつは日本は周到な計画のもとに七月二十三日の景福宮占領から戦争を始めていたのである。

■硬骨の士であった大院君が日本と共闘した大きな理由

ところで大院君と言えば、独自に外国勢力を駆逐する攘夷を成し遂げたこともある硬骨の士である。脅迫されたからといって簡単に言うことを聞く人物では無い。それなのに、なぜこのときは日本軍の言うことを聞いたのかと言えば、対立する閔妃一派との抗争に終止符を打つためであった。事大《じだい》主義つまり何事も清国に追随するのが正しく西洋的改革など無用と考える閔妃一派は、国家の改革を唱える人々からも憎まれていた。大院君は保守主義者ではあるが、清国べったりの姿勢は国を誤るものだと考えていた。つまり、大院君にとって「敵の敵」である日本は、条件によっては共闘できる関係であったのだ。日本も朝鮮から清国の強い影響を取り除くためには、「朝鮮の独立」をスローガンにすることがもっとも望ましかったから、この点では清国嫌いの大院君と歩調を同じくすることができる。傀儡政権をすぐに発足させることができたのは、こうした朝鮮の内部事情があったからである。もちろんそれは周知のことで、だからこそ日本もこれを計算に入れて動くことができたのだ。つまりこの朝鮮内部の対立も日本が開戦に踏み切った大きな理由の一つなのである。

さて、李鴻章も遅まきながら日本が開戦に踏み切る覚悟であることを悟った。そこで現在朝鮮にいる兵力では日本軍に対抗できないと考え、増援を北洋軍司令部に指示した。それを受けて海路、戦艦「済遠《さいえん》」「広乙《こうおつ》」が兵員を満載して朝鮮に向かったが、このことも予測していた日本海軍の連合艦隊は事実上の開戦日であった七月二十三日に佐世保を出航していた。このうち戦艦「吉野《よしの》」「浪速《なにわ》」「秋津洲《あきつしま》」の三艦からなる第一遊撃隊は、二十五日朝鮮国京畿道西岸の豊島沖で済遠、広乙と遭遇し、ここに日清両軍の実質的な戦闘が開始された。砲戦の末に済遠は敗走、広乙は海岸に座礁し沈没した。また、この海戦中、清国軍艦「操江《そうこう》」とイギリス国旗を掲げながら清国兵を満載した民間商船「高陞号《こうしょうごう》」も日本艦隊に捕捉された。操江は捕獲されたが、停船を命じられた高陞号はイギリス人船長が命令に従おうとしたところ乗員の清国水兵が船を乗っ取り命令に従わなかった。そこで後の日露戦争で聯合艦隊司令長官となる東郷平八郎《とうごうへいはちろう》が艦長の浪速は、高陞号を攻撃し撃沈した。イギリス国旗を掲げた船を日本海軍が撃沈したことについて、一時イギリスの世論は日本に対して非難の声を上げたが、東郷の処置は戦時国際法に基づくもので何ら違法性が無いと認定され騒ぎは収まった。それは少し先のことになる。

とにかく、洋上で応援部隊がほとんど全滅状態になったことは清国側にとって大打撃だった。当時、北洋陸軍は朝鮮国忠清南道《ちゅうせいなんどう》の港町である牙山《がざん》に前進基地を置いていたのだが、二十八日になって満を持していた混成旅団（旅団長大島義昌《おおしまよしまさ》少将）が牙山攻略に動き出した。つまり北洋陸軍は増援も無く、当初派遣されただけの二千五百人で八千人の日本軍を相手にしなければいけなくなったのである。日本軍はまず牙山前衛の成歓《せいかん》を攻撃占領し次に牙山攻略を目指したが、情勢不利とみた北洋陸軍は基地を捨てて撤退した。こうして緒戦は海陸とも日本の勝利に終わった。

■戦意高揚に使われた「日本一有名な二等兵」木口小平

一八九四年（明治27）七月二十五日に大島少将率いる混成第九旅団は首都漢城を出発し、清国の北洋陸軍の根拠地牙山に向かい二十九日にこれを攻略した。その途中の敵拠点の成歓のあたりは沼沢地で、清国軍の待ち伏せを受けた日本軍は歩兵第二十一連隊第十二中隊長の松崎直臣《まつざきなおおみ》大尉が戦死した。これが、日清戦争における初めての戦死者である。

そこは安城江《あんじょう》（川）に隣接する「安城の渡し」だった。松崎は言うまでも無く将校（士官）だが、そこでもう一人戦死した兵卒がいた。岡山県川上郡成羽村《なりわ》（現高梁市《たかはし》）出身の木口小平《きぐちこへい》二等卒（二等兵）である。おそらく、戦前の日本ではもっとも有名な二等兵だっただろう。木口はこのとき「喇叭卒《らっぱそつ》（ラッパ係）」で敵弾に喉を撃ち抜かれ戦死したのだが、その遺体はしっかりとラッパを握ったままで口に当てていた、というのだ。そこでまず『安城の渡』という彼を讃える戦時歌謡（軍歌）ができ、その後「木口小平は死んでもラッパを離しませんでした」という「忠勇美談」の主として修身《しゅうしん》（道徳）の国定教科書に載った。ちょうど、日露戦争開戦の一九〇四年（明治37）のことであった。近代戦は国民総力戦である。それゆえ大日本帝国としてはそういう形で国策として国民の戦争参加意識を盛り上げようと図り、民間も自主的にそれに協力した。すでに実例（軍歌『元寇』『勇敢なる水兵』等）はいくつか挙げたが、これからもこうした実例は枚挙にいとまが無いほど出てくる。

ただ私が問題だと思うのは、かつて一部の歴史学者の書いた「日清戦争」関係の著作には、木口小平があまり大きく取り上げられていなかったことだ。小平が実在したこと。このようなエピソードがあったこと。それを国や軍が国民の戦闘参加意識の高揚に利用したこと。戦前の人間はそうした教育によって誰もが木口小平を知っていたこと。これらはすべて歴史的事実である。何度も述べるのも気がひけるが、事実は事実であって、たとえば左翼とか右翼とかいった思想的立場とはまるで関係無い。それなのに、一部の歴史学者はなぜ小平をきちんと取り上げないのか。まさかそうすると「右翼と思われるのがイヤ」なのではあるまい。

こうした教育を利用した戦意高揚効果について「そんなものは無い（あるいは評価するに足らない）」と考えるならば、それはそれで「学問の自由」で結構なのだが、それでも「軍はこのとき戦死した木口小平の情況を美談に仕立て上げ利用しようとしたが、大した効果は無かった」などと評価は書くべきで、最初から軽視するのは学者として本当に正しい態度と言えるのだろうか。

ちなみに私はこうした戦意高揚効果はきわめて大きく、大日本帝国が戦争を推進する大きな助けになったと考えている。戦意高揚効果と言えば、こうした戦況や美談を日本人に伝えた新聞錦絵《にしきえ》の力も大きい。のちに報道写真あるいはニュース映画がこれに取って代わるのだが、西南戦争のころから戦場では簡単に撮影することができない写真の代替物として、新聞錦絵が大いにもてはやされた。写真と違って絵は「作る」ことができる。戦場の悲惨さを捨象し「英雄的行為」を際立たせることもできる。日清戦争の経過についても、国民はこうした新聞錦絵によって逐一視覚的情報を得ていたのである。

この美談自体は、現代ならばネットなどで「それ、死後硬直でしょ」などと冷ややかに書かれるところだろうし、だからこそ「戦後」には急速に忘れ去られたのだが明治時代は国民にそんな知識は無い。じゅうぶんに効果があったはずである。

さて、この成歓・牙山の戦い、実際に激しい戦闘が行なわれたのは手前の成歓周辺だけで、先述のように大島旅団が牙山城に到着してみると敵はすでにこれを放棄しており、二十九日には占領した。この時点で日本は戦死者三十四名しか出していない。清国側は正確な統計が無いので実数は不明だが、約五百人の死傷者が出たとみられる。すなわち牙山に向かう補給船団を撃破した二十五日の海軍の豊島沖海戦に続いて、陸軍も圧勝したということだ。大島旅団は牙山に守備兵を残すといったん漢城近くの駐屯地龍山《りゅうざん》に引き上げた。清国側の出方が読めなかったからで、出発は三十一日であった。

じつは、この時点でも正式な宣戦布告は行なわれていなかった。これまでの戦闘は日本側が「これ以降朝鮮国内で起こる不測の事態の責任はすべて清国側にある」という絶交書つまり最後通牒を突きつけ、これに対して清国側が皇帝の命令で日本軍を攻撃する態勢をとり、双方が豊島沖と成歓で戦闘状態に入ったわけだが、それはあくまで形式上は「なし崩し」に戦争が始まったという形をとっていたのである。国際法上はきちんとけじめをつけなければいけない。日本は天皇の名をもって宣戦詔書(宣戦布告を内容とする天皇の詔書)を出そうと、その起草を当時文部大臣を務めていた井上毅に依頼し、それはすぐにできあがり閣議に提出されたのだが、ここで内容について陸軍から要望が出た。開戦相手国に清国だけでなく朝鮮国を加えてくれというのだ。実際には、すでに日本軍の介入によって傀儡政権である大院君政権が発足しており、この時点で朝鮮国を戦争相手国にする必要性は無い。何とも不可思議な態度だが、それについては朝鮮王宮占領事件で「戦死者」を出したことがその理由だと考えられる。日本政府はあくまでこれは計画的な戦闘行為では無く偶発的な事件にしたかったのだが、それをやられると陸軍では死者を事故死扱いにしなければならなくなり「名誉の戦死」にはできなくなる、そればかりで無く戦争における戦闘行為なら認定されることも平時の偶発事故には適用できないことが多い。たとえば「敵」の死傷者をどう扱うかなどということも含めてである。

結局日本は、後に発刊された公式の戦史でも開戦は清国だけに対するもので、この七月二十五日の豊島沖海戦から始まったという見解を採用し、朝鮮王宮占領事件は「日清戦争」では無いという立場をとったのだが、他ならぬ陸軍がじつはそう考えていなかったということがこれでわかる。

日本政府は、陸軍の要請を拒否した。それが当初からの予定だったからだ。だからこそ日清戦争戦死者第一号は、あくまで松崎直臣大尉なのである。

■帝国陸軍の悪しき伝統「補給軽視」が生んだ日清戦争戦死者第一号

ところで、ここで戦史には認定されていない戦死者第一号とも言うべき人物のことを語っておく必要があるだろう。それは混成旅団第二十一連隊第三大隊長の古志正綱《こしまさつな》少佐である。少佐は松崎大尉の戦死に先立つ二十七日午前五時に「責任をとって自殺」してしまったのだ。当然それは任務に失敗したことへの責任なのだが、その詳細を語る前に帝国陸軍と補給というテーマについて語っておく必要がある。そう言えばおわかりのように、帝国陸軍の構造的欠陥の一つに「補給の軽視」があったという見方がある。

炊事番への蔑視は、大きく考えれば補給の、および後方業務への軽視、同時にそれに従事する者への蔑視である。「輜重《しちょう》輸卒が兵隊ならば、チョウチョ・トンボも鳥のうち」とか「輜重輸卒が兵隊ならば、電信柱に花が咲く」といった嘲歌が平然と口にされた日露戦争時代から太平洋戦争が終るまで、一貫して、日本の軍人には補給という概念が皆無だったとしか思えない。

（『私の中の日本軍』山本七平著　文藝春秋刊）

前にも述べたように、山本七平は学徒動員で陸軍少尉として南方戦線に派遣され、危うく餓死するところをなんとか生き延び帝国陸軍の「臨終」をその目で見届けた貴重な人物だが、その山本が現場で一士官として戦闘に従事する間に抱いた感想がこれである。輜重というのは軍事用語で、いわゆる兵站《へいたん》（補給部門）のことだが、このうち事務管理では無く実際に戦場で補給物資の輸送にあたった兵士のことを輜重輸卒《ゆそつ》と呼んだ。彼らは物資を運ぶのが任務で、原則として戦闘には参加しないから「戦わない兵隊」であった。しかし、彼らがいなければ戦場でメシを食い続けることも弾薬を補給することもできない、それなのに帝国陸軍は彼らをバカにし続けたということなのである。このツケは大きかった。いわゆる「大東亜戦争」史をひもといたことのある人間ならば、インドでイギリス軍と戦ったインパール作戦でも、東南アジアや太平洋でのアメリカ軍との戦闘でも、補給の軽視が現場の部隊をとことん苦しめ、戦死というより戦病死あるいは餓死の事例がきわめて多かったことをご存じだろう。補給無視はまさに帝国陸軍の構造的欠陥である。

その補給無視を象徴する言葉として「現地調達」があった。必要なものは現地でカネを払って購入するなり、場合によっては住民から略奪して調達すればいいという考え方である。実際には地元民の協力が無ければそんなことは上手くいかないのだが、帝国陸軍は最初からこれが成功することを前提に「補給計画」を立てていた。

山本七平の『一下級将校の見た帝国陸軍』（文藝春秋刊）にも、北方から南方に転属してきた部隊が本来補給されるべき物資を持っておらず、現地調達せよという一片の命令だけを受けているという事態に山本少尉が憤慨する場面が出てくる。私は最初この事態は、とくにアメリカとの戦闘で本土の工業地帯を攻撃されて補給能力を失った結果の「空手形」かと思った。だが、真相は山本自身も先ほどの引用部分で指摘しているように日露戦争のころから、いや日本と外国との初めての「近代的戦争」だった日清戦争のころからの「伝統」だったのである。

そもそも、あれだけ綿密に派兵計画を準備し緒戦において勝利を収めた帝国陸軍なのに、物資の補給計画についてはまるでなっていなかった。この戦争においても帝国陸軍は物資はともかく輸送を担当する要員（軍夫）については数を少なく見積もっており、現地からこれでは戦えないという連絡がくると、折り返し出した指示は「現地調達せよ」だった。一応は戦争相手国で無くなったとは言え、朝鮮国は決して友好国とは言えない。たとえ賃金を払って人を集めるとしても、戦場で物資を輸送することは生命の危険がある、容易に集まらないし、それでも応募してきた現地住民が信用できるかというと、これは常識でもわかる話である。

帝国陸軍という集団にはどうもその常識が最初から欠けていたフシがある。そんな常識の無い司令部から空手形のような命令を受けて、困惑するのは現場である。しかも、このとき朝鮮に展開していた帝国陸軍の古志少佐はもともと歩兵連隊の大隊長であり、輜重輸卒とは関係が無かった。ところがこうした状況のなか、輜重用に無理やり駆り出された朝鮮人軍夫と輸送用牛馬の一部が古志少佐の部隊の監視下に置かれることになったのだが、もともと不満を抱いていた朝鮮人軍夫は隙を見て全員脱走してしまったのである。確かに管理ミスと言えば管理ミスだが、本来の任務では無いから隙をつかれたのも仕方が無いと言えるかもしれない。そういうことは戦争が終わった後に軍法会議の場で判断されるべきことである。しかし、この脱走によって軍全体の食糧および物資補給に支障をきたしたことに責任を感じた少佐は、軍法会議を待たずに自殺してしまったのである。自殺した少佐には気の毒だが、もともとこんな事態を招いたのは参謀本部の補給軽視の姿勢であり、その責任こそ追及されるべきだったのだが、現場の担当者が「潔く自決」してしまったため、責任は結局うやむやにされてしまった。

これも、少しでも帝国陸軍史をひもといたことがある人ならよくご存じのように、帝国陸軍はたとえば昭和期のノモンハン事件のように、本来なら不備な作戦計画を立てた中央の参謀本部が責任を問われるべきところを、現場の指揮官に責任を押しつけ責任追及を逃れるという、悪しき体質があった。そういう体質が、帝国陸軍という組織の崩壊につながったことは戦史の常識だが、その萌芽はすでに日清戦争のころからあったということだ。

■部下の反乱に勝手な敵前逃亡——軍律の不徹底が招いた清国軍の敗北

コミック『日露戦争物語』（PHP研究所刊）のなかで日清戦争の激戦を描いた江川達也《えがわたつや》は、木口小平と古志正綱の死を比較して「修身の教科書にラッパ手の勇敢さではなく補給の大切さに責任を感じ自刃した大隊長の物語を載せていたら、その後の日本の歴史も変わっていたかもしれない」と述べている。まったく同感である。

さて、実際には一八九四年（明治27）七月二十三日の朝鮮王宮突入をもって戦闘行為が始まり、同二十五日の豊島沖海戦で日清両軍が交戦状態に入ったにもかかわらず、宣戦布告は八月一日まで行なわれなかった。この日ようやく伊藤首相から明治天皇に対して「宣戦の詔勅」が求められ、提出された原文を天皇が裁可し、各大臣が連署して「清国ニ対スル宣戦ノ詔勅」が公布された。当初は朝鮮国も敵国に含む原案もあったが、最終的に清国だけが敵国に認定された。

朝鮮国も敵国に入れるべきであると陸軍が主張したのは、先に述べたようにそのようにしないと朝鮮王宮突入自体が戦闘行為で無くなるばかりか、そこで倒れた兵士も「戦死」として扱えなくなるという大問題があったからだ。

一方海軍は開戦日を宣戦布告の八月一日では無く、七月二十五日とすべきだと強く主張した。これも、そうしないと豊島沖海戦が「戦争」では無くなり、この海戦において日本海軍の防護巡洋艦（二等巡洋艦）「浪速」が、イギリスのジャーディン・マセソン社所有の民間商船「高陸号」を撃沈したことが戦闘行為では無く不当な虐殺ととらえられる恐れすらあった。

浪速の艦長は後の日露戦争で聯合艦隊司令長官を務めた東郷平八郎（当時は大佐）だったが、なぜ第三国であるイギリスの民間商船を攻撃したかというと、その船には清国の依頼を受け清国軍兵士約千百名および大砲と多数の兵器が積まれていたからである。つまり清国は軍の輸送船の不足を補うために、兵士と兵器の輸送をイギリスの民間商船に依頼したのである。平時なら何の問題も無いが、戦争中だと交戦国は軍事物資の輸送船を、たとえ第三国の民間商船であっても臨検し拿捕《だほ》することができる。この国際法に基づいて東郷艦長は高陸号を拿捕しようとしたのだが、清国兵がイギリス人船長を脅迫し命令に従わなかったので、やむを得ず撃沈したのである。

この事件は一時伊藤首相、陸奥外相を恐怖におののかせた。もしイギリスが報復に出てくれば清国との戦争どころではないからだ。イギリス世論も一時「日本ごときにナメられるな」と激高したのだが、イギリスの有力紙タイムズに東郷の処置は国際法上正当という専門家の見解が相次いで掲載され鎮静化した。このあたりが何事も「カッとなる」日本の世論との大きな違いだが、イギリス政府はこれをネタに日本に圧力を加えることもじゅうぶんに可能だった。しかしそうしなかったのは、この戦いでは取りあえずロシアを牽制する意味もあり、日本を支援しようという立場をとっていたからだ。要するに、国際法上正しいかどうかというのは二の次で、国益こそが最大の目標なのである。

こういう事情もあり、結局開戦日は「七月二十五日だった」ということになった。

さて、牙山を放棄して撤退北上した清国軍は朝鮮最大級の要塞である平壌城《へいじょう》に立て籠もった。現在の北朝鮮の首都だが、朝鮮国時代も有力な城塞都市であった。そこで「清国軍総司令官」李鴻章は陸軍の各部隊に平壌に集結し、そこで日本軍を食い止めることを命じた。四つの方面から集結した部隊は総勢一万三千人から一万五千人と言われる。総指揮官は成歓の戦いで日本に敗北した葉志超《ようしちょう》が指名されていた。しかし、九月に入ると葉は日本軍に完全に包囲される前に撤退すべきだと主張した。牙山のように平壌城を放棄しようというのだ。葉の決定は臆病風に吹かれたせいというよりは、ここはまだ朝鮮ではないか、皇帝陛下の君臨する清国では無い、という意識があったからのようだ。しかしそれに猛烈に反対したのが方面軍のうち奉天《ほうてん》軍を指揮していた左宝貴《さほうき》だった。平壌をむざむざ渡してしまえば敵は勢いづく。じゅうぶんな兵糧があるのだからここは籠城《ろうじょう》戦に持ち込み、持久戦法をとるべきだ、と主張した。しかし、葉はあくまで自分の命令を押しとおそうとしたので、怒った左は反乱を起こし葉を監禁してしまった。これで籠城は決定したのだが、ほかの三人の方面軍司令官は左に従おうとしなかったので、結局各自がバラバラに戦うことになった。籠城に対抗して攻める側は、戦力を調整し敵の弱点をつく戦法をとるのが常だが、それに対抗するには統合された司令部が城内の戦力を上手く按分して守らねばならない。しかし、それが不可能になってしまった平壌城は、九月十五日早暁から始まった攻撃で夕方までには陥落してしまった。

じつは先にも述べたように、日本軍の補給態勢はきわめて不完全であったから、平壌城守備軍が徹底的な持久戦法に出れば日本軍撤退の可能性すらあったのだが、結局清国軍はこの最大のチャンスを逃す結果に終わった。葉をはじめ指揮官クラスは無事に脱出したが、左だけは最後まで踏みとどまって戦死した。戦後、その戦死したと思われる地点に日本軍によって顕彰碑が建てられ、後にこの地を訪れたイギリス人の世界的旅行家イザベラ・バード女史は、この碑を品位あるものと称賛している。しかし、そんな有能な軍人をむざむざと死なせてしまうような軍隊に勝機は無い。この戦いの結果、城内に保管されていた（つまり清国軍が持ち去らなかった）兵糧米が日本軍のものとなり、日本軍の兵糧不足が一気に解消されるというオマケまでついた。「敵を利する」とはまさにこのことだ。

つまり、この平壌城攻防戦の勝利は日本軍の奮闘というより清国軍の自滅の要素が強かったのである。だが、新聞はそんなことはおくびにも出さない。日本軍兵士の「勇戦敢闘」が「難攻不落」の平壌城を見事陥落させた、という報道で国民を熱狂させた。真実を報道することよりも、国難に対して国民を一致団結させることのほうが重要な使命だと、当時のマスコミ人は考えていたのである。いや、今もそう考えているのかもしれない。とにかくこの問題はいずれ詳しく検討する必要があるだろう。

陸戦において清国軍は連敗続きだったが、総司令官の李鴻章は別に気にはしていなかった。葉と同様に平壌が落ちたとは言え朝鮮国のうちであり、本体の清国は無傷だという意識を持っていたのである。しかも、これから続く長い日本との抗争において、「中国側」は撤退によって日本軍を深入りさせ疲弊させて撃滅するという戦略をとるようになっていくのだが、どうやらこのころからそれを意識していたらしい。その証拠に、李は自分の指揮下にある北洋艦隊にできるだけ日本艦隊と決戦しないように、という指示を与えていた。日本は島国である。兵員であれ物資であれ海上輸送しなければいけない。強力な艦隊を温存しておけば、いつでも日本の補給路を断つことができる。そうすれば、いかに大軍を朝鮮半島や中国大陸で展開させようとも日本軍は壊滅する。「定遠」をはじめとする北洋艦隊の四戦艦はすべて敵弾をはね返す装甲艦であり、しかも日本海軍の艦船などやすやすと貫く三十センチ砲を主砲として備えている。だから慌てる必要は無い。もし日本艦隊が攻めてくるようなら、それこそ絶好のチャンスである。定遠等に対抗できる艦船は日本海軍には無いからだ。引き寄せて撃滅すれば良い。

もちろん、それは日本側にもわかっていることだった。すでに述べたように北洋艦隊は長崎と横浜に寄港し、その威容を日本人に見せつけているのである。しかしそれでも北洋艦隊と戦わなければならなかった。制海権を持たないままでは安心して戦争が続けられないからだ。だから日本艦隊は逆に北洋艦隊と決戦するつもりで常にその行方を捜していた。

■ただの一発も命中しなかった「三景艦」自慢の三十二センチ砲

平壌城の攻防戦が終わった二日後の九月十七日、朝鮮への援軍を護衛し上陸させ帰途に就いた北洋艦隊と、索敵していた日本艦隊が正午前に黄海海上で遭遇し海戦が始まった。黄海海戦である。日本側は防護巡洋艦「松島」を旗艦として、同じ防護巡洋艦の「厳島」「橋立」の三隻が主力艦だった。これら「三景艦」(日本三景に基づく命名)には、北洋艦隊の戦艦「定遠」「鎮遠」に装備されている三十センチ砲を上回る三十二センチ砲が搭載されていた。しかし、それぞれ一門のみで装甲は無いに等しい状態である。日本艦隊は全部で十二隻いたが、すべて装甲は北洋艦隊に劣っていた。海戦の常識で言えば、排水量も多く装甲もぶ厚く主砲も三十センチ砲を四門備えた「定遠」、「鎮遠」を擁する北洋艦隊に、日本艦隊が勝てるはずがなかった。仮に虎の子の三十二センチ砲が定遠、鎮遠をとらえたとしても、その装甲をぶち抜くことはできないのである。それに排水量四千二百トンしかない（定遠は7300トン）三景艦に三十二センチ砲を搭載するのは構造上無理ではないかという技術的意見、いや危惧もあった。

この危惧は現実のものとなった。

三景艦程度の排水量の船に本来巨艦に搭載すべき大砲を積むと、まず艦の運動性能に影響が出る。観光地にあるような普通のボートに大砲を積むのと同じで船が傾きやすくなり、また砲弾を発射すると反動で船が不安定になる。当然、発射された砲弾も命中しにくいということになる。実際この海戦で三景艦から発射された三十二センチ砲の砲弾はただの一発も敵艦に命中しなかったのである。戦前の予想では、三景艦が危険を顧みず定遠等に接近し三十二センチ砲で攻撃してこそ勝負になるということになっていたが、実際には日本海軍側のあては完全に外れたことになる。にもかかわらず、なぜ勝てたのか？

勝機を拓いたのは三景艦の補佐に回るはずだった「吉野」「高千穂《たかちほ》」「秋津洲」「浪速」といった高速の巡洋艦だった。とくに吉野は最新鋭の船で排水量は松島などと同じ四千二百トンだが、速度は時速二十三ノットと当時世界最速のスピードであり、定遠は最高時速十四・五ノットだから、まさにウサギと巨象であった。図体が大きく小回りの利かない定遠は絶対に吉野を捕捉できない。

聯合艦隊司令長官伊東祐亨《いとうすけゆき》のとった戦術は、このスピードを活かして定遠等に速射砲を浴びせまくり、沈められないまでも戦闘不能にしてしまおうということだった。吉野が装備しているのは十五センチおよび十二センチの口径の小さい砲だが、速射性能に優れ数も十二門ある。北洋海軍はこれに対して定遠等の三十センチ砲で片っ端から日本艦を沈めてしまおうという作戦だった。日本艦の装甲は無いも同然なのだから、この作戦は有効なはずであり北洋艦隊に同乗していた欧米列強の武官たちも日本海軍の敗北を予想していた。ところが海戦が始まってみると、すばしこく動き回る日本艦隊に北洋艦隊はどうしても致命的な打撃を与えることができない。

午後三時を過ぎると北洋艦隊の定遠、来遠、致遠《ちえん》の艦上火災が激しくなった。そして済遠は形勢不利とみて独断で戦場を離脱した。軍法において敵前逃亡は死刑で、実際、済遠艦長はのちに処刑されるが、要するに軍律の不徹底が平壌城攻防戦と同じく北洋艦隊の敗北を招いたのである。そのうち致遠は集中砲火を浴びてついに撃沈された。旗艦定遠はそのぶ厚い装甲で沈むこと無く持ちこたえていたが、甲板上では大火災が発生しており戦闘不能の状態になりつつあった。先に紹介した戦時歌謡『勇敢なる水兵』の三浦虎次郎三等水兵が「まだ沈まずや定遠は」と叫んだとされたのはこのときで、彼は松島に搭乗していたがその松島が定遠の三十センチ砲の直撃を浴びており、それが彼を死に至らしめたのである。しかし「急所」は外れており、松島は沈没はしなかった。

結局、松島は戦線を離脱し、定遠、鎮遠も沈むことは無く旅順港に撤退した。北洋艦隊は五隻の船を失ったが、日本艦隊の損失はゼロ。それまでの海軍の常識から言えば奇跡の勝利と言えるかもしれない。しかし日本海軍は浮かれてはいなかった。定遠はまだ沈んでいないのである。

■日清戦争が「文明と野蛮の対決」であったことを裏付ける二つの逸話

傷ついた北洋艦隊が本拠地である山東省威海衛に逃げ帰るであろうと予測した日本艦隊は、帰路を待ち伏せした。しかし北洋艦隊もその動きを読んで遼寧省旅順にいったん入港したため、待ち伏せは取りあえず成功しなかった。しかし、日本は陸軍を素早く展開させて陸側から旅順港を包囲したため、このままでは陸上からの砲撃を受けると判断した北洋艦隊は、ドックがあり艦船修理も補給も可能な本来の根拠地である威海衛に移動せざるを得なくなった。

では、陸軍はいつ旅順を奪ったのか？　一八九四年（明治27）九月十七日の黄海海戦の勝利を受けて、十月、大山巌大将率いる陸軍第二軍が金州《きんしゅう》に上陸し金州城を占領し十一月二十一日には日本軍約一万五千が旅順要塞に攻撃を仕掛けた。後の日露戦争ではロシアの手によって徹底的に強化されたこの要塞に日本軍は大苦戦することになるのだが、そんな要害の地に築かれた要塞が、このときは日本軍のたった一日の攻撃で陥落した。いかに清国軍がやる気が無かったかわかる。脱走兵も相次いでいた。

ところが、ここでそれまで常に国際法を順守し有利に戦いを進めていた日本軍が非戦闘員の虐殺をしたと、諸外国に非難されることになった。現代の中国ではこれを「旅順大屠殺（虐殺）」と呼び、教科書にも載せている。中国側では被害者を「約二万人」としているが、当時の人口等を考えるとまず考えられない数字である。

今の中華人民共和国は言論の自由、思想の自由、学問の自由が認められていない国であり、なおかつ共産党の支配を正当化するために不正確な歴史教育が行なわれている。国家の批判をすれば罪に問われるような国の研究者と、筆者はまともに議論はできないと考えている。そして一刻も早く中国が本当に民主化され、真に良心的な研究者ときちんとした議論をしたいものだとも考えている。しかし、それは何事も日本のしたことを正当化しようという意図で無いことはもちろんだ。そんなことをしたら今の中国と「同じ穴のムジナ」になってしまう。それゆえに、でき得る限り公平で客観的な視点から、物事を論じたいと思っている。

この旅順口の戦闘において、日本軍が非戦闘員とみられる清国人を殺害したことは事実のようだ。なぜならばそれを清国でも無く日本でも無い、まさに客観的な立場にいた欧米のジャーナリストおよび観戦武官が目撃しているからである。それは十一月二十一日から二十二日にかけてのことだ。事態を重く見た参謀総長有栖川宮熾仁親王は、大山第二軍司令官に対し「民間人を殺害し財貨を略奪したとの報道があるが事実か」と問いただしている。これに対して大山は「清国軍兵士が軍服を脱ぎ捨てて逃走したため民間人と見わけがつかず『混一(混同)シテ殺戮』してしまったが、略奪行為はしていない」と弁明した。つまり、日本軍による非戦闘員の殺害はやはりあったということだ。しかし現代の中国もそうだが、清国も統計というものが当てにならない国であった。したがって、どれぐらいの非戦闘員が殺害されたか確定するのはきわめて難しい。いずれ真に民主化された中国で国家の制約を受けない研究者が出現するのを待つしかないだろうが、たとえば日本の研究者で日清戦争の専門家である大谷正《おおたにただし》は「犠牲者数が一万を超えることも、ましてや二万に達することはあり得ない。一方で旅順とその周辺で日本軍が殺害した清軍兵士は四五〇〇名を超える可能性があり、そのなかには正当な戦闘による死者だけでなく、捕虜にすべき兵士に対する無差別な殺害や、捕虜殺害と民間人殺害(婦女子、子ども、老人を含む)が含まれていたことは確かな事実である」（『日清戦争』中央公論新社刊）と言っている。このあたりが今、確実に言えることであろう。

さて、陸軍は素早く動き威海衛の陸側も占領しており、海軍は海軍で艦隊で湾口を封鎖したため、北洋艦隊は孤立無援の「袋のネズミ」状態となった。それでも戦艦「定遠」「鎮遠」の三十センチ主砲は健在で、その艦砲射撃で陸側にいた歩兵第十一旅団長大寺安純《おおでらやすずみ》少将が戦死したのだが、陸軍は大砲で海上の北洋艦隊を攻撃し海軍は一八九五年（明治28）一月二十日未明から水雷艇部隊を出動させ北洋艦隊に執拗な魚雷攻撃を浴びせた。この時代はレーダーが無く、照明弾も無い。サーチライトをかいくぐり暗闇から忍びよる水雷艇を排除する方法が無いのである。砲弾に強い装甲艦も、甲板では無く横腹を狙う魚雷には弱い。魚雷攻撃はその後も数日間続けられ、黄海海戦で撃沈されなかった定遠も他の艦船と同様重大な被害を受けた。

以前に述べたように日本の海軍顧問として招聘されていたフランスのルイ・エミール・ベルタンが、重量級戦艦を少数保持するよりもスピードの速い高速巡洋艦や水雷艇を多数持ったほうが現実的だとしたアドバイスは、的を射ていたと言えよう。じつは清国側もこうした高速巡洋艦には注目していた。一人で清国の陸軍も海軍も「運営」していた名将李鴻章は、北洋艦隊にも高速巡洋艦を導入しようとしていた。もしもその計画が実現していたら、黄海海戦で日本の高速巡洋艦の行動はかなり制約されただろうから、ひょっとしたら日本の勝利は無く清国が勝者となっていたかもしれない。

そうならなかったのは、清国皇帝をないがしろにし国政を牛耳っていた女傑「西太后《せいたいこう》」が隠居所として建築させていた頤和園《いわえん》の建設費用の不足を補うため、北洋海軍の高速巡洋艦購入予算を流用させたからである。あまりのことに西太后付きの宦《かん》官寇連材《がんこうれんざい》は流用をやめるべきだと進言したが、かえって西太后の逆鱗に触れ処刑されてしまった。「皇室費」を削って海軍充実にあてた「立憲君主」明治天皇と、自分の贅沢のため

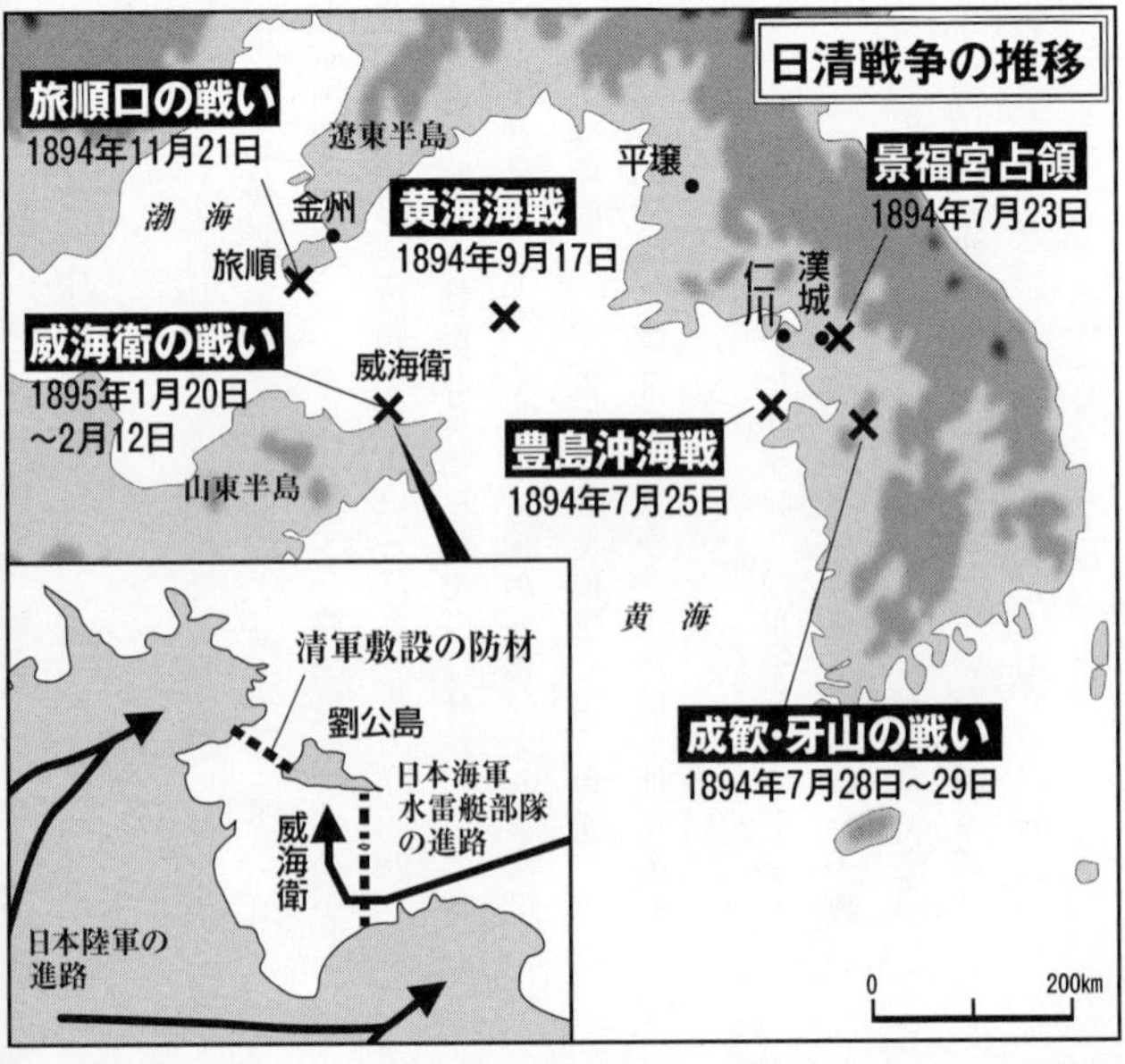

に海軍予算を流用させた「専制君主」西太后。かつて日清戦争は「文明と野蛮の対決」などと喧伝され美化された。最近は前記の旅順事件や日本の領土的野心が問題視され、そういう言い方はしなくなってはいるが、確かにそういう一面は存在したのである。

とうとう二月十一日になって、北洋艦隊の残存艦九隻はすべて戦闘不能となり、北洋艦隊に同乗していた外国人武官は司令長官の丁汝昌提督に日本軍への降伏を勧告した。

伊東聯合艦隊司令長官も、相互の公式訪問で親交があった丁提督に「日本に亡命しませんか。日本武士の名誉にかけてあなたの安全を保証します。あなたの国が本当の改革のときを迎えれば、あなたの働きが必ず必要になる。その時節到来を待つべきです」と親書を送って降伏を勧めた。丁はこの手紙を何度も読み返し感涙にむせんだが、皇帝陛下からお預かりした大切な艦隊を全滅させてしまったという責任をとり、伊東に部下の将兵の命を助けてくれと嘆願書をしたためた後に服毒自殺した。旗艦定遠は湾内脱出を図ったが座礁したため、丁は自殺前に爆破を命じていた。「まだ沈まずや」と恐れられた定遠も海の藻屑となったのだ。しかし定遠は「死ねた」だけ幸運だったかも知れない。同型艦の鎮遠や水雷艇「福龍《ふくりゅう》」は降伏の結果、日本海軍に鹵獲《ろかく》されてしまった。早い話がそっくり乗っ取られたのである。清国側から言えばこれは大変な恥辱でまさに惨敗と言っていい。

北洋艦隊の降伏を受け入れた伊東は、一度は接収した輸送船「康済号《こうさい》」に丁汝昌の遺体と清国海軍将兵千名および北洋艦隊にいた外国武官が乗船し退去することを許した。この礼節ある処置を世界は大いに称賛したが、清国では丁を国を惨敗に導いた罪人として扱い、すべての名誉を剝奪したばかりか葬儀も許さなかった。このことも「文明と野蛮の対決」だとする日本の主張を大いに裏づける形となった。

総司令官の李鴻章は、寇連材や丁汝昌の死をどのように見ていたのだろうか？　大いに不満はあっただろうが、それを口には出さなかった。それが忠節というものだからだ。主君が暗君であれ、いや暗君であればこそ徹底的に忠節を尽くすのが、中国人の模範とする忠節なのである。日中の「忠節比較」はずいぶん前に、『逆説の日本史 第十四巻 近世爛熟編』で述べたところだが、それゆえに丁は伊東の友情ある勧告をどうしても受け入れることができなかったのだ。

■軍歌『雪の進軍』に見られる帝国陸軍の構造的欠陥と傲慢さ

ところで、この威海衛攻防戦に参戦していた後の陸軍軍楽隊長で軍歌『元寇』の作者でもある永井建子は、このときの体験に基づいて軍歌『雪の進軍』を作詞作曲した。高倉健《たかくらけん》主演の映画『八甲田山《はっこうださん》』（新田次郎《にったじろう》原作　森谷司郎監督）の劇中歌としても使われたので、覚えている方もいるだろう。

じつはこの軍歌、日本軍の構造的欠陥によって生まれたものと言ってもいいかもしれない。

補給の問題である。戦国時代の豊臣秀吉《とよとみひでよし》もそうだったが、このときの日本軍も朝鮮半島北部や中国東北部の冬の厳しさは、日本の冬をはるかに超えるということをまったく認識していなかった。永井は本業は軍楽隊員だが、このときは輜重兵として駆り出されたらしい。例によって、司令部は補給の大切さを全然自覚しておらず、威海衛の物資輸送も泥縄式に準備された。雪や寒さに対する装備もじゅうぶんでは無かった。こうした状況のなかで永井は『雪の進軍』を作詞作曲した。その歌詞は次のようなものだ。

一．

雪の進軍　氷《こほり》をふんで
どこが河やら　道さへ知れず
馬は斃《たふ》れる　捨てゝもおけず
此處《こゝ》は何處《いづく》ぞ　皆敵の國《くに》
まゝよ大膽《だいたん》　一ぷくやれば
頼み少なや　煙草《たばこ》が二本

二．

焼かぬ乾魚《ひもの》に　半煮《はんに》え飯《めし》に
なまじ生命《いのち》の　ある其《そ》のうちは
耐《こら》へ切れない　寒さの焚火《たきび》
煙《けぶ》い筈《はず》だよ　生木《なまき》が燻《いぶ》る
澁い顔《かほ》して　功名談《こうみやうばなし》
すゐと云《い》ふのは　梅干し一つ

三．

着のみ着のまゝ　氣樂《きらく》なふしど
背嚢《はいのう》枕に　外套《がいとう》かぶりや
背《せな》の温《ぬく》みで雪解けかゝる
夜具《やぐ》の黍殼《きびから》　シッポリ濡れて
結びかねたる　露營《ろえい》の夢を
月は冷たく顏《かほ》覗きこむ

四・
命捧げて　出て來た身ゆゑ
死ぬる覺悟で　吶喊《とつかん》すれど
武運拙《つたな》く　討ち死にせねば
義理にからめた　恤兵《じゆつぺい》眞綿《まわた》
そろりそろりと　首締めかゝる
どうせ生かして　還《かへ》さぬ積《つも》り

ほかならぬ第二軍の司令官大山巌もこの歌が大好きで、死の床でも聞いていた（口ずさんでいた？）という伝説があるほどだ。それはメロディもさることながら、歌詞が戦闘に参加した者でなければわからない実感にあふれていたからだろう。その意味では同じ作者の『元寇』とはまったく違い、「軍隊内フォークソング」と言うべきものかもしれない。

さて、もう一度この歌詞を「補給軽視」という帝国陸軍の構造的欠陥を念頭に置いて読み返していただきたい。そうするとなぜ「飯が半煮え」なのか、「着のみ着のまゝ（毛布も薪《たきぎ》も無い）」なのか、「月は冷たく顔覗き込む（テントが無い）」のかよくわかるはずである。

つまり、補給がまったくなっていなかったということだ。

陸軍は、大山巌元帥（後に昇進）の愛唱歌でもあったこの歌を、大正昭和と時代が下るにしたがって禁歌とした。補給軽視の姿勢がバレるからというよりも、四番の歌詞を問題にしたのである。「戦死しなければいけない。そうしないと民間が寄付してくれた真綿の防寒具が責めるように首を絞める。どうせ軍は俺たちを生かして帰さないつもりだろう」というところが、陸軍の怒りに触れたのである。後に、この最後のフレーズは「どうせ生きては還らぬつもり」に変更させられたのだが、それでも軍はこれを禁止した。もっとも、兵士たちはこっそり歌い継いでいたという。要するに、このあたりも日本陸軍のダメなところで、なぜこういう歌詞になったのかをきちんと検討して改善しようとする姿勢など、まるで無かったということだ。

大日本帝国憲法で軍隊を天皇の直属下に置き、内閣や議会のコントロールから切り離したのは政治勢力に軍隊を利用されないためであった。すでに述べた憲法制定前の政治状況が、伊藤博文首相や山県有朋大将をして、そのような警戒心を抱かせたのである。しかし、そのことは逆に軍人たちに「自分たちは天皇直属の特別な存在だ」という誤ったエリート意識を抱かせる結果となる。そして天皇は絶対だからその直属下にある軍部も絶対であり、批判は一切許さないという傲慢な姿勢をとるようになっていく。それがこの『雪の進軍』

の扱いにも現われているということである。

■「朱子学国家」清国の手の内を読んで講和交渉に勝利した伊藤・陸奥コンビ

話は前後するが、大山巌率いる第二軍は黄海海戦の勝利を受けて旅順、威海衛を攻略するために新たに編成され派遣されたもので、それまでの陸の戦いは第一軍が担当していた。司令官は陸軍の重鎮山県有朋であった。自ら手を上げて最前線にやってきたのである。五十六歳という当時としては高齢の司令官である。本人は張り切って極寒の川で斎戒沐浴《さいかいもくよく》したりしたのだが、それが良くなかったようで風邪をひき病状が悪化した。そこで司令官交代ということになった。

もっとも、実際は本土の大本営と戦略上の意見が対立し事実上解任されたのだという見方もある。山県のメンツを保つために病気を口実にしたというのである。では対立点は何かと言えば、直隷《ちょくれい》決戦をどうするか、であった。直隷とは中国皇帝の御膝元というのが本来の意味だが、ここでは清国軍の本軍と日本軍が中国大陸で決戦し首都北京《ペキン》を占領するという作戦を意味した。黄海海戦の大勝利は総司令部である広島の大本営にとっても望外だったようで、これで日本が制海権を一気にものにするチャンスが出てきた。そこで、それを確実にするために第二軍が編成され、先に述べたように結局北洋艦隊を壊滅状態に追い込むことができたのだが、その間第一軍は清朝国境の鴨緑江《おうりょくこう》を越えて清国領へ侵入するという「戦果」を上げていた。「戦果」というのは清国側は国境地帯の守りを放棄し、日本軍を大陸深くおびき寄せるという戦略をとっていたために、簡単に侵入することができたからである。

しかし現場は日本史上初めて中国の一部を占領したという、「豊臣秀吉もできなかった快挙」に沸いていた。このままの勢いで北京を目指し、威海衛を落とした後は第二軍と合流して清国本軍を撃破すれば、首都北京で清国に「城下《じょうか》の盟《ちかい》」をさせることも夢では無いと山県周辺は考えたのである。城下の盟とは中国の歴史にある言葉で、「敵に首都まで攻め入られてする、屈辱的な降伏の約束」（『デジタル大辞泉』）のことである。攻める側から言えば完勝で言わば「パーフェクトゲーム達成」であり、軍人にとっては生涯の名誉であり輝かしい戦歴《キャリア》になる。一八六六年（日本では慶応2年）、普墺《ふおう》戦争において名将モルトケが率いるプロイセン軍はオーストリア軍を撃破し、敵の首都ウィーンから約六十キロの地点に到達した。敵軍はもはや首都防衛能力が無く城下の盟をなさしめることは容易だったが、プロイセンの「鉄血宰相」ビスマルクは自軍を撤退させた。敵軍降伏が確実となったからで、この上オーストリアに屈辱を味わわせるのは今後の両国関係から見て得策では無いと考えたからである。日本にも例がある。第一次長州征伐で攻撃軍参謀西郷隆盛は最初は長州側の城下の盟を目指していた。しかし、勝海舟の忠告に従って寛大な措置で済ませたことが後の薩長同盟の締結につながった（『逆説の日本史　第20巻　幕末年代史編Ⅲ』参照）。要するに、政治的判断が軍事的判断に優先したのであり、言うまでも無く政治的判断とは外交や軍事をすべて含んだ上での判断だから、もっとも優先されるべきものなのである。しかし、大日本帝国においてはこうした常識がこの後通用しなくなっていく。それが国家の崩壊にもつながるのだが、それはまだ先の話で、取りあえずこの時代の日本政府にはそうした常識があった。

日本が勝ち過ぎることは清国に対しても、日本がどこまでやるか注視している欧米列強、とくに中国・朝鮮に強い関心を示しているロシアとイギリスを刺激することにもなる。また「軍の機密」ではあったが、補給態勢がきわめて劣悪で長期戦に耐える国力が無い。もちろんこのあたりは山県も意識していたことで、だからこそ早期に直隷決戦を実現すべきだと考えていたのかもしれないが、大本営ではむしろ早期講和で戦線を収拾することを考えていた。この戦争の目的はそもそも清国の朝鮮国に対する影響力を排除することにあったが、それは日本軍の後押しによる親日傀儡政権の樹立ですでに達成している。

清国側も、もはや日本の軍事力を排除して朝鮮国に対する影響力を回復することは不可能であり、不可能である以上さらなる損害をこうむるような戦いをすべきでは無い、という判断だったようだ。そこで、欧米列強の清国駐在公使などを通じて清国側から講和の打診があり、その仲介で清国から大臣級の使者が広島を訪れる一幕もあったのだが、日本政府は交渉を拒否した。理由は彼らが全権大使では無かったからである。交渉についていちいち本国にお伺いを立てる使者では、らちが明かないと考えたからだろう。

日本側から「ボール」が投げ返されたので、清国側では李鴻章を全権大使にした。「困ったときの李鴻章」である。北洋艦隊の敗北の責任をとらされ李は一時失脚状態にあった。しかし、直接の責任はあると言っても敗北の原因の一つに海軍予算が減らされたという事情もあり、完全失脚状態では無かった。そこで、この国難に際して再び登用されたのである。李は交渉場所に指定された下関《しものせき》にやってきた。日本側は伊藤首相、陸奥外相が直接交渉にあたった。

「朝鮮国を独立国家と認めること（清国の宗主権放棄）」に関して清国側は意見が一致していた。また、賠償金についても額はともかく支払わなければならないという点でも一致していた。不一致があったのは領土割譲を認めるか否かである。李ははじめ「割地《わりち》」については断固拒否すべきだという意見だった。しかし、日本側はそれを狙っているとの情報が入っており、もし断固拒否すれば交渉は決裂し、戦争がさらに続く恐れがあった。その場合の戦略について清国側は欧米列強にアドバイスを求めたが、そうするなら首都北京を放棄しロシアがモスクワを明け渡してナポレオンを消耗戦に追い込み撃退した故事に倣《なら》うしか無いだろうという意見が支配的だった。清国側でもその意見に賛成し、この際「遷都」して徹底抗戦すべきだという意見も出たのだが、それは最終的に却下された。なぜだかおわかりだろうか？　先祖の宗廟《そうびょう》を捨てることになるからだ。それは孝の道に反する。日本でもはるか昔、足利尊氏《あしかがたかうじ》軍を迎え撃つのに京都放棄を提案した名軍師楠木正成の作戦が、メンツにこだわる後醍醐《ごだいご》天皇に却下されたことがあったが、朱子学の本場清国では一時でも先祖の霊廟を敵の手にゆだねることは許されないのである。こうなれば仕方が無い。李も「日本への割地やむ無し」という立場で交渉に臨むほかは無かった。ここで注意すべきは、もし「中国政権」が朱子学にこだわらないようになったら、この「遷都」作戦は日本軍に有効な対策として実施可能になるということだ。昭和史に一定の知識がある人はここでうなずくところかもしれない。しかしそれもまだ先の話である。

日本側は強気だった。すでに台湾《たいわん》、澎湖《ほうこ》諸島には遠征軍を派遣し占領する手はずを整えていた。もちろん「割地」を目論んでのことだ。そして清国側の取りあえずの休戦要求は断固拒否した。交渉に応じないなら日本軍は着々と北京へ向かって進軍する、という脅しである。あきらかに日本側は清国側が「遷都」に踏み切れないという事情を読んでいた。何かしらの情報が入っていたのかもしれないが、それが無くても「朱子学国家」がどんな行動をとるのかは伊藤らには自明だったに違い無い。兄貴分の高杉晋作と伊藤が戦ってきた最大の敵はまさに「朱子学」だったのだから。

李は休戦要求を引っ込めざるを得なかった。さらに、天津〜山海関《さんかいかん》の占領とこの間の鉄道の管理権を寄こせと日本側は要求し、清国側はあまりにも過大な要求だと拒否したが、日本側が譲らなかったため清国側の懇願で交渉は中断した。日本側が四日間の猶予期間を与えたということで、つまり交渉は日本側にとって圧倒的に有利な状況だった。猶予期間が過ぎても清国側には何の「カード」も無かった。むしろその間、日本軍は澎湖諸島への上陸に成功した。しかも日本軍は着々と北京に迫っていると清国側は認識していたので、日本側の要求はとおる可能性が高くなった。

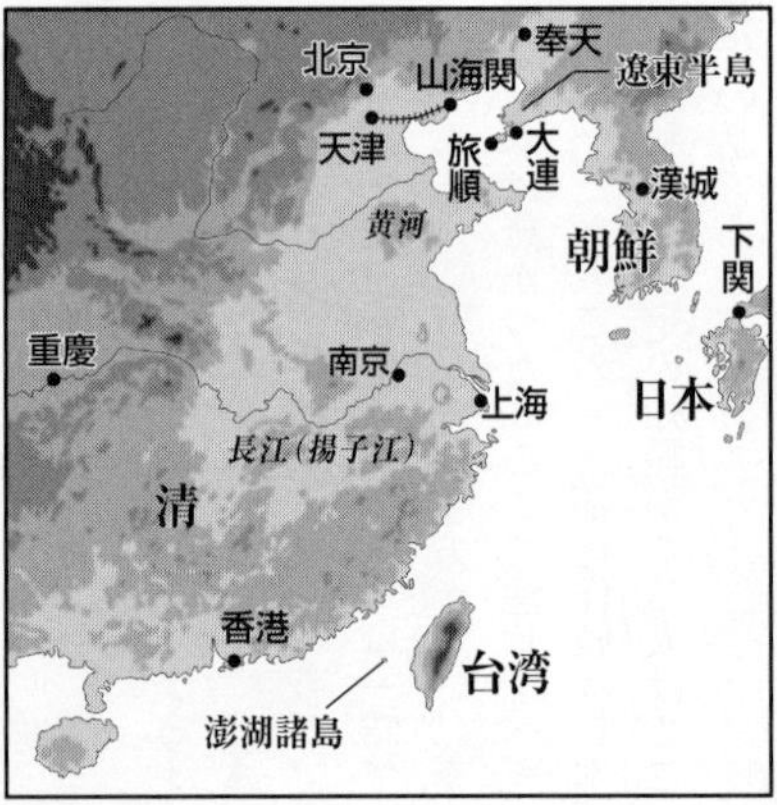

日清講和条約では、朝鮮が独立国であることの承認、2億両(テール)の賠償金支払い、遼東半島、台湾、澎湖島を割地(割譲)し、清国内の蘇州、杭州、重慶などを開市して日本人が商工業活動を行なうことを認めさせた

猶予期間が明けた一八九五年（明治28）三月二十四日、とうとう全権大使李鴻章は翌日から本格的な講和交渉に入ることに同意した。事実上の白旗であり、日本側の要求に従うほかは無いと覚悟を決めたように思われる。

ところが、ここで大逆転が起こった。

■朱子学的視点から「化外の地」台湾の割地を認めさせた日本

何と、交渉場所の料亭春帆楼《しゅんぱんろう》から宿舎の寺に引き揚げる途中の李が暴漢に狙撃されたのである。幸い軽傷で済んだが、伊藤・陸奥らは色を失った。仮にも一国の全権大使の暗殺をたくらむなど、近代国家にはあり得ない不祥事である。護衛の警官が来日中のロシア皇太子を襲った大津事件に匹敵する不名誉な事件と言っていい。せっかく「文明の対決」を宣伝してきた日本の面目は、丸潰れになってしまった。こういう事件を起こしたのが、自分では「愛国者」だと固く信じていた小山豊太郎《こやまとよたろう》という「右翼」だったということは、もっと認識されてもいいかもしれない。小山は現時点で講和することは日本側にとって不利益になると考え、交渉そのものを潰そうと李暗殺をたくらんだのだが、国家主義的視点で見ても小山の行動はせっかく積み重ねてきた成果を白紙に戻しかねない、愚行としか言いようの無いものだった。これで一番喜んだのは、ひょっとして百戦錬磨の李鴻章その人であったかもしれない。言うまでも無くこれが「カード」になるからだ。明治天皇は慌てて使者を送り李を見舞った。こうなると伊藤・陸奥コンビも天津〜山海関に関する要求は引っ込めざるを得ない。しかも、その後パートナーの陸奥がインフルエンザにかかり交渉を離脱するというおまけまでついた。嘘のような本当の話である。しかし伊藤とて百戦錬磨の男である。多くの犠牲を払って漕ぎ着けた成果を無駄にするようなことはしない。結局粘りに粘って台湾および澎湖諸島および旅順のある遼東半島の「割地」を李に認めさせた。李は香港《ホンコン》ですらイギリスへの「割地」では無く「租借」させたに過ぎない、と抗議したのだが、この点についても「朱子学国家」の手の内を知っていた伊藤に一日の長があった。それは、台湾は「中国人」にとって「化外《けがい》の地」つまり「中華文明のおよばない野蛮人の住む土地」という意識があったことだ。これは明治初期、宮古島《みやこじま》島民虐殺事件が起こった際に大久保利通を中心とする日本国政府が清国政府に対して確認した事項である（『逆説の日本史　第22巻　明治維新編』参照）。つまり「朱子学国家」としては、とられてもあまり実害を感じない土地なのである。日本でも朱子学の権化である老中松平定信《まつだいらさだのぶ》が「蝦夷地《えぞち》」に対し、近代的な考え方を持った老中田沼意次《たぬまおきつぐ》の開拓論を潰し、言わば「放置政策」をとったことを思い出していただきたい。裏を返せばロシアにとられても痛みを感じないということだ。

しかし、そうした朱子学的偏見を離れられれば、台湾は南シナ海に浮かぶ戦略的拠点として活用できる。明治になって日本人は朱子学的偏見を捨て蝦夷地を「北海道」と改称し「化外の地」として扱うことをやめた。近代国家の視点で見れば、北海道では本土のような朱子学が「聖業」とするような稲作農業はできなくても、ジャガイモなどは栽培可能で牧畜にも適している。さらに、様々な産物に恵まれロシアに対する戦略的拠点にもなる。だからこそ北海道開拓に力を入れたのであり、同じ感覚で台湾も日本領土として活用できると、伊藤らは考えていたはずである。つまり日本がこの時点で台湾をとろう、あるいはとれると考えたのは、朱子学的視点を抜きにしては考えられないことなのだ。

鉄道の利権を得ることには失敗したが、最終的に日本は清国と日清講和条約（下関条約）を締結し、清国側に朝鮮国の独立、そして台湾、澎湖諸島そして遼東半島の割譲を認めさせ、あわせて賠償金を庫平銀《こへいぎん》二億両《テール》（当時のレートで円で約三億一千万円）獲得した。戦争大成功と言いたいところだが、そうは問屋がおろさなかった。清国を狙っていたのは日本だけでは無いからである。

■日露戦争と列強による清国分割の呼び水となった「三国干渉」

日本が下関条約で清国から奪った遼東半島はまさに戦略的要衝《ようしょう》であって、清国にとっては喉元にナイフを突きつけられたも同然の事態であった。そこで清国はこの窮地を免れるため、欧米列強に働きかけた。つまり、「日本だけにおいしい思いをさせていいのか。こんな事態を黙認するのか」ということだ。もちろんこれは苦肉の策である。列強が事態に干渉すれば日本から遼東半島を取り戻すことができるかもしれないが、それなりの代償を求められるに違いない。それは「列強の中国分割」につながるかもしれないからである。だが背に腹は代えられない、清国は水面下で動いた。

結局、日清戦争の正式な講和条約である下関条約は一八九五年（明治28）の四月十七日に調印されたのだが、調印のわずか六日後の四月二十三日にロシア、ドイツ、フランス三国の駐日公使が東京の外務省を訪れ留守を預かっていた林董外務次官に、遼東半島を日本が領有することは清国の首都北京を危うくすると同時に朝鮮の独立を有名無実化し極東の平和の障害となる恐れがあるから、その領有を放棄すべしと勧告してきた。これを三国干渉という。

日本政府は慌てて翌二十四日、大本営の置かれていた広島で御前会議を開き、伊藤首相らが対策を協議した。考えられる対策は取りあえず三つである。

一、三国の干渉を断固拒否し、戦争してでも領有を貫く。

二、この問題についてイギリスやアメリカも含めた列強会議を開いて、遼東半島問題を協議し解決する。
三、勧告を受諾し「恩を売る形で」清国に遼東半島を返還する。

このうち第一案は机上の空論と言っていいだろう。清国と戦争するだけでも国力を大きく消耗したのに、さらに露、独、仏の列強三国と戦う力は日本に無い。かと言って唯々《いい》諾々《だくだく》と干渉を受け入れる第三案も屈辱的である、結局第二案が採用された。しかし持病の肺結核を悪化させ療養中だった陸奥外相は、列強会議は藪をつついて蛇を出すようなもので新たな干渉を招く危険もあるとして反対し、下関条約はあくまで尊重し日本の面目を保ち、その上で別の国策として（三国干渉に屈したのでは無いという形で）遼東半島の「返還」を考えるべきことを提案した。これに伊藤も賛成し、天皇の裁可も得た。天皇もこの案に賛成したということだ。

そこで陸奥は三国への回答を引き延ばし、他の列強つまりイギリス、アメリカを動かして、ロシア、ドイツ、フランスを牽制しようと試みた。つまり英米に遼東半島に関する権益を一部与えることによって日本の味方につけ三国干渉を排除しようとしたのだが、英米はその話に乗ってこなかった。とうとう「陸奥外交」は失敗に終わり、五月四日、日本政府は遼東半島の放棄を露、独、仏の三国に通告した。そして日清両国は十一月八日、遼東半島還付条約に調印。日本は還付の代償として庫平銀三千万両（約４６００万円）を得た。当初この事態つまり日本政府が三国干渉に屈服したことは情報統制が敷かれ国民は知らなかったが、こうなっては隠しておくわけにもいかず天皇が詔勅の形でその事実を国民に告げた。

しかし国民はこの事実についてまったく知らなかったわけではない。なぜなら日本の新聞からは主にヨーロッパに海外特派員が派遣されており、海外紙の報道がそうした特派員から伝えられてきていたからだ。とくに有力紙で対外強硬派の意見を代表する新聞『日本』にジャーナリスト三宅雪嶺《みやけせつれい》が「嘗胆臥薪《しょうたんがしん》」と題するコラムを寄稿したことは、日本の世論に多大な影響を与えた。「嘗胆臥薪」とは中国の言葉で、紀元前五世紀、呉王夫差《ごふさ》は父の仇を討つため、ごつごつとした薪の上で寝る（臥薪）ことで毎夜痛みを体に感じ復讐の念を持ち続け、ついに敵の越王勾践《えつこうせん》の軍を破った。しかし、今度は勾践が毎日苦い胆を嘗《な》める（嘗胆）ことで復讐の念を維持し、二十年後に呉を破り夫差を自殺に追い込んだ、という故事に基づく成語である。三宅がこのコラムを書いたのは国民に軽挙妄動はせず自重することを呼び掛けるのが目的だったようだが、その後この言葉は故事の順番どおりに「臥薪嘗胆」となって、三国干渉の呼び掛け人であるロシアへの報復を成し遂げようとする国民の意思を表わすものとして流行した。すなわち日露戦争の呼び水になったのである。

呼び水と言えば、大国の清国に対して東洋の一小国に過ぎないと評価されていた日本が大勝利を収めたことは、結果的に欧米列強による清国の「分け取り」を推進する結果になった。清国の軍事力は「張り子の虎」でしかないと列強に認識させたばかりでなく、まさに虎の子であった北洋水師《すいし》（海軍）を日清戦争で失った清国は、周辺海域の制海権も完全に喪失してしまったからである。

その弱みにさっそくつけ込んだのがドイツである。二年後の一八九七年（明治30）山東省でドイツ人宣教師二名が殺害された事件をきっかけに、居留民保護を口実として山東省に出兵しドイツ東洋艦隊が黄海に面した要衝の膠州《こうしゅう》湾を占領

した。そしてドイツは清国と独清条約を結び、膠州湾を九十九年間清国政府から租借した。そうなると他の列強も黙って見てはいない。ロシアが遼東半島の旅順・大連《だいれん》を、フランスが広州湾を、イギリスも威海衛を占領して租借に持ち込み、列強による清国の本格的分割が開始されてしまった（269ページ地図参照）。日清戦争に最初から徹底的に反対していた勝海舟がこの開戦を批判的に詠じた漢詩に、結局「朝鮮」という「鶏林の美肉」は列強に食われてしまうだろうという予言とも言うべき部分があったが、その予言は清国に対しても的中する形となった。

■「大勝利」に熱狂する国民が大日本帝国のその後の進路に与えた決定的影響

日清戦争とは結局何だったのか？

まず、その遠因として朝鮮問題と条約改正問題が挙げられる。朱子学国家として清国との従属関係を断固として変えるつもりの無かった朝鮮国は、日本にとっての頭痛の種であった。朝鮮国は日本国からの友好善隣関係を築こうというメッセージも、「日本のような野蛮国の首長がこともあろうに天『皇』などと名乗ることは許されない」という朱子学的原則を一歩も踏み外さない頑なな態度で拒絶した。一方、日本ではこの「無礼」に対し武力で掣肘《せいちゅう》しようという征韓論が起こった。ただし、後にその急先鋒とされた西郷隆盛は実際にはそうした方向性には反対であったことはすでに述べた(『逆説の日本史 第22巻 明治維新編』参照)。

これに対して朝鮮国を武力による内政干渉で「改造」し、日本の国益に沿った日本の安全に支障の無い国家にしようというのが、大久保利通主導による江華島事件以来の日本の方針であった。しかし、朝鮮国のとくに指導者層は西洋近代化した日本を「野蛮な文化」いや「野蛮な技芸」に毒された「悪」としてしか評価しなかったため、両国の関係は険悪化の一途をたどった。こうしたなか、清も含め朝鮮と日本つまり東アジアの三国が連携して欧米列強に対抗していくべきだと考えていた勝海舟や福澤諭吉も、その前提条件として清国や朝鮮国が近代化つまり「脱朱子学化」しなければいけないという考えを持っていたこと、つまりこの点では大久保ら真の意味での「征韓論者」と意見が同じであったことは注目しなければいけない。それゆえに援助していた金玉均ら朝鮮開明派の改革運動が保守派の根強い抵抗によって挫折したとき、福澤諭吉もそれまでの穏健な態度を捨てて『脱亜論』つまり武力で内政干渉しなければ道は開けないという態度に転向した。勝海舟は最後まで穏健な東アジア三国提携路線を崩さなかったが、もはや孤立無援の状態であり日清開戦のころには脱亜論にもある「朝鮮国や清国の自主的改革を待っていられない」という世論が支配的となった。

一方、藩閥政府にのけ者にされた自由民権派の根強い運動によって帝国憲法が定められ議会が開催されたが、伊藤首相らの思惑とは違って政府は議会のコントロールに苦しんだ。それを解消するためには、何か国民をして一致団結させるような目標あるいは政治成果が必要だと伊藤が考えるなか、陸奥外相はそれをイギリスとの不平等条約解消によって解決しようとした。ところが様々な障害があって陸奥の意図したように物事は進まなかった。

ちょうどそのころ、朝鮮国で東学党の乱（甲午農民戦争）が勃発し、朝鮮国は反乱鎮圧のために清国へ出兵を要請した。天津条約によって日本も朝鮮への出兵が可能になると考えた陸奥は、日本に出兵させ朝鮮半島で日清両軍が激突する事態に持ち込めば、日本は戦時体制となり議会のコントロールも容易にできると考えた。もちろんその背景には記録には残っていないが山県有朋ら、朝鮮国に対する軍部強硬派の意図が働いていたことは間違い無いだろう。陸奥の誘導のもとに内閣は議会を解散し、同時に朝鮮への出兵決定に持ち込んだ政府は、軍を朝鮮の首都漢城付近に上陸させた。

しかし、農民反乱軍はあっけなく解散してしまい、清軍も日本軍との衝突を避ける方針をとったため、清国との戦争に持ち込んですべての難問を解決しようという陸奥の意図はいったんは挫折した。そこで陸奥は政府の方針として清国の撤兵要求に同意せず、軍隊をとどめたまま日清両国による朝鮮の内政改革を行なうべしと清国側に提案した。予測どおり、それを清国側は拒否した。予測どおりと言うのは、日本の主導による金玉均の改革（甲申政変）の失敗以降、清国は常に朝鮮国内の保守派と提携し軍事的政治的優位を確保していたからである。ここで日本軍の長期駐留を認めることは清国にとって何の利益にもならない。だから清国は拒否した。

しかし、それこそ陸奥の読みどおりだった。ロシアが介入してこないことを読み切った陸奥は、伊藤をして開戦に踏み切らせ、一方でアジアにおけるロシアの南下を防ぎたいイギリスの支持を得ることに成功し、念願の不平等条約改正に成功した。つまり、陸奥としてはまず条約改正を成功に導くことが第一であり、そのための開戦への誘導であったから、非常に大胆に言ってしまえば別に勝たなくてもいい戦争であった。ところが日本人が考える以上に、清国は腐敗していた。いや、日本の近代化がきわめて効率的であったと言い換えたほうがいいかもしれないが、大苦戦を予想していた海上決戦「黄海海戦」も、日本人にとって悪夢の象徴だった北洋艦隊の旗艦「定遠」を再起不能に追い込むなど、日本側から見れば望外の戦果を得た。どこの国でもそうだが、戦争に勝ったことを喜ばない国民はいない。そのことが、その後の日本いや大日本帝国の進路に決定的な影響を与えた。「戦争に勝ったことを喜ばない国民はいない」などと言うと現代の日本人のなかには首をかしげる人間もいるが、それは一九四五年(昭和20)の惨憺たる敗戦の記憶が国民の多くに継承されているからだ。それは人類の常識では無い。そんなことを言うと、これまでの日本では「右翼」とか「戦争主義者」呼ばわりされたが、私は人類の常識を述べているだけだ。ちょうど「平和の祭典」オリンピックで日本人選手が金メダルをとると国民が熱狂するように、かつては「黄海海戦」や「平壌決戦」で日本軍が勝てば国民は熱狂的にそれを支持したのである。もちろんオリンピックと違って実際の戦争では敵味方を問わず多くの犠牲者が出る。にもかかわらず、人類は「戦争に勝つ」ということに熱狂する。それが人類の持つ「悪癖」であり、それは古今東西を問わず、あらゆる民族あらゆる国家に認められる「性癖」なのである。現代でも、対立しているはずのアメリカと北朝鮮に共通点があるとすれば、皮肉なことにこの性癖だろう。

こうしたことに嫌悪感を持つのは自由だし、そうした見方を尊重もするが、その嫌悪感が絶対であると「生徒を洗脳」するのは、教育者として絶対やってはいけないことである。

もちろんジャーナリストもその点は同じで、そういう偏見を植え付ければ結局物事を公平かつ客観的な視点で見ることができなくなるからだ。しかし、この『逆説の日本史』の愛読者はとくに痛感しているだろう。日本にはそうした真理を理解しない人々の何と多いことか、と。そうした人々を真理に導くためになお一層の努力が必要だろう。

第三章

大日本帝国の試練Ⅱ

台湾および朝鮮統治

「同化政策」の成功と誤算

■閔妃虐殺を「救国の快挙」と主張する元反日韓国人作家金完燮

三国干渉《さんごくかんしょう》で泣く泣く遼東《りょうとう》半島を清国に返還した大日本帝国だったが、それを考えれば台《たい》湾《わん》および澎湖《ほうこ》諸島を租借では無く領有できたことは儲けものだったかもしれない。もっとも、このあたりは微妙で、前章でも述べたように清《シン》にとって台湾は「化外《けがい》の地」であり、厄介払いができたという感覚だったかもしれない。具体的に言えば、台湾は文明化されていない先住民の島でありインフラは何も無く、何にしても一から築き上げなければいけなかったからだ。それでも「対岸」の福建《ふっけん》省あたりからの移民がいて、ちょうどアメリカ合衆国建国当時のような新規入植者と先住民の争いがあった。新規入植者は開拓民である。何も無い土地を開墾し農園や牧場を作る。ところが先住民にとって入植者は侵入者だから、先住民側から入植者への妨害や略奪もある。それをはねのけて、いわば血と汗で築き上げた財産には、入植者たちは強い執着を抱くことになる。ところが、そこへ中央から「日本人にすべて明け渡せ」という命令が来た。承服できないと考えるのは当然の感情かもしれない。

日本政府は軍令部長であった樺山資紀《かばやますけのり》海軍大将を台湾総督に任じ、北白川宮能久《きたしらかわのみやよしひさ》親王（陸軍中将）が司令官を務める近衛《このえ》師団をして台湾接収の任にあたらせた。親王は幕末には上野寛永寺《うえのかんえいじ》の貫主《かんじゅ》（住職）でもある輪王寺宮《りんのうじのみや》であったが、その後幕府に同情を示し奥羽《おうう》越列藩《えつれっぱん》同盟の盟主に擁立された。その罪で一時は蟄居《ちっきょ》を命ぜられたが、明治天皇の配慮で軍人として政府に貢献することになった異色の人物である。しかし、この台湾遠征に参加したためマラリアに罹患《りかん》し現地で戦病死した。政府はこの親王を台湾征討の英雄として祀り上げ、のちに建立された台湾神宮の主祭神としたが、それは少し先のことになる。

とにかく、台湾には以上のような入植者がいたので彼らは中央の命令に従うことを潔《いさぎよ》しとせず、独立を宣言した。「台湾民主国」の誕生である。アジアで最初の共和国（君主のいない国）の誕生ではあったが、日本から見れば清国の約束違反、清国から見れば反逆者ということになるので、この国は長続きはしなかった。何よりも中央の命令で軍隊が引き揚げてしまったのは致命的だった。武装した民間人では本職の軍隊には対抗できない。それでも日本が三国干渉に屈し遼東半島を清に返還することを決定した一八九五年（明治28）五月に台湾民主国の樹立が宣言され、台湾民主国義勇軍は日本軍に激しく抵抗した。だが列強の支持は得られず、六月に日本軍の手によって台北が占領されると台南《たいなん》に拠点を移したが、この漢族系台湾人の抵抗は結局日露戦争勃発直前の一九〇二年（明治35）で終わった。先住民の抵抗はさらに一九〇五年（明治38）まで続いた。

しかし、一般的には日本の台湾統治は様々な意見はあるものの、大方「成功」だったと見られている。その証拠は、今でも台湾が世界一の親日国であるという事実だ。それに対し、「大失敗」ということになるのが日本の朝鮮統治だろう。韓国そして北朝鮮は今でも世界一の反日国である。では、いったいなぜそういうことになってしまったのか？

韓国人に問えばその最大の理由として挙げるのが「閔妃《びんひ》虐殺」であろう。韓国では現在「明成《ミョンソン》皇后《ファンフ》殺害事件」と呼ばれている。それは、この年一八九五年の十月八日に起こった。確認しておこう。まず閔妃とは何者か？

朝鮮、李朝第26代高宗の妃。驪興（れいこう）閔氏の一族、閔致禄の娘として、京畿道驪州に生まれる。１８６６年、大院君の夫人閔氏の推薦で王妃となったが、宮中内外に閔氏一族の勢力を扶植し、73年には大院君を失脚させた。（中略）閔妃とその一族は政権の中枢を独占する。閔氏政権がすすめた開国政策は国内にさまざまな対立を生み出し、82年には壬午軍乱がおこった。このとき閔妃は変装して王宮を脱出したが、清国軍が介入して大院君を天津に連れ去ると、再び勢力を回復した。このころから事大＝守旧派としての性格を強め、84年の甲申政変を清国軍の力を借りてのりきったあとは、袁世凱（えんせいがい）の勢力とも結んで開化派を弾圧し、守旧的な政治を続行した。94年7月、日本軍が大院君をかついで王宮を占領し、開化派の政権が成立すると（甲午改革）、閔妃の一派は政権から追われた。しかし翌年、三国干渉ののちロシアと結んで巻き返し、政権を回復。このため、勢力後退で焦燥感にかられた日本の手によって殺された。

（『世界大百科事典』平凡社刊　項目執筆者吉野誠　一部抜粋）

では、閔妃殺害事件とはどんな事件か？

1895年、日本公使三浦梧楼の指揮により日本軍人・大陸浪人らの手で閔妃が殺害された事件。三国干渉を契機として復活した閔氏政権の排日政策に対抗して勢力挽回を図った三浦は、10月8日早朝、ソウル駐在の日本守備隊および岡本柳之助、安達謙蔵ら日本人壮士のグループに命じて景福宮を襲撃させた。宮殿内に乱入した彼らは閔妃を斬殺して奥庭にひきずり出し、死体を凌辱したうえ石油をかけて焼き払い、これと同時に、大院君をかつぎ出して金弘集を首班とする親日開化派政権を成立させた。三浦は朝鮮軍隊の内紛を装ったが、王宮の内部にいた外国人の目撃などから国際的な非難をあびた。そこで日本政府は、三浦以下48名を召喚して形ばかりの裁判を行い、翌年1月、証拠不十分として全員を免訴・釈放した。日本のこのような蛮行に対して、朝鮮各地で反日義兵闘争がまきおこった。

（引用前掲書）

何と、一国の公使がその国の王族を斬殺したというのだ。「死体を凌辱した」かについては疑問だとする研究者もいるが、とにかく殺害したのは事実だ。とんでもない「蛮行」には違いない。これでは韓国人が日本を嫌うのを無理は無い、と思った人もいるだろう。しかし、事はそう単純では無い。じつは韓国人でありながら「閔妃を排除したことは決して殺人ではなく、救国の快挙として評価されるべきなのだ」と主張する人がいる。『親日派のための弁明』『親日派のための弁明2』の著者金完燮《キムワンソプ》である。この言葉も彼の著書（荒木和博、荒木信子共訳　草思社刊。〜2は星野知美訳　扶桑社刊）からの引用だ。「救国の快挙」とは言うまでも無く当時の朝鮮国を救うために絶対に必要で、正当な称賛されるべき行為だったということである。

ひょっとしたら初めて彼の名を知った日本人は、彼のことを日本べったりの「おべっか野郎」と思うかもしれない。しかし、それはまったくの誤解でむしろ彼は若いころから「反日」の塊のような人間だったのである。今の韓国人は小さいころから「いかに日本が悪であるか」ということを叩き込まれる。最近はどうだか知らないが、以前は小学生に日本兵が若い韓国女性を拷問している「展示」を見学させていた。蠟《ろう》人形でリアルに再現した拷問シーンを、まだ判断能力もよく育っていない子供たちに見せるのである。情操教育などという言葉は韓国では死語のようだ。そして少し大人になればドラマや映画でまさに「閔妃への凌辱シーン」のような日本人の「悪行」を、これでもかこれでもかと見せつける。もちろん、そうした悪行がまったく無かったとは言わないが、そうしたドラマや映画では徹底的に誇張されている。読者のなかには、いわゆる「韓流ドラマ」のファンがいるかもしれない。しかし、この手のドラマは日本にまったく輸入されていないので、多くの日本人がその存在を知らない。一方、韓国では子供のころから「日本人は極悪非道」と思い込ませる教育が当たり前なので、前にも述べたように韓国と北朝鮮が力を合わせて日本に原爆を落とすと脅迫し屈服させるという小説『ムクゲノ花ガ咲キマシタ』が、百万部の大ベストセラーとなったのだ。韓国の人口は日本の半分ほどだから、百万部売れたということは日本で言うなら「二百万部」売れたことになる。映画化もされ大ヒットしたから韓国人でこの作品のことを知らない人間はいないと言ってもいいだろう。にもかかわらず日本に来た韓国人はそれを口にしないし、日本のマスコミもそういうことはまるで報道しない。そういうことを報道しないのが「日韓友好」を推進するとでも思っているのだろうか。相手がそれほど憎悪をむき出しにしているのなら、それが事実だと報道すべきなのに。ネットで調べればすぐにわかることなのに。

■改革派を弾圧し守旧的な政治を断行した閔妃は「韓国近代化のガン」

とにかく、そうした教育で育った金完燮は当然の結果として、日本を激しく憎み日本人を深く軽蔑するようになった。『逆説の日本史 第二十三巻 明治揺籃編』でも述べたように、阪神大震災が起こり五千人を超える日本人が犠牲になったときに彼は、「ざまあみろ、天罰だ」という感想を抱いた。著書にもちゃんと書いていることだ。彼が言いたいのは、それが多くの韓国人の本音だったという事実なのである。子供のころからの徹底的な反日教育の当然の結果である。いわゆる「従軍慰安婦問題」の根底にもこれがあるし、だから日本がいくら韓国を援助しても韓国人はそれを恩義に思うどころか「まだ足りない」と不平を言うのである。

しかし彼は、ここから先が違った。オーストラリアで暮らすようになって得意の英語で歴史を勉強するうちに、どうも韓国側の主張のほうがおかしいということに気がついた。韓国人はよく日本人に対して「歴史歪曲《わいきょく》」という罵声を浴びせるが、完全に逆なのではないかということも発見した。この強靭な知性に私は敬服する。普通、子供のころからそんな「洗脳教育」を受ければ、そこから脱出するのはきわめて困難だ。とくに自力ではほとんど不可能に近い。だが彼はそれをやり遂げたのである。そして、まず彼が書かねばいけないと思ったことは「閔妃の排除は救国の快挙」ということだった。それを証明するために彼はまず、今の韓国史のなかで軽視されているある史料を紹介する。それは閔妃の夫でもある朝鮮国王高宗《こうそう》が、閔妃殺害後に国民に向けて発したメッセージと言うべき勅書がある。それは次のようなものである（以下、『親日派のための弁明2』より引用）。

朕《ちん》が位について以来三十二年が過ぎ、治化（引用者註　善政で国を治め国民を教化する）が至らないのは、皇后閔氏が親戚《しんせき》を引き入れ、彼らを左右において朕の耳目《じもく》を塞《ふさ》ぎ、人命を迫害し、政令を乱し、官職を売買したためだ。閔妃の虐待は天まで昇り周囲に詐取が起き、宗社は危ういほど傾き、礎石を保つことができない。朕が閔妃の極道無道な事実を知りながらも、罰を下せないのは朕が不明であることにも理由があるが、かの一党を恐れてのことなのだ。（中略）閔妃の罪悪は実に天地にみなぎり、二度とは宗廟を継げない、我々王家の習わしによって閔妃を庶人に廃するものである。

（黄玹《こうげん》『梅泉野録《ばいせんやろく》』教文社　一九九四年）

この勅書は、閔妃を「極道無道」で「罰を下」すべきだった、としている。通常、韓国の歴史家はこれは当時宮廷を占拠していた日本軍の強制によって出された文書だとする。

確かに国王高宗は妻である閔妃べったりで、常に行動をともにして政治も同じ路線で行なっていた。そして当時は日本軍の支持を受けていた父の大院君《たいいんくん》と激しく対立していたから、高宗はこんな勅書を自分の意志で出すはずが無い。それはそのとおりである。しかし、大院君の意志に沿うものであったことは間違い無い。大院君自身は閔妃殺害直後に「閔妃を中心とする一派が維新の大業を中断させた」という内容の非難声明を出している。これも日本軍の強制だなどという意見もあるが、大院君が長年閔妃と激しく対立していたこと、恐妻家の高宗などとは違って脅迫に屈しない人物であることは韓国史の言わば常識である。だから問題は大院君の好き嫌いとは別に、客観的に見て閔妃が韓国の近代化にとっての「ガン」であったか否かを検討することであろう。

じつは、そのことはもう結論が出ていると言っていい。前出の百科事典の記述をご覧いただきたい。当時の日本人の行動にきわめて批判的な立場から見ても、閔妃とその一派が「事大《じだい》＝守旧派としての性格を強め」「開化派を弾圧し、守旧的な政治を続行した」、つまり身分制度の撤廃も、男女平等も、言論の自由もハングルも一切ダメという政治を展開していたことは疑問の余地が無いということである。

■言論の自由より「先祖の名誉」が優先する朱子学社会

閔妃は王子坧《チョウ》を世子として冊封するために莫大な資金を費やした。そのうえ、閔妃は世子の健康と王室の安寧を祈るために、「巫堂《ムダン》ノリ」を毎日行なわせた。「巫堂ノリ」は巫女たちが狂ったように踊り、祈る呪術である。

そのかたわら、金剛山の一万二〇〇〇の峰ごとに、一峰あたり一〇〇〇両の現金と、一石《こく》の米と一疋《ぴき》の織物を寄進した。つまり、合計して一二〇〇万両の現金と、一万二〇〇〇石の白米、織物一万二〇〇〇疋を布施した。

当時の国家の財政状態は、一五〇万両、米二〇万石、織布二〇〇〇疋を備蓄していたにすぎなかったから、閔妃が金剛山に供養した額は、国庫の六倍以上に当たるもので、とうてい耐えうるものではなかった。

これは法外な浪費だった。宮廷の要路（重職）の顕官たちは、民衆から搾取して、競って閔妃に賄賂を贈り、王妃に媚びて「巫堂ノリ」に積極的に参加し、巫女たちとともに踊った。閔妃は、狂気の宮廷に君臨する女王だった。

（『韓国 堕落の2000年史』崔基鎬《チエケイホ》著　祥伝社刊）

細かい数字は反対派による誇張があるかもしれないが、閔妃がこのような民衆を苦しめる「悪王」であったことは、歴史的事実である。いや、民衆ばかりでは無い。民衆を直接搾り取れる官僚はともかく、給料をもらっている軍人は何か月もの遅配に苦しめられた挙げ句、反乱を起こした。壬午《じんご》事変である。一八八二年（明治15）七月、このときは日本の指導の下に軍隊の近代化を進めていた閔妃は新式軍隊を優遇する反面、旧軍兵士への俸給の遅配および不正（俸給として支給する米に土砂を混ぜる）がひどく反乱のきっかけとなった。反乱軍は閔妃を捕らえるべく（殺害する予定だったという説もある）王宮にも乱入したが、閔妃は女官に変装して脱出した。日本の暗殺団が閔妃を殺害したとき彼女の写真を持っていたのは、このときのことが「教訓」になったようだ。

反乱軍は閔氏政権を倒し大院君を担ぎ出したが、今度は閔妃は清国と手を組んで政権を奪回した。そして「日本頼むに足らず」と、今度は事大主義つまり清国べったりの反近代化路線に転向した。そして、前に述べたように朝鮮近代化のリーダーであった金玉均《きんぎょくきん》に刺客を送り暗殺すると、その遺骸を朝鮮国まで運ばせ凌遅《りょうち》刑に処した。遺体をバラバラにして晒《さら》す世界でもっとも残酷な刑罰の一つである。そこには「大逆不道（極悪非道）玉均」と大書されていた。玉均は国を愛するがゆえにこのままではいけないと立ち上がったので、民を苦しめたわけでも無く死に至らしめたのでも無い。それを積極的に行なったのは閔妃のほうなのだが、あくまで事大主義つまり伝統的な朱子学の価値観では、主君に不忠であり祖法《そほう》を変えようとした玉均のほうが「極悪人」なのである。しかも連座制で彼の親族（三親等）はすべて処刑された。金玉均および同志の徐載弼、徐光範の父母妻子はすべて死刑になったのだ。これも閔妃の命令である。あまりのことに福澤諭吉は激怒し、主宰する新聞で次のように論評した。

人間娑婆世界の地獄は朝鮮の京城に出現したり。我輩は此國を目して野蠻と評せんよりも、寧ろ妖魔惡鬼の地獄國と云はんと欲する者なり。而して此地獄國の當局者は誰ぞと尋るに、事大黨政府の官吏にして、其後見の實力を有する者は則ち支那人なり。我輩は千里遠隔の隣國に居り、固より其國事に縁なき者なれども、此事情を聞いて唯悲哀に堪へず、今この文を草するにも涙落ちて原稿紙を潤ほすを覺へざるなり。

（『時事新報』1885年〈明治18年〉2月26日付「朝鮮獨立黨の處刑」）

これが同年発表された『脱亜論《だつあろん》』につながり、オピニオンリーダーである福澤の見解が多くの日本人に支持された。勝海舟《かつかいしゅう》や金玉均が理想としていた「日本、中国、朝鮮の三国が同盟を組んで欧米列強に対抗する」路線が夢物語とされ、日清戦争への道が開けたのである。最近は日清戦争を日本のアジア侵略の第一歩としてとらえ、かつて言われた「野蛮と文明との対決」では無いと主張する論が優勢であるが、こうした経過を見ればそんなに簡単に言い切れるものでは無いことがおわかりだろう。福澤が『脱亜論』で強調しているように、罪人の親兄弟妻子まで皆殺しにするなどという朱子学に基づく野蛮な風習は、この時点で日本はとうの昔に廃止しているのである。しかし、朝鮮国はそれをやめようとしなかった、なぜならそれが祖法であり、尊ぶべき先祖が定めた法を「野蛮」などと評すること自体、朱子学の絶対的な道徳である「孝」に反するからである。改めるなどとんでもないことなのである。改めさせるには体制を根本から変えるしか無い。

何度も述べて恐縮だが、この朱子学がいかに頑迷固陋《がんめいころう》で国家や民族の発展を妨げるかということについて、私はこの『逆説の日本史』において何度も強調してきたつもりだ。しかし日本でも韓国でもこの弊害について的確に認識している研究者はほとんどいない。しかし、先に紹介した『親日派のための弁明』の著者金完燮、そしてそこで紹介した『韓国堕落の2000年史』の著者崔基鎬はそれがわかっている人たちである。しかし、崔基鎬は韓国のマスコミから「歴史歪曲者」として厳しく糾弾されているし、金完燮に至っては「犯罪者」である。比喩として言っているのでは無い。著書『親日派のための弁明』は当初は韓国で発表されたが、何と「青少年有害図書」に指定されてしまった。そればかりか閔妃の子孫に「先祖の閔妃を侮辱した」と名誉棄損で訴えられ、敗訴し高額の罰金を支払わされた。そもそも歴史上の人物の子孫に現在の歴史研究者を名誉棄損で提訴できるような法律は、民主主義社会では存在してはならない。そんなことを認めたら自由な研究ができなくなり、結果的に思想の自由そして言論の自由が失われてしまう。しかし現代の韓国にはそういう法律が存在するのだ。それは先祖の名誉を守ること、つまり「孝」を貫くことが言論の自由などよりはるかに重要だと考えられているからである。

これが朱子学社会であり、民主主義社会とはほど遠いものだということはおわかりいただけるだろう。

■閔妃や北朝鮮の金一族を「英雄」にしてしまう「反日」という歴史歪曲

昔の朝鮮国、そして発展形である大韓帝国《だいかんていこく》では「閔妃のような女」というのは女性に対する最大の侮辱であった。これも歴史上の事実なのだが、私は日本人で良かった。韓国で同じことを言ったら名誉棄損で訴えられただろう。韓国では閔妃（閔氏出身の王妃）と呼ばず明成皇后と呼ぶが、それは閔妃政権が倒され朝鮮国が事大主義から解放され、国王高宗が朝鮮民族史上初めて大韓帝国「皇帝」となったから可能になったこと（皇帝の妻は皇后）なのである。つまり、皮肉なことに彼女の権勢が続いていたら、彼女が「皇后」と呼ばれることは永遠にあり得なかった。

また朱子学の価値観では「スポーツ」はきわめて卑しむべきことである。現代の韓国の英雄フィギュアスケートのキム・ヨナ元選手も、明成皇后から見れば「嫁にも行かず半裸に近い姿で人前で踊る朝鮮民族の恥晒し」になる。祖法に縛られ女性の自立を否定し西洋化をすべて拒否する朱子学の価値観から見れば、それ以外の見方は無い。明成皇后なら、金玉均にしたように彼女に刺客を差し向けたかもしれない。

またこの件に関しては多くの女性研究者がむしろ閔妃を擁護するような見解を発表しているが、閔妃の権勢が続いていればそもそも女性研究者の出番などまったく無かったということをもっと認識すべきであろう。「女は家庭に引っ込んでいろ。高等教育など必要無い」というのが朱子学信者の絶対的立場である。日本でも島津《しまづ》久光《ひさみつ》がそうで、もし彼が日本国王であったら近代化など夢の夢で朝鮮国と同じ道をたどっただろう。

だからこそ崔基鎬は、「閔妃は義父に背恩《はいおん》したうえに、民衆を塗炭の苦しみにあわせ、国費を浪費して国を滅ぼしたおぞましい女である」(引用前掲書)と断じ、金完燮は「閔妃を排除したことは決して殺人ではなく、救国の快挙として評価されるべきなのだ」(『親日派のための弁明2』)と言い切ったのだ。私は彼らの閔妃に対する評価にはまったく賛成である。それが歴史の真実である。

ただし「閔妃の排除」は朝鮮民族近代化のためには絶対に必要だったと認めるにしても、それが日本人の手によって行なわれたことについては、やはり正しいことでは無かったと考える。いかにその民族にとって絶対に必要なことであっても、民族のことはその民族が自身で決断実行すべきであるからだ。だから、この殺害について朝鮮民族が不快感を持つのは当然であるとも考える。

　逆に言えば、今も民族に正しい歴史を認識させようと奮闘している崔基鎬、金完燮の両氏には深い敬意を捧げたい。韓国で本当の歴史を語ろうとすることは、場合によっては生命の危険も無いではない。きわめて勇気を必要とする行為だからだ。しかし現代の韓国では、こうした勇気ある歴史研究者を国家やマスコミが寄ってたかって痛めつけるという構造になってしまっている。最近も韓国の世宗《セジョン》大学朴裕河《パクユハ》教授がいわゆる「従軍慰安婦問題」について、韓国側の公式見解を批判する著書『帝国の慰安婦』を発表したところ、マスコミで厳しく糾弾され慰安婦から名誉棄損で訴えられるという事件があった。学説が他者からの批判を受けるのは当然だが、マスコミで一方的に「悪」と糾弾され裁判で撤回するよう訴えられてしまう国は、まともな民主主義社会と言えまい。

　しかし、この韓国の現状は考えてみればじつに不思議な話で、閔妃が朝鮮国近代化の徹底的な障害であったことなど、少し歴史を研究すれば誰にでもわかるはずのことなのに、実際には「当たり前」のことを主張する人間が極悪人扱いされている。逆に閔妃のほうは「悲劇のヒロイン明成皇后」としてその生涯はドラマ化されミュージカル化され、しかも大ヒットしているのである。通常の国家ならあり得ない現象である。この現代史のミステリーを解く鍵はあるのか？

それはある。それは韓国が戦後ずっと続けてきた「反日政策」である。

まず、ここでどんな歴史研究者でも絶対に否定できない、歴史上の真実を挙げておこう。それは北朝鮮という国家が戦後成立して以降、国を支配する金日成《キムイルソン》一族の失政によって多くの朝鮮民族が餓死させられたという事実である。国連もとくに一九九〇年代北朝鮮に約五十万人の餓死者が出たと推計しているし、団体によっては餓死者は三百万人としている。途方も無い数である。その原因についても気候の問題というより、それに対応できない農業技術の不備、不足いわば体制の問題であることも否定する人間は一人もいないだろう。しかも、その状況は現在も続いている。

国家とは本来国民の生活を守るためにあるのに、現在の北朝鮮は核開発、ミサイル開発に国の予算の大部分をつぎ込み、その結果飢餓対策は無策に等しく今この段階でも餓死者は出ているだろうし今後も続くだろう。

では、なぜ核ミサイル開発に血道を上げるかと言えば、金一族の権勢を維持するためである。つまり、彼ら金一族の私利私欲のためである。餓死というのは人間にとってもっともみじめな死に方の一つであるが、北朝鮮はアフリカのように深刻な気候不順がある国とは違う。彼らが私利私欲を捨て国家を解放すれば明日にでも解決する問題だ。しかし彼ら金一族はそんなことは夢にも考えていない。

歴史上、もっとも朝鮮民族を苦しめ殺したのは金一族である。その殺した数は、少なくとも数十万人に達する。そうである以上、現代の韓国人は彼らを朝鮮民族の敵として徹底的に糾弾しなければおかしい。しかし、実際には戦後日韓基本条約などで韓国に多額の経済援助を行ない、近年に至っても韓国の経済的窮地を何度も救い、何よりも朝鮮民族を餓死などさせたことの無い日本が、数十万人を餓死させた北朝鮮より韓国国内では「悪」と考えられている。その証拠に、韓国と北朝鮮が共同して日本を懲らしめるという小説が二百万部売れる。常識で考えたらあり得ない事態ではないか。

それは「反日」という歴史歪曲で長年国民を欺いた「成果」である。それ以外にこの不可解な現象を説明することはできない。だからこそ「暴君」閔妃も「朝鮮民族をもっとも殺した」金一族も免罪され、「英雄」になってしまう。韓国の歴史学者やジャーナリストはいったい何を考えているのか。国民に真実を告げるのが本来の使命であるのに、これが国家の危機だとは彼らは夢にも思っていないらしい。

二〇一八年（平成30年）、南北首脳会談に韓国は浮かれ切っていたが、私は餓死させられた数十万の朝鮮の人々に哀悼の意を捧げたい、と思う。

■信長の「二宮移転」で独裁体制の永続化を図る金正恩政権

永禄《えいろく》六年（１５６３）、その三年前に桶狭間《おけはざま》の合戦で今川義元《いまがわよしもと》を破った織田信長《おだのぶなが》は、本拠を尾張《おわり》国清洲《きよす》城から小牧山《こまきやま》城に移そうとしていた。美濃《みの》国の斎藤義龍《さいとうよしたつ》と本腰を入れて戦うためである。美濃国に向かって北上するためには、清洲よりも小牧山のほうがはるかに位置的に便利だったからだ。ところが、家臣の大多数はこの方針に大反対だった。清洲は昔から開けた商都で、現代風に言えば飲み屋や商店街もあるところだが小牧山は無人の荒野で何も無い。そればかりでは無い。そもそも、桶狭間の合戦以降に信長がとった政策、つまり松平元康《まつだいらもとやす》（のちの徳川家康《とくがわいえやす》）との同盟（織徳《しょくとく》同盟）にも家臣の多くは反対であった。理由は簡単で、織田家と松平家は父祖の代から殺し合ってきた間柄であるからだ。家中には父や兄や弟を松平勢に殺された遺族が大勢いる。せっかく今川義元を倒して松平家がガタガタになったのになぜ攻めないのか、攻めれば長年の仇敵を滅ぼし領土も拡大できる、なぜ殿はそうなさらないのか、と家中の面々は不満たらたらであったのだ。

このあたりの事情は『コミック版 逆説の日本史 戦国三英傑編』（小学館刊）に詳しく書いたところで、興味のある方はそちらを見ていただきたいが、ここで述べたいのはコミック版の宣伝では無い。信長がこのような状況のなかで、どうやって家中の大反対を封じ小牧山移転を成功させたかということだ。

信長のもっとも信頼できる伝記『信長公記《しんちょうこうき》』（太田牛一《おおたぎゅういち》著）には次のようにある。

信長はある日突然、清洲にいたすべての家臣に小牧山では無く、二の宮山への移転を命じた。家臣一同は仰天し呆然自失した。小牧山は山といっても濃尾《のうび》平野に突き出た丘のような地形で周囲は平地である。ところが二の宮山は本当の深い山で土地も凸凹であり不便きわまりない。そんなところに移転命令を出したのだから、我に返った家臣たちは口々に不満を唱えた。信長はその様子をしばらく見ていたが、突然「お前たちがそんなに不満なら小牧山にしよう」と命令を撤回した。家臣たちは大いに喜び、結局小牧山への移転は上手くいった。

祐筆《ゆうひつ》（秘書官）として信長に近侍していた太田牛一は、これを「奇特なる御巧《おんたくみ》」つまり「見事な作戦」と評しているが、私も同感である。

人間の心理を、じつに上手く突いている。中国の故事「朝三暮四《ちょうさんぼし》」を思い出した人もいるだろうが、あれとはかなり違う。あれは全体で「七（三プラス四）」あるエサの供給量は増やさずに与える時間を変えてごまかすという話だが、信長のこれは、国語辞典風に定義するならば「達成困難な課題があるとき、それとは別の多くの人が不満を抱く問題を意図的に作り出して意識をそれに集中させたところで、その廃止を提案し人々を喜ばせて、心理的な隙をついて達成困難な課題を実現する」というところだろうか。

朝三暮四もそうだが、中国の故事に由来する成語は多い。しかし私は日本からも一つそういう成語の列に加えるなら、この信長の「二宮移転」を挙げるべきだと思う。と言うのはつい最近も、この「二宮移転」を上手く使って困難な政治課題を達成した、いやほとんど達成しかかっている「奇特な」政治家がいるからだ。誰のことを言っているかおわかりだろうか?

北朝鮮の最高権力者金正恩《キムジョンウン》のことである。そう言われて意外に思う人がほとんどだろうが、それこそまさに「二宮移転」にやられている証拠だ。

順を追って考えてみればわかる。ここ何十年にわたって北朝鮮というのは独裁者の君臨する「悪の帝国」であった。先にも述べたように数十万人の自国民を餓死させ、国民の人権や自由は一切認めず、逆らう者はろくな裁判も無しに収容所に送り込み公開処刑する。それればかりでは無い。正恩の兄の金正男《キムジョンナム》は送られた刺客によって暗殺された。そうした体制が何十年も続いているのである。しかも恐るべきことに、独裁者一家である金一族はこの体制を何とか永続化しようと望み始めた。

もちろん、自由と民主主義を標榜するアメリカをはじめ世界の国家のほとんどが、その集合体である国連も含めてそんなことは絶対に認めない。自由も民主主義も無い専制国家中国ですら北朝鮮のやり方には眉をひそめていた。つまり、世界中にそんな金体制をこれ以上認めないという空気が満ち満ちていた。そうした状況のなかで金一族独裁体制を永続化させるなど、普通ならどう考えても不可能だ。つまり、これはきわめて実現困難な政治課題なのである。

ところが、金正恩はまさに「二宮移転」を宣言することによって、この到底実現不可能と思われた政治課題「金体制の永続化」を実現しようとしている。何が「二宮移転」なのかはおわかりだろう。核兵器そしてＩＣＢＭの開発である。これに世界は大いに慌ててしまい、「世界の警察官」アメリカですら「北朝鮮が核放棄をするなら北朝鮮の現状は認める」というところまで後退してしまったではないか。日本もマスコミも含め多くの人間が「話し合いさえまとまれば世界は平和になる」と浮かれているが、仮に今後北朝鮮が核を全面的に放棄したところで、それは決して民主主義の勝利では無い、むしろ大敗北だ。北朝鮮の現状はそのまま維持されてしまうのだから金正恩の大勝利でもある。織田信長が現代に現われたら、「相変わらずバカが多いな」と冷笑するだろう。

では、バカにならないための方法はあるのか？　一つある。これも論理的に順序立てて考えればいい。北朝鮮の目的は何か？「北朝鮮は悪の帝国である」という事実から人々の目を逸《そ》らすことである。ならばその逆をやればいい。たとえば拉致《らち》問題という、現代にあるまじききわめて理不尽な北朝鮮の人権侵害を粘り強く世界に訴えていくことだ。もちろん北朝鮮はそれをやられることが一番困る。だからメディアなどを使って「日本だけがバスに乗り遅れている」「世界は日本の強圧的なやり方を支持していない」などと主張し黙らせようとする。情け無いのは、こうした北朝鮮の尻馬に乗る日本の文化人やマスコミがいることだ。たとえば安倍晋三《あべしんぞう》首相のやり方に反対ならばそれを表明する自由はある。言うまでも無く北朝鮮と違って日本は言論の自由が認められている社会なのだから。だが、いくら反対だからと言って安倍首相が力を注いでいる拉致問題の解決についてまで冷笑したり揶揄《やゆ》したりするのはどうか。今でも拉致されている日本人を一刻も早く取り戻すことは、たとえ首相が誰であろうと第一に考えなければならないことではないか。それを「苦しいときの拉致頼み」などと茶化すのは言語道断である。拉致被害者家族の苦しみを考えたことがあるのか、とあえて私は言いたい。

いやひょっとしたら、そんなことを口にする人間たちはそもそも拉致被害者家族の苦しみなどどうでもいいのかもしれない。若い人はご存じ無いかも知れないが、日本には北朝鮮が拉致の事実を認めるまで「北朝鮮のような平和国家がそんなバカなことをするはずが無い」と主張し、北朝鮮は拉致をしていると主張する人間たちを、まるで悪魔か人間の屑《くず》のように批判していた連中がいた。それも一人や二人では無い。むしろそういう政治家、文化人、ジャーナリストそしてマスコミのほうが多数派だった。前にも述べたように、かつてはテレビでもラジオでもニュース番組のアナウンサーは「北朝鮮」と言った後、必ず「朝鮮民主主義人民共和国」と言わないと上司に叱責された。それを言うなら「韓国」と言った後に「大韓民国」と言わなければいけないはずだが、そんなことを言うと「右翼」扱いされた。そういう状況を画面で見ていた人は今でも大勢いるから、もしこの話が信じられなかったら聞いてみるといい。五十代以上なら確実にその「事実」を目撃している。そうした状況であったからこそ、北朝鮮はアメリカや日本などから提供された膨大な援助を国民の飢餓を救うためには使わず、核兵器およびＩＣＢＭの開発に使いほぼ完成に導くことができたのだ。そういう過去をまったく反省しない人が、まだまだ日本人のなかには大勢いる。これも北朝鮮の情報工作大成功というわけだ。

■歴史学界にも存在する「韓国・北朝鮮大応援団」

ここまで時事問題について述べたが、時事問題というのは歴史問題でもある。「今日のニュースが明日の歴史になる」のが人間の世界だからだ。一つ認識していただきたいことは、言論が自由で情報も自由に集められるはずの現代日本でも、北朝鮮に対する見方はこれほど歪められていたという事実である。ならば、歴史上の「朝鮮問題」についてもそのような情報操作が行なわれているという危険性はかなりあるということは、理解していただけただろう。北朝鮮の歴史教育は「金一族の支配の正当化」が目的であり、そのために歴史上の事実を徹底的に歪めている。北朝鮮の「歴史学者」の書いた論文、著作物はまともに相手にする価値の無いものである。

では韓国はどうか。少数の真の意味で良心的な学者や文化人の著作物はある。それはこれまでにもいくらか紹介した。しかし残念ながら、韓国の教育も「日本を悪者に仕立てる」のが目的だから、その有用性はきわめて低いと断ぜざるを得ない。この稿を書いている時点でも韓国は「徴用工の銅像を建てる、建てない」でもめているが、その反日行動の陰で朝鮮民族を何十万人も餓死させたという金一族の世紀の大犯罪はうやむやにされつつある。北朝鮮の韓国に対する情報工作も大成功ということだ。

いつの日か北朝鮮も真の民主主義国家となり、韓国も朱子学の悪影響から完全に脱して、自由で公正な歴史研究が行なわれる時代が来るかもしれない。いや必ず来るだろう。しかし、それにはもう少し、いやかなりの時間がかかりそうだ。確実に言えるのは、この『逆説の日本史』が現代編に入り完結するまでには間に合いそうも無いということだ。

そして日本におけるもう一つの問題は、かつてマスコミに「北朝鮮大応援団」がいたように、学界にも「韓国・北朝鮮大応援団」としか思えない人々がいて学問の真実性を歪めているということである。たとえば閔妃を殺したのは日本人である。それは異論の挟む余地は無いし、私もすでに述べたようにこの殺害は日本人によってなされるべきでは無かったと考えている。だが、それは朝鮮史にとって「閔妃排除」が必要であったか否かという議論とは、また別の問題である。それはそれでまた別に論じなければいけないのだが、そうしたことを混同し「とにかく日本人が悪い」という韓国側の結論を無条件に支持することが、日韓友好であり良心的であると錯覚している日本人研究者がまだまだいるようだ。これもこの『逆説の日本史』古代編から繰り返し述べていることだが、そういう態度は決して良心的でも無く真の友好姿勢でも無い。まさに幇間《ほうかん》（たいこもち）のように相手に迎合しているに過ぎないからだ。胸に手をあてて考えてもらいたい。相手を真の友人と思うならば人間決して迎合したりはせず、言うべきことは言うはずだ。そういう態度こそ真の友情を確立する道だと私は確信している。

さて、話を閔妃殺害直後の朝鮮国に戻そう。閔妃の夫である国王高宗と、その実父である大院君が対立するなか、朝鮮国の運営にあたっていたのは官僚出身の政治家金弘集《キムホンジプ》であった。日清戦争の当初、軍事力で朝鮮国を制圧した日本は、大院君の支持という形で金弘集を首班（内閣総理大臣）とする政権を発足させ、科挙《かきょ》の廃止、身分差別の撤廃などの改革を実施させた。改革が始まった一八九四年のエトをとって甲午《こうご》改革という。何度も言うが、事大主義（中国をご主人様とする主義）の朝鮮国には独自の年号は無い。朝鮮国がなぜ事大主義かと言えば、朱子学絶対の体制だからだが、そうした体制では科挙に合格しないと政治に参画できない。だが、そんな体制ではいつまでたっても国家の近代化などできない。弘集自身は科挙に合格して官僚になった人間だったが、若いころから外交を担当し日本にも何度か訪問するうちに、近代化には科挙の廃止が欠かせないことを自覚するようになった。すなわち、この改革は弘集にとっても望むところであったのだ。

しかし、圧倒的多数を占める保守派つまり朱子学の狂信者は決してそんな改革を評価しようとはしなかった。

■庶民のレベルに至るまで朱子学の毒に「洗脳」されていた近代朝鮮

日本と、朝鮮あるいは清との運命を分けたのは、やはり朱子学であろう。これは明白な事実であると同時に決定的要素でもあるのだが、どうも日本の近現代史研究者の多くは、大変失礼ながらそうした感覚は乏しいようだ。この『逆説の日本史』シリーズの愛読者は耳にタコができているかもしれないが、日本の歴史学界は日本人の「宗教」を無視した歴史分析を「科学的」だと考えているようだ。そんなことでは歴史の真相などつかめないのだが、どうもそのあたりが今一つ飲み込めないらしい。

そうした日本歴史学界の「欠点」が如実にわかるのが、この近現代史における朝鮮国および清国との比較である。

近代以前は、どこの国でも愛国心は旺盛である。この点ばかりは、日本、朝鮮、清すべて共通している。そこへ欧米列強という侵略者が攻めてきた。この三国の武器、武装あるいは制度では彼らに太刀打ちできない。欧米列強は武器が優れているだけでは無く、国民皆兵などの近代的軍隊システムでも、三国をはるかに凌駕している。むろん、武器の性能が劣るということは誰の目にもあきらかである。火縄銃とライフル、鋼鉄製の榴弾《りゅうだん》砲と青銅製の旧式砲、木造帆船の戦艦と鋼鉄製の蒸気戦艦等々、三歳の子供とは言わないが、小学生でもどちらが優れているか判断できる。

にもかかわらず、朱子学の狂信者であった島津斉彬《なりあきら》の父斉興《なりおき》は、同じ狂信者の息子久光に命じて、せっかく斉彬が造った三千挺のライフルをすべて廃棄させた。欧米列強など野蛮であり「文化など無い」、欧米式の武器など「優れているわけが無い」からである。その久光も薩英戦争で惨敗し欧米列強の実力を目の当たりにしたところで、武器の西洋化を渋々認めた。しかし、明治維新が成功するとまさに「三つ子の魂百まで」で、「すべてを昔に戻せ」と言い出した。軍隊も、教育制度も何もかもである。当然女性の社会進出など絶対に認めない。それが朱子学の教えであるからだ。

日本は徳川家康の奨励で江戸時代以降、武士という武士は朱子学を基本教養とした。だからこそ「商売は悪」とする教えによって、田沼意次《たぬまおきつぐ》の「改革」が朱子学の狂信者松平《まつだいら》定信《さだのぶ》の勢力によって妨害され、結局幕府は立ち直りのチャンスを奪われた。

しかし、逆に言えば日本人の朱子学はあくまで「付け焼き刃」である。本当に朱子学を国家の政治哲学とするならば、国家を運営する官僚は科挙つまり朱子学を受験科目とする国家試験で選ぶのが正しい。だからこそ李朝《りちょう》時代の朝鮮国の人々は、日本という国を一段劣る野蛮国と見下していた。老中も若年寄も奉行も科挙では無く身分で選ばれていたからだ。しかし、結果的には日本のためにはそれは幸いであった。朱子学の毒に百パーセント染まらずに済んだからである。

では、染まるとどうなるのか？　それが朝鮮国の歴史をたどると如実にわかる。

一八六〇年代の李朝にあっては、世界秩序とは、いまだ中国を宗主とする中華世界の秩序でしかなく、欧米を含めて世界を考えることなど、およびもつかないことであった。

大院君が鎖国攘夷政策を果敢に実践した結果、実際にフランス艦隊やアメリカ艦隊を撃破することができたことは大きかった。この自信のもとに、大院君は「衛正斥邪」の決意をいっそう固め、全国に「斥邪碑」を建てて、広く国民に攘夷の国策を訴えていったのである。

(『韓国併合への道 完全版』呉善花著 文藝春秋刊)

日本の尊王攘夷《そんのうじょうい》はもともと尊王斥覇《せきは》(王者を尊び覇者を斥《しりぞ》ける)という朱子学の用語と、「開国か攘夷か」を結びつけた造語であったが、朝鮮の衛正斥邪《えいせいせきじゃ》も尊王斥覇にならって「正」つまり朱子学思想を衛《まも》って「邪」つまり欧米列強と西洋思想を斥ける、というスローガンとして造られた言葉であった。

話は前後するが、それに対して朱子学だけでは決して西洋に対抗できないから、四民《しみん》平等《びょうどう》などを実現するため朱子学以外の東洋思想を総合して、「攘夷」を実現しようというのが「東学《とうがく》」であった。大院君はこれを邪教とし教祖の崔済愚《さいせいぐ》を死刑に処したが、その弟子たちは反発して「東学党の乱」を起こした。そうした思想面を軽視する学者たちはこれを「甲午農民戦争」などと言い換えているが、そうしたセンスが歴史の真実を見落とすことになりかねない。それは清国で起こった「太平天国《たいへいてんごく》の乱」を「清国農民戦争」などと言い換えるのと同じことである。

なぜ、大院君は東学を邪教と見たのか? 彼らを認めれば朱子学の大原則で、同時に祖法でもある士農工商《しのうこうしょう》つまり四民の区別がつかなくなってしまうからである。もう一度念を押しておくが、朱子学の世界では四民平等、つまり科挙に合格してもいない人間が官僚となったり、庶民が自由に国家のために働くなどということは、あり得ないしあってはならないのである。もちろん女性の社会進出などとんでもないことだ。

ここで一つクイズを出そう。朱子学の本場中国において、初めて女性の政治参加を認めたのはどの政権か？　中華民国では無い。私の知る限りそれは「太平天国政権」なのである。もちろん崔済愚は、朱子学オンリーの体制ではダメだということはわかっていた。では、西洋思想（西学）を採用するのかというと決してそうでは無い。だからこそ「東」学なのである。このあたりは太平天国の乱の首謀者洪秀全《こうしゆうぜん》も同じなのだが、皮肉なことに徹底的に対立した大院君と崔済愚も「西洋に学ぶもの無し」という点では、まさに「同志」なのである。俗に言う「李朝五百年」つまり何百年も続いた朝鮮国の朱子学体制は、農民のレベルに至るまで朝鮮人を朱子学の狂信者にしていたというわけだ。

それに比べれば、朱子学が付け焼き刃に過ぎなかった日本はいかに幸運だったか、わかるだろう。日本には日本の伝統があった。たとえば「舶来品《はくらいひん》」という言葉がそれを象徴している。舶来とは「外国から船で運ばれてきた」という意味であり、同時に上等な品という意味であった。実際、日本文化は常に海の向こうから来た思想や産物に強い影響を受けてきた。「舶来品」とは結局は貿易を通じてもたらされるものだから、貿易つまり商売は悪いことでは無かった。朱子学が「商売は悪」と決めつけたのとはまったく対照的である。それでも徳川家康が朱子学を武士の哲学として導入して以降は「商売は悪」という偏見がはびこったが、清や朝鮮と違って日本には「商売は善」という伝統があり、そのなかから勝海舟や坂本龍馬《さかもとりょうま》が出てきた。勝海舟の先祖は「金融業者」であった。「商売は悪」とする伝統のなかではもっとも卑しいとされる商売である。坂本龍馬の先祖も商売にかかわっていた。ともに朱子学国家では絶対に国事にかかわることはできない身分なのである。「天皇」という伝統もあった。これも中国皇帝を宗主と仰ぎ国王として仕える「華夷《かい》秩序」とはまったく違うものである。そして日本人は江戸時代を通じて朱子学と神道を融合させた。天皇を「絶対者」として祀り上げ、そのことによって「天皇の下ではすべて平等」という概念を作り出し、その結果朱子学世界では絶望的に困難な四民平等を実現させた。

■高校の歴史教科書で田沼政治が「改革」と紹介されていない理由

なぜ朱子学世界では四民平等が絶望的に困難なのかは、これまでに何度か説明したつもりだが、非常にわかりにくいところなのでもう一度述べよう。

朱子学が「絶対」である世界では、当然それを「深く理解している人間」と「理解していない人間」とでは「人間の価値」がまったく違う。平等ということは絶対にあり得ない。

では、「深く理解している人間」と「理解していない人間」をどのように区別するか？そのために試験を行なう。それが科挙だ。当然、その合格者はそれ以外の人間と比べて「きわめて価値の高い人間」である、それゆえに皇帝を補佐する官僚として登用し大きな特権を与える。これが本来の意味の「士」であり、「士」は具体的には官僚になる。だからこそ官尊民卑になる。社会的に不公平ではないかという反論に対しては「いや、たとえ商人の息子であっても受験資格はある（機会は平等に与えられている）から不公平では無い」という意見で封じることができた。

朱子学は個人を律する哲学であると同時に、国家を運営する政治学でもあった。だから、そのスペシャリストで無い、科挙に合格していない人間（あるいは朱子学者以外の人間）は政治にかかわる資格は一切無い。「お上《かみ》の言うことに黙って従え」なのである。そして重大なことは、朝鮮では庶民もそれが当然だと「洗脳」されていたということだ。このあたりも一向一揆《いっこういっき》や法華《ほっけ》一揆がしばしば見られた日本とはまるで違う。だからこそ洪秀全は太平天国、崔済愚は東学という新しい宗教を起こさねばならなかった。そうしなければ、体制に反抗するなど不可能だからだ。

日本はそんな必要は無い。「天皇の下ではすべて平等」だから、吉田松陰《よしだしょういん》は「草莽崛起《そうもうくっき》」を呼びかけることができた。現代語訳すれば「草の根の日本人よ、天皇のために立ち上がれ（政治に参加せよ）」であり、朱子学体制の国家ではこれは犯罪になる。民草《たみくさ》には政治に参加する権利も資格もまったく無いからだ。日本でも朱子学の狂信者松平定信は、警世の書『海国兵談《かいこくへいだん》』を著わした林子平《はやししへい》を「医者の弟風情が政治に口を挟むとは不届き至極」という理由で厳しく処罰したが、その処罰理由に注目していただきたい。子平の意見が正しいかどうかは関係無い。医者の身分で政治に口を出すこと自体重罪なのである。これが朱子学社会だ。ちなみに日本歴史学界の通説では今でも「松平定信は名君だが田沼意次はそうでは無い」である。彼らが監修している高校教科書では定信の政治を「改革」としながら、田沼の政治は「改革」と呼んでいない。実際ご覧になるといい。では、なぜ定信の政治は「改革」なのに田沼の政治は「改革」では無いのか？　明治の初めに日本歴史学界が江戸時代に「治《ち》（改革）」と呼ばれていた、八代将軍徳川吉宗《よしむね》、老中松平定信、老中水野《みずの》忠邦《ただくに》の政治をそのまま「江戸三大改革」と「翻訳」してしまったからである。なぜ田沼政治が江戸時代には「治」と呼ばれなかったのかはおわかりだろう。商業重視で貿易再開を目論《もくろ》んでいた田沼政治は、朱子学的価値観から見れば「悪政」だったからだ。しかしそれは江戸時代の偏見である。明治という新時代になったのだから旧時代の偏見を捨てて、新しい価値観で公平客観的にものを見なければいけない。つまり「定信の政治も田沼の政治も共に改革を意識していたが、その方向性はまったく違うものであった」などと評価するのが的確な歴史の見方であろう。

にもかかわらず、そうなっていないのは、教科書を作っている人々に「朱子学が時代を動かした」というセンスがまるで無いからである。こういう問題は、日本史を専攻する学生たちが専門課程に進む前に、儒教、仏教、神道そしてキリスト教の基本的知識（日本史の場合イスラム教はあまり必要無いかもしれない）を教える講座を一つ作れば解消する。しかし、それも日本には存在しない（厳密には私が大正大学で表現学部客員教授として一つだけやっている）ということだ。お声が掛かればどこでも出講する用意はあるが、センスの無い人々で固められている大学でははなから無理かもしれない。

とにかく、そうした人々が日本の歴史学界の主流を占める限り、東アジア近現代史についても的確な理解は困難であるということは断言できる。

さて、こうした知識を身につけていれば日清戦争後、日本の後押しで朝鮮の改革を行なおうとした政治家金弘集の苦悩がどれほど深かったかわかるだろう。彼自身は目覚めている。近代化つまり西洋化を進めない限り朝鮮国は滅びる。にもかかわらず、朝鮮国民の大多数それも官僚などのエリートだけで無く、庶民に至るまで「西洋化は悪」と確信しているのである。日本では「教育勅語《きょういくちょくご》」のように天皇が命令すれば、教育における男女平等も実現の方向へ持っていける。しかし、朝鮮においては国王といえども「朱子学の下僕」

であり、改革は絶望的に困難なのだ。

■閔妃暗殺後に侮蔑の対象と同時に「悪の権化」となってしまった日本

この時代の朝鮮国を考えるキーポイントは、庶民のレベルでも朝鮮人は近代化など決して望んでいなかったということである。なぜなら、この時代においては近代化イコール西洋化であるからだ。もう何度も繰り返したことだし、読者によってはうんざりする人もいるかもしれないが、肝心のプロの学者がそのことがわかっていないのでもう一度繰り返すが、「朱子学の世界では中華文明以外に文明は無い。文化も無い」のである。

日本でも松平定信や島津久光など朱子学の狂信者はそうだったが、日本にとってきわめて幸運なことに彼らはあくまで例外であった。だから日本には勝海舟や坂本龍馬や「朱子学では戦ができぬ」と言った高杉晋作《たかすぎしんさく》がいた。坂本龍馬の土佐《とさ》藩では上士《じょうし》と郷士《ごうし》の間に身分の差があるのは当然で、土砂降りの雨のなかでも往来で郷士が上士に会ったら土下座しなければならなかった。そしてこれが肝心だが、そうしたことを不合理で改善しなければならないと考える人々はテレビドラマのなかにはたくさんいるが、実際には少数派であったことだ。すべての秩序は人々が身分制度を守ることで成り立っている。言論の自由とか、民主主義とか、女性の社会進出とか、現代人はそれを空気のように当たり前として昔から庶民もそれを望んでいたと考えているが、それこそ大きな錯覚なのである。もちろん庶民も暴政には不満を抱く。改善を求めて反抗することはある。しかしそれはあくまで「米よこせ運動」であって、体制の根本的変革を求めるものでは無い。それに身分制度があったほうが「楽」でいい。農民は徴兵されない限り戦争に参加しなくても良かったし、商人は「賎業《せんぎょう》」で稼いだ利益に課税されることは基本的に無かった。朱子学でガチガチに固められた世界を変えるには、それを否定する「太平天国」や「東学」などの宗教が必要だったが、信奉者は決して多数派だったわけでは無い。多数派だったら中国人も朝鮮人も自力で朱子学世界を改変できた。日本には天皇という「朱子学破壊兵器」があったが、中国・朝鮮にはそれは無い。それが勝海舟が夢見た「三国同盟」が成立に至らなかった理由である。

　このとき朝鮮の近代化を進めていた金弘集は、少数の同志はいたものの孤立無援の状態に等しかった。日本という「強い味方」は一応存在するが、エリートも庶民も「日本は野蛮」という点では一致しているし、何よりも閔妃殺しの大罪人だ。

　もうおわかりだと思うが、日本は朝鮮のために「閔妃を殺してあげた」つもりだったのである。朝鮮国の近代化、西洋化のために閔妃がいかに障害だったか。彼女が生きている限りそれはまったく不可能だ。だが、その方向で朝鮮を改革しようとした金玉均は決してフランス革命のように彼女をギロチンにかけようとしたわけでは無い。彼ら改革派は決して李王家に対する忠誠心は失っていなかった。それどころか朝鮮国つまり李王家を盛り立てようと近代化を図ったのだ。何度も述べているように、近代化しない限り欧米列強に対抗していくことは不可能だからだ。つまり彼らは真の愛国者でもあった。ところがそれに対する閔妃の仕打ちはまさに残虐非道と言うべきものだった。玉均は逆賊扱いされて暗殺され、遺体をバラバラにされた。親族もすべて死刑にされてしまった。閔妃が生きている限り朝鮮の未来は無い。だが、朱子学に縛られている限り「主君」の閔妃をどうにかすることは朝鮮人には絶対できない。だから日本人が代わってやってやろうというのが、実行犯三浦梧楼《みうらごろう》やその後押しをした日本の「黒幕」たちの考えだったのだろう。

だが、やはりそれは傲慢《ごうまん》というものである。逆に考えてみればわかる。たとえば日本人にとっての「閔妃」は島津久光であった。久光は朱子学の狂信者で、当初は改革をすべて否定していた。あまつさえ日本国にとってもっとも貴重な人材の一人であった西郷隆盛《さいごうたかもり》をあきらかに殺そうとした。沖永良部島《おきのえらぶ》への「流罪」がそれだ（『逆説の日本史 第20巻 幕末年代史編Ⅲ』参照）。直接「死刑宣告」しなかったのは、兄斉彬が使いこなした西郷を「愚弟」は使いこなせなかったという悪評を避けるためであろう。確かに、閔妃と違って久光は「西郷一族皆殺し」をしようとはしなかったが、自然死（衰弱死）を狙っただけ姑息であるとも言える。肝心なことは、明治維新以前においては久光が生きている限り、彼が西郷を殺そうと思っても誰も止められないということである。

では、たとえば当時のイギリス人が「これでは日本の夜明けは来ない」などと考え、襲撃隊を組んで薩摩藩邸に乱入して久光を射殺し、「日本人よ、これで近代化への障害が取り除かれた。あとは君たちでやれ」と言ったら、薩摩藩士はそして日本人は素直にその言に従うだろうか？

言うまでも無いだろう。そんな傲慢なやり方を誰も支持するはずが無い。たとえそのことによって「西郷処刑」が阻止されたとしても、だ。当時の久光は薩摩藩主島津忠義《ただよし》の実父で「国父《こくふ》」と呼ばれ、とくに薩摩藩士にとっては主君に匹敵する存在だった。確かに不満はあるし、保守の権化《ごんげ》である久光が生きている限り日本の近代化など夢の夢だ（それなのになぜ西郷や大久保利通《おおくぼとしみち》は薩摩藩を討幕の方向に持っていけたのか。ごくごく簡単に言えば、最終的に十五代将軍となった徳川慶喜《よしのぶ》が、せっかく幕府に味方しようとしていた久光を警戒し嫌ったからである。この意味でも慶喜は「マイナスの英雄」で、彼が完璧に賢明であったら薩長主導の明治維新は実現しなかったかもしれない。このあたりは前出の『逆説の日本史　第20巻　幕末年代史編Ⅲ』を参照していただきたい）。

だからと言って国父を外国人に殺されては薩摩藩士の面目が立たないし、うっかりそのことを評価すれば「おんしは逆賊か」ということになってしまう。確かにいったんは「西洋近代化への障害」が消えたように見えるかもしれないが、その方向に政治を進めれば結局は「逆賊を支持するのか！」ということにもなってしまう。

おわかりだろう。閔妃暗殺後、朝鮮の近代化を目指した改革派は「国母を殺した逆賊」と同一視され、その改革路線は民衆からもことごとく白い目で見られるようになってしまったのである。それに朝鮮の民衆は日本と違って「李朝五百年」の間に朱子学に徹底的に洗脳されている。どんな理由があれ「主君」に反抗することは許されない、と民衆すら考えていたということだ。保守派にとってはこんなやりやすい状況は無い。科挙の廃止も、身分制度の撤廃も、女性の社会進出（改革派の掲げた女性尊重政策のなかには女性の再婚を認めるというものもあった。つまり朝鮮では女性が再婚することも「悪」だったのだ）も、あれは「逆賊の一味」の進めている「巨悪」だと決めつけてしまえばいいのだ。先に述べたように、朝鮮ではすでにこれも「主君」の大院君が「衛正斥邪」思想を庶民にまで浸透させていた。注意すべきは、大院君は「黒船を撃退した英雄」であることだ。熱烈な愛国心は英雄によって生まれることが多い。日本はその歴史に「黒船を撃退した英雄」を持たなかった。皮肉なことにそのことが逆に西洋近代化への道を容易にしたのだが、そのまったく逆が朝鮮であった。

これもすでに述べたことであるが、大院君が欧米列強を撃退できたのは偶然の幸運と、列強が朝鮮を操るためには宗主国の清をまず叩くべきで朝鮮は後回しだと考えたことが大きい。しかし、なまじ「緒戦の勝利」があったために、朝鮮は西洋近代化などしなくてもじゅうぶんにやっていけると考えてしまった。それは欧米列強に「屈して」ひたすらに西洋近代化への道を歩む、朱子学的に言えば「野蛮な技芸（文化では無い）」に目の眩《くら》んだ日本に対する徹底的な侮蔑につながる。そして閔妃の暗殺後は、日本は侮蔑の対象であると同時に「悪の権化」にもなってしまった。そんな日本を見習う必要などまったく無い、つまり西洋近代化など一切必要無い、という形で朝鮮国の意思が上から下まで統一されてしまったのである。

■「愛妻閔妃の仇」日本を排除するためロシアに「亡命」した国王高宗

逆賊という悪の権化を倒すためには、いかなる手段を取ることも許される。ここで妻閔妃を殺された朝鮮国王高宗が取った手段は、清に代わってロシアの力を利用して日本を排除することだった。日清戦争後、清の勢力は朝鮮から一掃され事実上の占領軍である日本が改革派を後押しして政権を樹立させたのだが、その束縛から逃れるために高宗はロシアを巻き込むことにしたのである。

きっかけは改革派の金弘集政権が全土に発した断髪令《だんぱつ》だった。朱子学は礼を重んじる。

礼とは平たく言えば形式のことだ。日本人は心さえ籠《こ》もっていれば形式は問題無いという考え方をしがちだが、朱子学体制のなかでは内心がどうあろうと服装や形式をきちんと守らねば、礼を尽くしていることにならない。男子はとくにエリートであればあるほどきちんと髪を結い冠をつけなければならなかった。冠無しで人前に出ることなど裸で人前に出るも同然であり、もちろん身分の象徴でもあった。庶民はそのようなものはつけない。服装で一目で身分がわかるのが近代以前の社会というものである。だから近代化とはそうした形式を廃止することであった。それゆえ日本でも明治になって断髪令や廃刀《はいとう》令が出されたのだが、近代化に反発する人間にとってはそれは祖法を改変する行為であり絶対に許すべからざることであった。だから朝鮮では反乱が起こった。それも地方の農民たちを中心とする反乱であった。その陰には朱子学体制が崩れれば地位や権力を失う両班《ヤンバン》(上流階級)や儒学者たちの煽動があったことは間違い無いが、いくら煽動しても武装蜂起である反乱は命懸けの行為だ。煽動される側にも強い不平不満が無ければ決して暴動など起こらない。日本でも断髪令が出たとき、島津久光をはじめとして「ザンギリ頭」に不満を抱く人間が少なからずいたが、だからといって反乱は起きなかった。もちろんそこには明治天皇が率先して断髪したという事情もある。日本は天皇が率先して行なえば国民を従わせることができるが、国王ですら朱子学の下僕である朝鮮では、それが絶望的に不可能なのである。

だからこそ保守派は勢いづいた。通常なら農民の反乱を犯罪者扱いするところだが、エリート層は彼らを「義兵」つまり正義の兵と呼び英雄扱いした。そのため「義兵闘争」は朝鮮全土に広がった。

慌てた政府は鎮圧の軍を地方に派遣したのだが、当然そのぶんだけ首都の警戒は手薄になった。それが保守派（＝親露派）の狙いであった。かねてからロシアと気脈を通じていた保守派の李完用《イワンヨン》は高宗と世子を宮廷から脱出させ、首都漢城《かんじょう》にあったロシア公使館に送り込んだ。通常、公使館の警備というのは治外法権《ちがいほうけん》が成立していることもありそれほど厳重では無いが、このときは義兵闘争で首都の治安が悪化したという名目で、仁川《じんせん》に入港したロシア軍艦から百五十名の精鋭が送り込まれていた。そのために日本は国王父子のロシア公使館入りを阻止できず、事実上のロシアへの亡命をやすやすと許す結果になってしまう。これを高宗の「露館播遷《ろかんはせん》」（俄館《がかん》播遷）と呼ぶ。播遷とは外国をさまよい歩くという意味だ。

国王が外国公館に逃亡するなど、「自主独立の国家」としては絶対にあってはならないことである。その国王を取り込んだ外国の思うがままに国が操られてしまうからだ。実際このとき、ロシアは朝鮮から数々の利権を獲得した。そういう結果は目に見えていたことだが、それでも高宗がロシアと組んだ保守派のお膳立てに乗ったのは、親日政権が絶対に許せなかったからだろう。日本と親日政権は「愛妻閔妃の仇《かたき》」でもあるのだ。

ロシア公使館内で保守派の要求を認め、高宗は親政つまりこれからは自ら政治にあたると宣言し断髪令を直ちに中止させ、親日政権の首班金弘集ら五名を逆賊として追討せよとの勅令を出した。義兵たちは歓呼の声を上げた。国王が金弘集らを殺しても良いと許可し、それを民衆たちが実行に移す体制が整ったのである。

■朱子学に呪縛され自分を殺そうとする朝鮮民衆に対する金弘集の深い絶望

歴史をひもといていると、歴史上の人物に憧れるということはよくある。読者の皆さんも経験があるだろう。平たく言えば「この人物になってみたい」ということである。当然、逆もある。「この人物には絶対なりたくないな」というケースである。私は世界史もやっているが、世界史レベルのなかでも「絶対になりたくない人物」、それはこの時期朝鮮国の政権を担当していた金弘集であろう。

もっとも、なりたくない人物と言っても二種類あるだろう。一つはあまりにもひどい人物なので決してなりたくないというケースでアドルフ・ヒトラーが典型的だが、もう一つはあまりに気の毒過ぎてなりたくないというケースだろう。

じつは、金弘集はその後者なのである。

この時点の朝鮮国で近代化（＝西洋化）を進めることは命懸けである。通常「命懸け」

という意味は自分の命を懸ける、自分だけの命を懸ける、という意味だが朱子学世界では妻子や両親の命まで懸ける、ということだ。しかも失敗して自分が死刑になるときは、「先輩」の金玉均のように時間をかけて肉体を少しずつ切り刻んで殺し遺体をバラバラにして晒す、世界でもっとも残虐な凌遅刑が予想される。玉均は遺体に対しての執行だったが、弘集は生きながら凌遅刑に処せられる可能性もあった。もちろん、その場合両親も妻子も一族もすべて死刑にされる。それほどのリスクがありながら、なぜ「親日政権」の首班になるという、まさに「火中の栗を拾う」行動に出たのか？

朝鮮国を立て直したいという崇高な使命感と愛国心が、その動機であったことは疑い無い。当時、弘集はその精神を理解しない人々から売国奴《ばいこくど》と罵倒されたが、売国奴なら国家の改革など考えずにひたすらに不正蓄財に努めるはずである。また自分の悪事を自覚しているから、それが追及された場合に真っ先に逃亡する手段も確保しているはずである。弘集はそんなことはまったく考えていなかった。

もちろん、そんなことになるはずが無いと高をくくっていたわけでも無い。生命の危険は常に感じていた。そして、その不安は高宗がロシア公使館に逃げ込んだときに現実のものとなった。あろうことか国王が総理大臣の殺害を許可したのである。もちろん許可したと言っても、それに従うかどうかは、従わねばならない官僚はともかく民衆にとっては選択の自由がある。しかし民衆は歓呼の声を上げて王宮に押しかけた、もちろん弘集を殺害するためである。このような事態になったら誰もが考えるのは、逃亡することであろう。

朝鮮国を立て直す、それは専制国家を近代的民主国家にするということだから、本来民衆は国王高宗では無く金弘集を支持すべきである。だがこの常識が朝鮮人民には通用しない。彼らは朱子学に呪縛され、何が何でも国王の命令に従うことが正しいと信じている。西洋化も絶対に認めない。

弘集は絶望した。この深い絶望を理解することが、朝鮮史いや近代東アジア史を理解するためにもっとも重要である。だが残念ながらまだまだ理解は低い。たとえば元治《げんじ》元年（１８６４）八月、四カ国連合艦隊に下関《しものせき》を徹底的に破壊された長州《ちょうしゅう》藩はようやく攘夷の不可能なことを悟り、投獄されていた高杉晋作を解放し軍使として和平交渉にあたらせた。このとき高杉は、わざと投獄されるように仕向けていたと、私は考えている。朱子学に毒された藩内の保守派と、体制を改革したいという意味では革新派ではあるがやはり朱子学に毒された熱狂的な攘夷論者たちには、いくら口を酸っぱくして「西洋近代化しない限り彼らには勝てない」と言っても通じない。だからこの際、欧米列強の実力をその目で見て痛い目に遭うべきだ。まさに「百聞は一見に如かず」、自分の主張を頑迷固陋な連中に理解させるためにはそれしか無いと高杉は腹をくくって、わざと牢屋に閉じこめられていた

（『逆説の日本史　第20巻　幕末年代史編Ⅲ』参照）。

つまり高杉は、連合艦隊の凄まじい砲火を浴び欧米列強の脅威を身をもって味わわない限り彼らの説得は不可能であるが、逆に言えば連合艦隊に対して惨憺たる敗北を喫した今なら自分の思うとおりの改革が進められるだろう、と考えていたということだ。だから、その目でロンドンを見てきた弟分の伊藤俊輔《いとうしゅんすけ》（博文《ひろぶみ》）を通訳として和平交渉にあたらせ、開国路線を確たるものにしようとした。ところがすでに述べたように、この期に及んでも「攘夷を貫け。外国とは一切妥協するな」と叫んで、開国の方向に長州藩を導こうとした高杉らを「殺せ」と叫ぶ連中がいたのである。しかもそれが少数派では無かったことは、藩庁が慌てて高杉らに避難を勧めたことでもわかる。このときの高杉の深い絶望と、この期に及んでも西洋近代化という正しい方向性が理解できない頑迷固陋な連中に対する憤《ふん》懣《まん》。これがわからないと、東アジア近代史はわかりようがないのだが、これまでの歴史書はそうした点をほとんど無視してきた。

この時代の東アジア史を一言で表現しよう。それは「朱子学克服史」である。「朱子学との戦い」と言ってもいい。これがこの時代を理解する要諦だ。そしてこの高杉の苦悩を間近で見ていたのが、内閣総理大臣でこの時点の日本の指導者でもあった伊藤博文であったことも忘れてはならない。

最近、鹿児島県の、いちき串木野《くしきの》市にある「薩摩藩英国留学生記念館」に行ってきた。初めての訪問である。幕末、薩英戦争に敗れた薩摩藩は朱子学の迷妄から醒《さ》め、まさに「敵に学ぶ」ためにイギリスに多くの留学生を派遣したのだが、その事蹟を顕彰するための施設である。海外への密航ということで鹿児島市から遠く離れた地点（串木野）を出発地としたので記念館がこの地に設けられたのだが、そのために鹿児島県に何度も行っている私も行ったことは無かったというわけだ。やはり現地を訪れると何かしら収穫があるもので、このときイギリスに留学生を多数派遣すべきだと考えていた、高杉晋作と上海《シャンハイ》に渡航した経験もある五代友厚《ごだいともあつ》が、メンバーのなかに頑迷な攘夷論者三名を加えるべきと進言していたことを知った。頑迷な攘夷論者つまり朱子学の狂信者である。言うまでも無く、その三名を加えようとしたのは彼らを「回心」させるためである。問題はその攘夷論者（3名のうち2名は出発前に辞退した）がイギリスへ渡航する過程のどの場面で「回心」したかなのだが、記念館の館長の説明によるとそれは、一行がいったん船を下りスエズ地峡（当時はまだ運河は無い）を渡るために鉄道に乗ったときだったという。蒸気船から発射される大砲に鹿児島城下がさんざん蹂躙《じゅうりん》されても、まだ「日本刀でガイジンを駆逐できる」と信じていた男が、鉄道に乗って初めて「宗旨変え」をしたというわけだ。以前、明治新政府は伊藤博文と大隈重信《おおくましげのぶ》の合意のもとに、鉄道の建設という通常の国造りでは後回しにされることを最優先したと述べたが、伊藤たちにもこういう情報は伝わっていたのだろう。このエピソードは、朱子学の狂信者を回心させるのがいかに難しいかということを示している。

■「自らの死をもって愚かな国民を覚醒させる」という悲壮な覚悟

日本は今、おそらくは十人のうち九人までが「私は無宗教です」と答える社会である。実際には「日本教」の熱烈な信者であるというのが私の見解だが、それはさておき日本人というのは宗教が人類の行動にもたらす甚大な影響力について無頓着すぎる。確かに「喉《のど》元《もと》過ぎて熱さを忘れる」ということわざが示すように、宗教的熱狂というものは一度そこから脱却すると、なぜ自分がそんな状態だったのかまったく忘れてしまうものなのだが。

昔、私がまだ大学生だったころ下宿のアパートに大酒飲みの隣人がいた。いい人なのだが、酔っ払うととんでもなく危ないことをする。人間の背丈ほどもあるアパートのブロック塀の上を、まるで綱渡りのように歩いていたこともあった。転落すれば半身不随になるか死んでもおかしくないのだが、本人は酔いが醒めた後、自分がそんな危険なことをしていたという自覚はまったく無かった。今だったら証拠に携帯の動画にでも撮っておくところだが、当人は自分の人生を終わらせたかもしれない危険な行為を「そんなことしましたか?」とまるで覚えていなかった。宗教的熱狂というのも、まさにこのようなもので一度醒めてしまうと、自分がいかに愚かで危なかったかということを忘れてしまう。そんな宗教的熱狂に支配されていたのが元治元年八月の長州であり、一八九六年の朝鮮であった。

　しかし、深い絶望といっても高杉はまだマシだった。藩主毛利敬親《もうりたかちか》は高杉を信頼していたし、桂小五郎《かつらこごろう》（木戸孝允《きどたかよし》）、井上聞多《いのうえもんた》（馨《かおる》）、伊藤俊輔といった同志もいる。何よりも、民衆が高杉の味方だった。奇兵隊《きへいたい》を立ち上げることができたのがその証拠である。日本の歴史学者の多くはフランス革命などと同様に、民衆は不満があれば簡単に立ち上がり国王を倒して共和制を目指すなどと思い込んでいるが、前も述べたようにフランス革命が可能になったのもそれ以前の長い間にキリスト教に基づく平等思想が普及していたからである。「神の前では国王も貴族も無い。すべて民であり平等だ」ということだ。だからフランス革命のスローガンは「自由、平等、友愛」だったのである。同じく日本にも平等思想があった。キリスト教とはまったく違う「朱子学と神道の融合体」だが、それが存在したからこそ吉田松陰の呼び掛けた「草莽崛起」が可能になり、奇兵隊にもつながった。「天皇の前では関白も将軍も無い。すべて民であり平等だ」ということである。

　しかし、「絶対神」も「天皇」も存在しない朱子学世界では、そもそも「平等」というものは存在しない。だから「市民軍」を創設することなど不可能で、せいぜい反乱を起こした農民を「義兵」とおだて上げ利用することしかできない。もう、おわかりだろうが、もしも彼らが「調子にのって」我々も朝鮮国の正規軍に参加し国を守りたいなどと言い出せば「百姓の分際で何を言うか。身分をわきまえろ」と言われるだけなのである。そしてここが肝心だが、そのことを不満に思う人間はきわめて少数派だということだ。美化した言い方をすれば、「身分に従って己の本分を尽くす」のが朱子学世界の絶対のルールなのである。

金弘集の苦悩と憤懣が少しはわかっていただけただろうか?

彼の目指していることは正しい。この時代、自国を西洋近代化しなければ欧米列強の餌食になってしまう。そのことは絶対確実であり、何よりも朝鮮国が長年にわたって宗主国としてあがめていた清国がアヘン戦争で惨敗したことにより、そして日本国がそれを教訓に西洋近代化し日清戦争に勝利を収めたことにより、完全に立証された。だから自分は朝鮮を清のような運命に導かないために、自らの命だけで無く家族の命まで懸けて懸命に努力している。にもかかわらず国王も民衆も、その努力を認めない。認めないどころかそれを悪と決めつけ、自分を殺そうとしている。

こういう状態で希望を失わず、絶望しない人間がいたらお目にかかりたい、と私は思う。

高杉晋作は逃げた。彼の実現しようとしていた路線には多くの支持者がいて、民衆も彼の味方だった。だから殺されるわけにはいかない。身を隠して刺客をやり過ごすのが正しい選択である。だが、「義兵」に王宮を包囲されたとき金弘集は逃げなかった。「逃げ遅れたのだ（つまり愚か者だった）」と相変わらず「親日派」を貶める意見を表明する人もいるようだが、彼を補佐した大臣のなかには日本への亡命を成功させた者も数人いるから、逃げ遅れたわけでは無いだろう。要するに「逃げても仕方が無い」と思ったに違い無い。もちろん、殺されることはわかっていた。ただ殺されるだけでは無く、自分の死体に金玉均のような辱めが加えられることも容易に予測がついた。しかしそれでも逃げなかったのは、自分の死をもって愚かな朝鮮国民を覚醒させようと思ったからだろう。つまり、彼の死は覚悟の「自殺」であると同時に「諫死《かんし》」でもあったのだ。

そして「予測」どおりになった。金弘集は義兵たちによってなぶり殺しにされ、その遺体は市中を引きずり回されボロボロにされた。しかし彼にとってもっとも不幸なことは、今の韓国でも「金弘集は親日派の売国奴」とする人が大勢いて、逆に近代化を徹底的に妨害した閔妃を礼賛するミュージカルが作られていることである。

朱子学世界というのは、これほどまでに改革困難なのだ。

■朝鮮では知識階級も使わなかった「訓民正音」の価値を最初に認めた日本人

明治以降、日本は一貫して朝鮮国が「自主独立の邦」になることを求めてきた。

対アジア政策では正反対に見える、大久保利通、伊藤博文らの「政府側」と、西郷隆盛、勝海舟らの「下野側」でも、この点では一致していた。日本・中国・朝鮮の三国が共同して欧米列強にあたるためには、朝鮮が中国と別の国つまり独立国でなければ話にならないからだ。もっとも「下野側」は真の意味での朝鮮の独立を望んでいたが、「政府側」の思惑は中国つまり清国を宗主国とする「親分子分関係」を解消させようということだった。もっと露骨に言えば、朝鮮は「清国組」には盃を返して「日本組」の傘下に入れということだ。豊臣秀吉《とよとみひでよし》のときも同じだったが、朝鮮半島の国家が中国の「子分」である以上、それに対する干渉は「中国組の縄張り」を侵すことになり、親分が出てくることになる。秀吉も結局それで敗れた。だから、明治以降の日本は朝鮮に独立を求めたのである。

しかし、骨の髄まで朱子学体制であった朝鮮は当初は独立など考えもしなかった。清国を宗主国としていた朝鮮では、国王の代替わりには必ず清国皇帝から任命の使者を派遣してもらい、国王は日本の土下座よりも屈辱的な三跪《さんき》九叩頭《きゅうこうとう》の礼で使者を迎えなければいけなかった。その出迎えに使われる場所を迎恩門《ヨンウンムン》と言った。意味はおわかりだろう。「清国の恩に感謝せよ」ということだ。歴代国王はこうした屈辱的儀式を済ませなければ、清国に国王の座を認めてもらえなかったのである。

いま私は「屈辱的」という言葉を使ったが、それは外から客観的に見ているからであり、彼らは主観的にはそう考えてはいなかった。朱子学である。世界の支配者はあくまで中国皇帝であり、朝鮮国や琉球《りゆうきゆう》国はその周辺国家に過ぎない。それを皇帝の御慈悲によって国王に任命していただくのだから、それぐらいの礼を尽くすのは当然だと彼らは考えていた。こうした考え方を事大主義と呼ぶが、それがもたらす「国王は皇帝の臣下」という身分秩序を守ることが、同時に先祖が決めた祖法を守ることでもあった。それが彼らにとっては絶対の正義であったのだ。

だからこそ彼らは日本人がいくら「そんな屈辱的なことはもうやめて、独立国家になったらどうだ」と口を酸っぱくして勧めても、決して忠告に従おうとはしなかった。大院君や閔妃が一時的に日本と組むことはあっても、それはあくまで相手を牽制するためであって「西洋の技芸（文化では無い）に目が眩んでサルまねに走った、もともと科挙すら実施できなかった野蛮国日本」に従うつもりは毛頭無い、のである。

だが、さすがに日清戦争以降は風向きが変わった。「親分」が「野蛮人」に惨敗したからである。親分は「朝鮮は独立国である」という文書（下関講和条約）にサインしたし、朝鮮国内に駐留していた部隊はすべて本国へ引き揚げ、朝鮮は清にまったく頼れなくなった。もっともこの状態でも朝鮮は日本の圧力をはねのけて、あくまで祖法を守ろうとした。具体的には、西洋近代化の道を一切拒否することである。そこでしびれを切らした日本が閔妃暗殺という下策に出て、ますます嫌われるという最悪の結果を招いた。それが国王高宗のロシア公使館への「亡命」つまり露館播遷をも招いたわけだが、事ここに至って高宗もついに朝鮮の独立を決意した。この場合の独立というのは、近代的な国家の独立であると同時に、新羅《しらぎ》以来一千年以上続いた中国との関係を断つということでもある。清国は頼ろうにも頼れない状態だし、日清戦争に負けて以降は欧米列強に食い物にされている状態だ。大国としての回復は望めない。かと言って自分の妻閔妃を殺害した野蛮な日本に従う気もまったく無い。では清国の代わりにロシアを宗主国として事大主義を復活するかと言えば、それもできない。ロシアは中華の国（中国）では無いからだ。朱子学の信奉者である朝鮮から見れば、ロシアがいかに大国で強大な武力と経済力を持っていても、しょせん野蛮国であり中国の代わりには絶対なれないのである。

高宗が独立を決意したのは、民衆の意向もあった。日本で幕末に攘夷熱に浮かされた民衆が国を動かしたように、度重なる外国の干渉に朝鮮人民は覚醒し愛国心で動いていた。ただし、それは朱子学を否定するものでは無く、むしろ西洋化を排除する動きであったことは注意しておかねばならない。だがどんな立場から見ても高宗の行動は一国の元首として、民族の代表として非常に不満を抱かせるものであった。国王が外国の公使館に取り込まれて、その国の言いなりになっているのである。いつの時代であっても、どんな国であっても、こんな国王は民衆の支持は得られない。民衆は国王がロシア公使館を出て王宮に戻ることを望んだ。

　この点、高宗も異存は無かった。そもそもロシア公使館に入ったのは、金弘集率いる親日政権を壊滅させるためだ。金弘集は思惑どおり民衆によって虐殺され、親日政権は崩壊し日本の影響力も排除された。帰還に何の支障も無い。そこで王宮に復帰した高宗は一八九七年十月十二日、朝鮮半島の国家としては史上初めて皇帝に即位し国号を大韓帝国と改めた。そしてこれまで公文書では使っていた中国の元号を排除した。朝鮮半島では国内事件に関しては独自の元号が無いので壬申《じんしん》倭乱《わらん》のようにエトを使っていたが、新たに元号を光武《クアンム》としこの点でも中国から独立したわけである。こうして七世紀に唐の武力を借りて朝鮮半島を統一した新羅の金春秋《こんしゅんじゅう》（太宗武烈王《たいそうぶれつおう》）が選択した中国追随路線（金春秋は新羅独自の元号を廃し唐の元号を採用している）が、千二百年の時を経てようやく転換されたわけだ。

　じつはこのころ、朝鮮には独立協会という組織があった。開化派（西洋近代化推進派）の徐載弼（１８６４〜１９５１）と李完用（１８５８〜１９２６）が創立した組織である。徐載弼は科挙に合格した官僚だが金玉均と幼馴染みでもあり、その影響もあってか日本の慶應義塾に学び開化派となった。しかし、玉均とともに起こした甲申政変が失敗し日本に亡命したが、前にも述べたように福澤諭吉が開化派に冷淡な姿勢に転じたこともあってアメリカに移住した。なおこの間、朝鮮に残された載弼の一族は閔妃によってすべて残虐な死刑に処せられたことは言うまでも無い。載弼はアメリカで市民権を得ると日清戦争終了後に帰国し、下関条約を根拠に「朝鮮独立運動」を始めた。これも言うまでも無いことだが、閔妃が排除されたので帰国できたのである。特筆すべきはそれまで諺文《オンモン》などと呼ばれ知識階級から蔑まれていた訓民正音《くんみんせいおん》で記事を表記した新聞を発行したことだ。いまでこそハングル（偉大なる文字）と呼ばれているが、朱子学と事大主義に凝り固まった朝鮮においては、せっかく名君世宗大王が創設したこの文字も日陰者扱いで、とくに知識階級は使用しなかった。前にも述べたが、世宗の家臣崔萬理《チェマルリ》がこの文字の採用に徹底的に反対した理由をもう一度述べておこう。それは中国文字（漢字）以外に世界に文字は無い。また「文字もどき（仮名《かな》など）」を作っているチベット、モンゴル、日本はすべて朝鮮より劣る野蛮国である。野蛮人のまねをする必要は無い、というものだった。もちろん、反対したのは崔萬理だけでは無く、彼は大勢の反対派の意見を代表したに過ぎない。反対派にほとほと手を焼いた世宗は、ついにこれは文字で無く訓民正音（民衆に正しい訓〈読み〉を教える発音記号）だと言わざるを得なかった。そういう朱子学の弊害がこの「訓民正音」という四文字に秘められているのだ。

日本人も昔、漢字の省略形で作った文字を「仮名（仮の文字）」などと呼んで蔑んでいた時代もあったが、朱子学社会で無く実利を尊ぶ日本では大いに用いられ、文学もそれで発達した。一方朝鮮では訓民正音は日本ほど文学の発達には寄与しなかった。そもそも朱子学社会では文学を認めないのである。だから「小説」という「取るに足らないもの」ということだ。フィクションつまり「ウソ」だからである。ウソをもてあそぶのは小人《しょうじん》（君《くん》子《し》の反対）のすることだ。だから朱子学の本場中国でも『西遊記《さいゆうき》』『水滸伝《すいこでん》』などは科挙の落第生が書くものであった。これもすでに述べたように、日本でも朱子学の影響が強かった江戸時代、上田《うえだ》秋成《あきなり》は『雨月物語《うげつものがたり》』を書くにあたってその序文で「水滸伝の著者も源氏物語の作者も天罰を受けたが、私が書くのはそんな大作では無いから大丈夫だろう」などと言い訳しているのである。

だから訓民正音転じて諺文の価値を最初に認めたのは、朱子学に凝り固まった朝鮮人では無く、日本人であった。「朝鮮にも便利な文字があるじゃないか」ということで、日本人実業家井上角五郎《いのうえかくごろう》の協力により、朝鮮初の近代新聞である『漢城周報《かんじょうしゅうほう》』が一八八六年に創刊され、記事を表記するのに採用された。ハングルと呼ばれるようになるのは、これ以降の話である。その流れを受けて独立協会も新聞発行にあたってハングルを用いたのだ。

李完用も科挙に合格した官僚出身であった。当初は反日派で、親日政権を潰すため高宗がロシア公館に逃げ込む「露館播遷」を計画し成功させた。だが、これはあくまで親日政権を崩壊させるのが目的で、国王がロシアに取り込まれることは本意では無かった。本意は朝鮮国の独立にある。そこで、次の段階として高宗が王宮に戻り独立宣言をすることをお膳立てした。このような背景があって、大韓帝国、略称「韓国」は誕生したのである。

■史上初めて中国のくびきから解放された「大韓帝国」で新たに建てられた「独立門」

ところで、独立協会はこの間もう一つ重大な事業を行なっている。それは迎恩門の破壊と独立門《トンニンムン》の建設である。

中国に帰属する国家としての朝鮮国、その屈辱の象徴が迎恩門であったことを改めて説明する必要も無いだろう。そもそもこの門、建設当初は迎詔門と名付けられていた。中国皇帝の詔をお迎えするための門ということで、妥当な命名と言えるだろう。ところが、これに中国皇帝の権威を笠に着た使者がイチャモンをつけた。中国皇帝のあり余る御恩を受ける場所ではないか。「迎恩門」にせよ、と言うのである。中国様の使者には逆らえない。門はそのように改名された。つまり、この門は朝鮮民族にとって二重の屈辱を味わされた場所でもあったのだ。

そこで独立協会はこのような門は叩き壊して、独立を記念する独立門を建てるべきだという、おそらく朝鮮半島の歴史上初めての新聞を使ったキャンペーンを実施した。このことに対しては反対者は誰もいなかったと言っていいだろう。日清戦争の勝者が清であったら、崔萬理のような人物が出てきて徹底的に反対しただろうが、中華文明の権威は地に落ちている。キャンペーンは実って迎恩門は破壊され、その向かいに新たに独立門が建てられた。ロシア人の設計である。韓国人は歴史上初めて中国のくびきから解放され快哉を叫んだ。その喜びを象徴するのが独立門である。

ところが、最近はどうか知らないが、少なくとも数年前には韓国の若者の多くはこの事実を知らなかった。独立というのは「清国（中国）からの独立」であって、それ以外の意味は無いのだが、かつてはソウルの街頭で聞くと「独立門は日本からの独立を祝って建てられた」と答える韓国の若者がじつに多かった。

「独立門」はフランス・パリの凱旋門をモデルにした高さ約14mの総御影石造りで、李完用の筆になる扁額が掲げられていた

なぜそんなことになるかと言うと、当時の韓国では「朝鮮民族の国家は有史以来ずっと独立を保っていたが、日本が韓国併合という形で独立を奪った」と教えていたからである。つまり独立が「日本からの独立」しかないなら、独立門は当然それを記念したものでしかあり得ないことになる。しかし実際は違う。当時の朝鮮国の人々は自分たちの国が独立国だなどとは夢にも思っていなかった。だからこそ、日本が日清戦争に勝ち、清に下関条約で「朝鮮は自主独立の邦」と認めさせたことを受けて、大韓帝国を設立し独立門を建立したのだ。

事実と違う歴史を教えることは、この独立に尽力した人々の功績を闇に葬ることになってしまう。それは歴史家としてもっとももしてはいけないことなのだが。

■日清戦争の敗戦でようやく清でも始まった大改革「変法自強運動」

「朝鮮民族の国家は有史以来ずっと独立を保っていたが、日本が韓国併合という形で独立を奪った」という現代韓国の「常識」は、完全なデタラメである。

千二百年以上昔、ライバルである百済《くだら》を唐《とう》の力を借りて滅ぼし朝鮮半島統一への道を開いた新羅国王の金春秋（太宗武烈王）は、独自の元号である「太和《たいわ》」を廃止し唐の元号を採用した。それ以後、朝鮮半島の国家は国内事件は「壬午」「乙丑《いっちゅう》」などのエトで記録されるようになり、国王は代替わりのたびに中国皇帝に叩頭して任命してもらうようにもなった。それまで彼らは日本と同じような姓名を持っていた。それも当然で、日本語と朝鮮語は「親戚」だが中国語はまったく違う言語だからだ。実例をあげれば、白村江《はくそんこう》の敗戦後日本に亡命した百済人の鬼室集斯《きしつしゅうし》、憶礼福留《おくらいふくる》、木素貴子《もくそきし》、各那晋首《かくなしんす》などだが、今、このような姓名を名乗る朝鮮民族は一人もいない。つまりすべて中国風の金○○や朴○○に改めたということだ。だから名君世宗大王が独自の文字を作ろうとしたときも、「文字」は中国文字（漢字）しかこの世に存在しないという官僚、学者の大反対に遭い、訓民正音つまり「発音記号」という呼び方しかできなかった。つまり文字ですら中国からの「独立」が許されなかったのだ。

　ところが日本という「野蛮な力」のおかげで、ようやく忌々《いまいま》しい中国の圧力を脱し独立できた。だから快哉を叫び独立門を建立し、朝鮮半島国家史上初めて元首が皇帝を名乗り、独自の元号も制定できるようになった。千二百年の暗雲が晴れた記念すべき事件なのだが、それを祝賀しようとする雰囲気は現代韓国にはまるで無い。理由はおわかりだろう。

　そうなってしまったもう一つの理由に、この独立国大韓帝国の立役者である李完用の存在があるかもしれない。李完用を「独立の功労者」などと呼べば、今の韓国の若者からは頭がおかしいと思われるかもしれない。李完用こそ韓国の独立を失わせた国賊「乙巳五《いっしご》賊《ぞく》」の首魁である、というのが韓国史の常識だからだ。それは事実である。乙巳五賊とは、日本による韓国の保護国化を定めた第二次日韓協約（1905年。エトで乙巳）に賛同した韓国（大韓帝国）の五人の閣僚を指す。ちなみに、このときも皇帝は高宗であった。いかに「五賊に強制された」とは言え日韓併合を認めたということで、太宗武烈王以来約千二百年ぶりに独自の元号を立て朝鮮半島の国家として初めて皇帝になった高宗の功績も評価されないのだろう。

優柔不断で名君とは到底言い難い高宗はともかく、日本とロシアを巧みに操って大韓帝国を成立させた政治家李完用の手腕はたいしたものである。少なくともこの時点では売国奴では無い。それどころか朝鮮民族の国家を史上初めて独立させた愛国者でもある。国を愛していなければそんなことは決してしないだろう。にもかかわらず、それからわずか八年後になぜ彼は日韓協約調印に賛成したのか？「売国奴はけしからん。売国奴のことなど研究する必要は無い」などと言うのは、歴史家のとる態度では無い。何があったのか？買収なのか脅迫なのか？それとも、何か別の理由があったのか？それを考えなければならない。

その補助線として、この時点では「かつて朝鮮国の宗主国であった」と言われるようになった清国の事情を見てみよう。日清戦争の敗戦は彼の国にいかなる影響を与えたのか？さすがにこの敗戦は清に衝撃を与えた。「このままではいけない」ということだ。しかし、それは薩英戦争が薩摩藩に与えた、あるいは馬関戦争が長州藩に与えた衝撃よりははるかに小さいものであった。その理由はもうおわかりだろう。清は科挙つまり朱子学の試験で官僚を選ぶ国である。朱子学の強い影響を受けていない官僚も政治家もいない。オール島津久光、オール鳥居《とりい》耀蔵《ようぞう》の国なのだ。彼らのもっとも苦手なこと、それは朱子学の原則から離れて現実を直視することだ。

とは言っても、これまで軽侮していた「大中国」よりはるかに小さな野蛮国に負けたのだから、やはり日本の明治維新を見習って改革すべきだという開明派も出てきた。学者の康有為《こうゆうい》である。下関で講和交渉が行なわれていた一八九五年（明治28）、彼は北京《ペキン》に入り多くの同志を集めて、二年後には光緒帝《こうしょてい》に対して「我が国もロシアや日本のように立憲君主制の国家となるべきだ」と上書した。朝鮮と同じで一介の学者がそのように思い切った意見を述べることは生命の危険もあったが、幸いにも光緒帝に認められて翌一八九八年（明治31）から彼をリーダーにした大改革が始まった。

変法《へんぽう》自強《じきょう》運動という。それまで清朝の「西洋近代化」は洋務《ようむ》運動と呼ばれていた。朱子学の原則つまり祖法に抵触しないように最低限「西洋の技芸」を取り入れるというもので、北洋水師《ほくようすいし》（艦隊）などがその具体例であった。しかし北洋水師は日本海軍にみじめな敗北を喫した。やはりこのやり方ではダメだ、場合によっては祖法を変える（変法）ことをしてでも国家を改革し強国にする（自強）というもので、その改革法にあたるものが戊戌《ぼじゅつ》（1898年）の年に出されたのでこれらを戊戌の変法ともいう。その精神は次のようなものであった。

目標は、若い光緒（こうしょ）帝を擁立し、その下で立憲制、議会制を採用し、日本の明治維新やロシアのピョートル大帝の新政を模範として、近代的国家を樹立することであった。中心人物である康有為らの上奏文にみえる改革の内容（すべてが実施されたわけではない）は、政体変革のほか、軍備強化と徴兵制、産業・交通振興などの「富国強兵」策、教育改革と人材登用、国教としての孔子教樹立などであり、しかもこれらを洋務運動のように各地方でばらばらに行うのでなく、全国規模で統一した方針の下で実施することであった。（以下略）

（『日本大百科全書〈ニッポニカ〉』より抜粋　項目執筆者伊東昭雄）

■康有為の改革をわずか百日あまりで挫折させた希代の暗君西太后

さて、纏足《てんそく》という中国独特の習慣をご存じだろうか？　これも百科事典から引用する。

女性に対する身体変工の一種で、中国独特の風習。普通3、4歳の女児の足を包帯状の布（おもに木綿）でしっかりと縛り、足の成長を止めて、その形を不自然にする。最初横巻きにして足を細長くし、次に縦に巻き、第2指以下を足の裏側へ折り曲げて先のとがった菱形（ひしがた）にする。（中略）纏足の効用として、骨が細くなる結果、女性の体全体が繊細で華奢（きゃしゃ）になる美的効果があげられ、直立姿勢の不安定から、足のかかとを固定してつまさきを外に開く形をとることになる。この歩き方は、アヒルの歩くような姿であり、それが男性に喜ばれてきたという。性器官の特殊の発達を促すとの説もあり、また婦女の貞節を守るため拘束する目的もいわれた。

（前掲同書より抜粋　項目執筆者田村克己）

セクハラどころの騒ぎでは無い。文中「性器官の特殊の発達を促す」というのは俗に言う「締まりが良くなる」ことであり、「婦女の貞節を守るため拘束する目的」とは、この纏足を施された女性は生涯ヨチヨチ歩きしかできなくなり、家の外で活動するなど思いもよらぬことになるからだ。肝心なのは、この纏足、家庭で父親や母親が積極的に女児に施していたことだ。そうしなければ良い家に「お嫁に行けない」からである。つまりこれも中国の近代化を妨げる祖法の一つであった。だからこういう悪習は廃止し、すべてを近代化の方向に改めようというのが康有為の改革であった。

だが、失敗した。それもわずか百日あまりしかもたなかった。理由はもうおわかりかもしれない。

圧倒的多数派である保守派（朱子学狂信者）がすべてをひっくり返したからである。朝鮮と同じで光緒帝といえども「朱子学の下僕」だから、変法は許されない。そうした人間が担ぎ上げたのが西太后《せいたいこう》である。光緒帝は西太后の子の同治帝《どうちてい》の死後、甥《おい》の身ながら皇帝に擁立された人物である。大恩ある西太后には逆らえない。あれよあれよという間に実権を奪われ幽閉されてしまった。ちなみに先代の同治帝も洋務運動を熱心に進めている最中に十九歳の若さで死んでしまった。公式発表は病死だが、実母の西太后に殺されたという風聞が昔からある。

そして康有為ら「変法派」は実権を奪われ、全員死刑を宣告された。康は幸いにも脱出に成功し日本へ亡命したが、六人の同志は死刑に処せられた。そのなかには弟の康有溥《こうゆうふ》もいた。繰り返すまでも無いかもしれないが、彼らは清朝に反抗しようとしたのでは無く、皇帝の座を奪おうとしたのでも無い。このままでは清朝が立ち行かなくなるという危機感から、そして皇帝への篤《あつ》い忠誠心から命を懸けてことを起こしたのだ。それに対する西太后の返答は、閔妃が金玉均に下したのと同じ、「大逆不道による死刑」であった。これが朱子学社会の実態であった。

それにしても朝鮮国の閔妃に劣らず、清国の西太后もまさに国を滅ぼす暗君だった。そもそも日清戦争に負けたのも、西太后が北洋水師の予算を自分の別荘造りに流用したからである。「お手元金」を日本海軍充実に回した明治天皇とは天と地ほどの違いがある。それでも光緒帝幽閉以後、清国の実質的皇帝は西太后であった。平和な時代なら真の忠臣を皆殺しにし私利私欲をむさぼる帝室でも生きながらえたかもしれない。しかし、この時代はそうはいかない。欧米列強それに加えて日本が虎視眈々と清国の領土を狙っているのだから。結局、彼女の愚かさが国を滅ぼすことになった。

その経緯を述べよう。

まず彼女は光緒帝を廃帝とし、自分の思いどおりになる皇族を選んで次の皇帝にしようとした。しかし、この方針に対し欧米列強それに日本が強く反対したため断念せざるを得なかった。徹底的な保守主義者、中華の体現者を任ずる西太后にとってこれは大きな屈辱であったに違い無い。それは当然諸外国に対する激しい憎悪を生んだ。そして一九〇〇年（明治33）にいわゆる義和団《ぎわだん》事件が起こった。義和団は南宋《なんそう》の初期に生まれた仏教の民間信仰で民衆に多くの信者を得た白蓮《びゃくれん》教の流れを汲むもので、この時代は山東《さんとう》省にあり当初は義和拳《ぎわけん》と呼ばれていた。武術集団の仮面を被っていたのだ。朝鮮の東学党の乱のように朱子学世界では身分を超えて四民平等《しみんびょうどう》を唱えるような新興宗教がバックボーンにならない限り本格的な農民反乱は起こらないのだが、彼らは太平天国と同じくその要件を満たしていた。康有為の変法自強運動がなぜ失敗したのかと言えば、その最大の原因は民衆の支持を得られなかったことかもしれない。これも朝鮮の金弘集と同じことで民衆も朱子学をまったく否定するような西洋近代化には絶対反対なのだ。何度も言うが、ここがこの時代の東アジア史を理解するキーポイントである。しかし、民衆は政治に不満を持っていた。ちょうどいきなり開国した幕末の日本と同じで、綿花など安価な貿易商品が流入し逆に米価などは高騰して農民は生活苦に悩まされた。そこでこれも幕末の日本と同じだが、外国の勢力を国内から駆逐することこそ国を救う道だと民衆は考えた。これには欧米列強が進めるキリスト教の布教に対する反感もあった。キリスト教は言うまでも無く朱子学的原理を否定するからだ。そして彼ら義和拳集団は全国規模で拡大し外国勢力を攻撃し始めた。いわゆる「攘夷」を始めたのである。

この行動は欧米列強の内政干渉を憎む西太后にとっても望むところだった。そこで西太后は彼らを、ちょうど朝鮮の高宗が反乱農民を「義兵」と呼んだように「義和団」と呼び合法化した。彼らもこれを歓迎し「扶清滅洋《ふしんめつよう》」（清朝を扶《たす》け、外国を滅ぼす）のスローガンを掲げ、外国勢力と戦うようになった。

ここまでは一つの政治的策略として「あり」だったかもしれない。西太后にしてみれば義和団と外国勢力を戦わせておいて、勝てば良し、万一負けても「あれは義和団が勝手にやったことだ」ととぼければいいからだ。ところが、なんと西太后は正式に日英米露仏独伊墺の八か国に宣戦布告し、義和団事件を国家間の戦争にしてしまったのである。

■五十五日にも及ぶ北京籠城戦をリーダーとして戦い抜いた柴五郎中佐

『北京の55日』（原題『55 Days at Peking』）は、一九六三年（昭和38）に製作・公開されたアメリカ映画だが、団塊の世代以上には懐かしい映画かもしれない。監督は名匠ニコラス・レイ、主演はハリウッドスターのチャールトン・ヘストン、共演はエヴァ・ガードナー、デヴィッド・ニーヴンで、日本からも伊丹十三《いたみじゅうぞう》（当時は一三）が俳優として出演していた。ブラザース・フォーが歌った同名主題歌（音楽ディミトリ・ティオムキン）の「ボ、ボンボンボンボンボン、ボ、ボンボンボンボンボンボン」という印象的な出だしが、今でも耳の底に残っている人は少なくないだろう。日本語に訳された主題歌もヒットした。

この映画、一九〇〇年（明治33）に勃発した義和団事件（西太后が列国に宣戦布告してからは北清事変《ほくしんじへん》）において、義和団に突然攻められた北京の外国人居留区（公使館区域）で欧米列強と日本の八か国が連合軍を組んで力を合わせ、援軍が駆けつけるまでの五十五日間なんとか籠城《ろうじょう》戦を戦い抜いた、という話なのだが映画のストーリーと歴史的事実の間には大きな食い違いがある。

映画ではチャールトン・ヘストン扮するアメリカ軍の少佐が主人公で、すべてを仕切ったように描いているが、実際に各国軍をまとめあげ戦いを勝利に導いたのは映画では脇役でしかなかった、伊丹十三扮する日本軍の柴五郎《しばごろう》中佐だったのである。

柴五郎は一八五九年（安政《あんせい》6）会津《あいづ》藩士の子として生まれた。戊辰《ぼしん》戦争で一族の婦女は自刃《じじん》し子供だった五郎は捕虜となり、江戸で兄の東海散士《とうかいさんし》（政治小説『佳人之奇遇《かじんのきぐう》』の作者。本名柴四朗）とともに拘禁された。解放後苦学して陸軍士官学校を卒業し、日清戦争には大本営参謀となった。そして、この義和団事件のときは北京の日本公使館付きの武官だった。公使館付き武官だけあって中国語、英語、フランス語など各国語に通じていただけでなく、日英米露仏独伊墺（日本、イギリス、アメリカ、ロシア、フランス、ドイツ、イタリア、オーストリア＝ハンガリー）の八か国軍のなかで最大の兵力を擁する日本軍の最上級将校でもあり、戦略にも長じていた。子供のころとは言え会津若松城での悲惨な籠城戦も経験しており、各国の居留民を保護しながらの戦いには、まさにうってつけの人材だったと言える。その彼の「指揮」のもとに連合軍は五十五日間北京を守り抜いたのである。映画の印象は強烈だから、史実を確定させるためにも本当は柴五郎を主役に、キャストは渡辺謙《わたなべけん》か阿部寛《あべひろし》あたりで『新・北京の55日』を製作して欲しいところだ。

とにかくこれは事件というよりも戦争なのだが、きっかけはやはり日清戦争における日本の勝利であった。これで清国など恐るるに足らずと、ロシアは日本への三国干渉をへて遼東半島や旅順《りよじゆん》・大連《だいれん》を手に入れた。またイギリスは香港《ホンコン》に加えて威海衛《いかいえい》・九竜《きゆうりゆう》を、フランスは広州湾《こうしゆう》を租借《そしやく》した。それまで清国に出遅れていたドイツも山東省に進出し、遅れを取り戻すためかキリスト教宣教に力を入れた。山東省には曲阜《きよくふ》がある。孔子《こうし》の生誕地であり、儒教（朱子学）の聖地とも言える場所だ。軋轢《あつれき》は大きく一八九七年（明治30）にはドイツ人宣教師殺害事件が起こった。ひょっとしたら、ドイツは国家戦略としてこの事態を待っていたのかもしれない。直ちに軍を派遣して膠州湾《こうしゆう》を占領し、九十九年間租借することに成功した。

こうした事態に祖国崩壊の危機を感じ取った人々が乱を起こしたのである。その集団の力が、欧米列強の横暴と「文化侵略」に対抗するため巨大化していった。この翌年には黄《こう》河《が》の大氾濫、翌々年には大旱魃《かんばつ》があったことも大きかった。いつでも民衆反乱の直接のきっかけになるのは飢餓である。「飢えた虎」は獰猛で御し難い。だから西太后はこれを鎮圧するのでは無く、列強に対抗するために活用することを思い立ったのである。

しかし先に述べたように、八か国に対して正式に宣戦布告したのはやはり過ぎであった。

それだけ西太后の現状への不満が大きかったのかもしれないが、決して賢明な決断とは言えない。なぜそんなことになったのか、諸説あるがここでは踏み込まない。いずれにせよ、最終的決断を下したのは西太后であることは間違い無いからだ。

そしてこれも肝心だが、西太后がそのように決断を下したということは、彼女が当時北京の外国人居留地にいた女性や子供も含めた全員が義和団に虐殺されることを望んだ、ということだ。彼女は、自分の意に沿わぬ家臣は平然と殺す人間だった。寵愛していた家臣でも、ひとたび気に入らなくなると無残に処刑している。そして、中国という世界一の文明国の頂点に立ち、自分ほど偉い人間はこの世にいないと思い込んでいる。だからこそ、自分が推し進めようとした光緒帝廃位に、外国人（＝野蛮人）のくせに反対して邪魔をした欧米列強の外交団を深く憎んでいた。何度も述べたように日本の歴史学者はこうした朱子学に基づく「信念」に鈍感過ぎるのだが、むしろこの一連の出来事のなかでそれだけは確実だ、とすら言えるのである。

ところが情勢は彼女の思いどおりには進まなかった。北京の居留地を攻撃させた義和団は、結局柴五郎をリーダーとする連合軍の頑強な抵抗にあって陥落させることができず、城外でも義和団本軍は装備の優れた連合軍にことごとく敗北した。そこで西太后は自分が幽閉した光緒帝を連れて北京から脱出した。そのとき西太后は部下に命じて、光緒帝の愛妻珍妃《ちんぴ》を井戸に落として殺害した。

なぜそんなことをしたのか？　光緒帝を無理矢理同行させたのは、日本の鳥羽伏見《とばふしみ》の戦いの直後、嫌がる松平容保《まつだいらかたもり》を連れて大坂城を脱出した徳川慶喜《とくがわよしのぶ》と同じで、光緒帝を残すと国内の反対派や外国勢力の傀儡《かいらい》政権のリーダーとして擁立されることを恐れたのである（『逆説の日本史 第21巻 幕末年代史編Ⅳ』参照）。

では、珍妃をなぜ殺させたのか？　これも当時の情況、西太后の性格を考えればわかる。要するに西太后は珍妃が「清国の閔妃」になることを恐れたのだろう。珍妃が、朝鮮国の稀代の「暴君」閔妃のような性格だったかどうかそんな記録はまったく無いのだが、閔妃も他ならぬ西太后も嫁いできた当初は「可愛い嫁」だったのだ。人間いつ豹変するか知れたものでは無いし、疑り深い人間ほど他人も自分と同じように行動をすると思うものだ。これは歴史というより、人間学の基本である。

ついでに言っておけば、このとき西太后が北京を脱出して西安《せいあん》に逃げたということは、さんざん利用された挙げ句に義和団も捨てられたということである。また日清戦争のときは最後まで実行しなかった首都放棄、宗廟の地を捨てるという「不孝」もやった、ということだ。

つまり、朱子学的に見ても西太后は稀代の「悪王」なのである。

■もはや西太后では中国はもたない――全土に広がった「湯武放伐論」

この後の展開はある程度想像がつくかもしれない。徳川慶喜に「困ったときの勝海舟」という手があったように、西太后には「困ったときの李鴻章《りこうしょう》」という手があった。李鴻章に講和談判を一任し、もうおわかりのように「すべては義和団の仕業」とし自分が再び権力の座に返り咲けるように工作させた。李鴻章はそんな工作は決して本意で無かったと思うのだが、どんな暗君であっても忠義を尽くすのが、朱子学世界の掟である。欧米列強も日本も清国を解体しようとまでは思っていない。「生かして殺さずに搾り取る」のが最高だから、多額の賠償金支払いと引き換えに西太后の中央政界復帰を認めた。

ここに至って、西太后もようやく「西洋近代化」が「もう少し必要」と認めたようだ。復帰後はかつて絶対に認めぬ姿勢を貫き、関係者を死刑など厳罰に処して阻止した「変法」を一部実行させた。皮肉なことに、これは「光緒新政」と呼ばれた。光緒帝は相変わらず幽閉され失脚状態だったのだが、形の上ではあくまで「光緒帝の治世（年号も光緒）」だからだ。だが、かつて変法自強運動に携わり処罰や処刑された人間の復帰や名誉回復は無かった。そんなことをすればライバル光緒帝が勢いを取り戻すし、そもそも皇帝より偉いと自任している西太后には自分が「過ちを犯す」という感覚が無い。

だが、さすがにこのころになると、この稀代の暗君ではもはや「中国はもたない」という意識も広がるようになった。西太后は義和団の活動を公式に認めたときは「中国の積弱はすでにきわまり。恃《たの》むところはただ人心（民衆）のみ」と言っていたのに、その代表の義和団が敗れると「すべては義和団のせいで自分は関係無い」という立場に転じた。こんな不徳な君主にはついていけない、と考える人間が増えて当然だろう。そして、中国には「徳を失った君主を追放あるいは討伐することは、忠義に反する行為では無い」という理論（「湯武放伐《とうぶほうばつ》論」）が紀元前の昔から孟子《もうし》によって承認されている。つまり、革命が起こり王朝交替することによって中国は生まれ変われる、ということだ。

李鴻章は、どんな暗君にも忠節を尽くすべきという姿勢を貫いていたが、その彼も事件の翌年の一九〇一年（明治34）九月に八か国との間の講和（辛丑《しんちゅう》条約）をまとめ上げ、二か月後病死した。七十八歳だった。晩年の精力をこの交渉につぎ込み使い果たしたのであろう。これで「最後の忠臣」が死んだと思った人間も相当数いたに違いないと私は思う。清国の評価は、こうして国内でも下落の一途をたどったのだが、それと対照的に評価がうなぎ登りに上がった国があった。日本である。その最大の理由は、じつは柴五郎の活躍だった。

この時代、清国と欧米列強の闘争のなかでは女性や子供が巻き添えを食うケースが多かった。しかし、この北京籠城戦ではそうした被害がほとんど無かった。会津若松城籠城戦の経験もある柴が、そうしたことの無いように極力努めたからである。柴は八か国連合軍の実質的リーダーだったが、これに対して八か国外交団のリーダーはイギリス公使クロード・マクドナルド（サー・クロード・マックスウェル・マクドナルド）だった。彼は経験豊富な元陸軍軍人で外交官に転じていたのだが、八歳年上のマクドナルドと柴は非常にウマが合ったらしい。これで大の日本びいきになったマクドナルドは、駐日公使を長年務めていたアーネスト・サトウの後任として一九〇〇年（明治33）に日本に着任した。一九〇五年（明治38）には初代の駐日イギリス大使となり、一九一二年（明治45）までその職を務めたが、その間の一九〇二年（明治35）に日英同盟が結ばれているのである。同盟成立の陰にマクドナルドの「アシスト」があったのは、間違いないだろう。もちろん、イギリスはアジアにおけるライバルのロシアを牽制するために、どこかの国と同盟する必要性を感じていたのだが、相手をどこにするかはフリーハンドの状態であった。ロシアの南下、日本海への進出を恐れる日本はイギリスにとって利害関係を共有する間柄だったが、同盟に踏み切るには強い信頼関係を必要とする。もちろん同盟軍としても優秀でなければ話にならない。そういうイギリス側に「日本は頼みになる」と強く印象付けたのが、北京籠城戦における柴五郎指揮の日本軍の勇戦敢闘だったのである。

一方、日清戦争には勝ったもののロシアの呼びかけによる三国干渉でトンビに油揚げをさらわれた形の日本は、報復しようにも単独でロシアと闘うほどの国力は無い。しかし、ここで世界一の海軍国であると同時に、世界経済の盟主でもあるイギリスが味方についてくれれば話は別だ。つまり、このあたりで日本は、ロシアとの戦い「日露戦争」が夢物語では無く、現実の選択肢として目の前にちらつきだしたのである。

■明治天皇だけが東アジアで近代化を推進していたという歴史的事実

西太后の「悪政」については弁護論もある。

最近の研究で、義和団事件の前に総理大臣を辞めて「フリー」だった伊藤博文が北京で、イギリスの了解の下に光緒帝と面会していたという事実が確認されている。しかも単なる儀礼的な訪問では無く、日英主導で清国を改革しようという意図があったらしい。日本はともかくイギリスはこのような形でインドの植民地化を進めたのは事実である。それゆえ西太后は「悪王」では無く、光緒帝を廃帝にしようとしたのも帝を利用して清国の植民地化を推進しようとする日英などの陰謀を阻止するための愛国的行動だった、というのである。

また、保守派が抵抗した纏足の廃止に断固として踏み切ったのも西太后であったという。どうやら、それは事実のようだ。しかし纏足はもともと漢民族の風習であり、満州族《まんしゆう》がルーツである西太后にとっては絶対の祖法では無い。だから、纏足を廃止できたから開明的であったということにはならない。

　これは十九世紀の東アジア、つまり清国、朝鮮国、日本国すべてに共通することだが、この時代の政治家あるいは君主に求められていたことは、朱子学の影響をいかに排除し西洋近代化を進めることができたか、ということである。仮に光緒帝が列強の走狗《そうく》であり、それゆえに西太后が光緒帝の徹底的排除を求めたとしても、それだけでは西太后の政治が清国にとって、中国人にとって本当に必要なものであったかどうかはわからない。西太后にとっては一時の便法であったかもしれないが、西洋近代化を徹底的に拒否する義和団を彼女は熱烈に支持したこともあったのだから。たしかに日本の長州藩も攘夷つまり西洋近代化拒否を熱烈に主張した後に、開国路線に百八十度転換した。しかしそれができたのは高杉晋作や伊藤博文など「目覚めた人々」がいたからであり、立憲君主となった明治天皇もその路線を支持したからだ。

　私は、西太后政権にそんな芸当が可能だったとは到底思えない。もし彼女が本当にそんな方向性を望んでいたのなら、科挙の廃止、女性の社会進出、立憲君主制の確立などにもっと早急に踏み切っていたはずだが、その歩みは非常に遅いものだった。もっとも、このあたりは異論のあるところかもしれない。つまり、最終的には日本と同じような政体を目指していたという見方である。しかし私は朱子学の呪縛というものはそんな甘いものでは無いと考えている。そこのところが多くの研究者と私の見解の相違を産むのかもしれない。見解の相違と言えば、天皇に対する見方にもそれがある。一九四五年（昭和20）まで日本いや大日本帝国では、天皇は憲法によって「侵スヘカラス」とされていた。それを悪用した軍部や熱烈な国家主義者によって大日本帝国が破綻したのは事実である。当然、その「悪用」の被害者もかつては大勢いた。

戦前、思想犯で投獄されて、戦後、七十余歳でなくなった人が、当然ながら終生天皇制反対だった。

「なぜ、そんなにきらいなんです」

と、素朴に質問してみたことがある。当然思想的に精密な内容の返答がかえってくると予期していたのに、答えは子供っぽいほどに具体的だった。相手は看守だった。看守が受刑者を恫喝《どうかつ》するときに、ふたことめには天皇の名をもちだし、いわば天皇の名において恫喝した。閉鎖された環境にいる受刑者にすれば、じかに天皇からおどされているようなものだったのではないか。

（「無題」〈『この国のかたち　二』所収〉司馬遼太郎《しばりようたろう》著　文藝春秋刊）

確かに、このようなことは二度とあってはならないし、被害者に対する同情も禁じ得ない。しかし、歴史研究において天皇という存在を公正かつ客観的に評価するには、こういう被害者意識はかえって障害になるということを、司馬遼太郎としてはわざわざ「無題」と内容をぼかしたエッセイで訴えたかったのではないか。私はそう思うのだが、とにかくこのエッセイはこのような「被害者世代」にはぜひ一度読んでいただきたいものだ。いわゆる戦後においてはこのような被害者があらゆるところにいた。当然、日本史の研究者のなかにも大勢いて、そういう人々が展開する天皇論は「思想的に精密な内容」のものでは無く、一見そのように見えてもじつは「天皇はキライ」という感情（偏見）を土台にした、天皇を一方的に「悪」と断定したり故意に過小評価するものが多いようだ。当然その偏見は彼らの弟子や孫弟子にも受け継がれている。拙書『コミック版 逆説の日本史 戦国三英傑編』（小学館刊）のシナリオを執筆しているときも、私はあらためてそれを痛感した。日本史の最大の特徴が天皇という存在にあることが、あまりにも認識されていない（それは彼らやその弟子や孫弟子の偏向歴史教育の賜物である）。それゆえに「天皇超え」を目指した織田信長の凄味がまったく理解されていない、ということだ。これもご一読いただければ日本歴史学の通説と私の歴史認識が、どちらが的確なものかじゅうぶんに理解していただけると信じている。

さて、この時代の実在した、東アジアの君主を比較してみよう。日本は明治天皇、清は西太后と光緒帝、朝鮮は大院君および高宗と閔妃のコンビである。この「三組」について誰もが認めざるを得ない客観的事実を述べよう。それは、まずこのなかで欧米列強に対抗できる西洋近代化を確実に推進していたのは明治天皇だけだ、という事実である。また西太后や閔妃は本来国家のために使うべき予算を私事のために流用していた。一方、明治天皇は「お手元金」を海軍充実のために差し出した。念のためだし、本当はこんなことを歴史研究の場で言う必要は無いのだが、これらの客観的事実は誰にとっても事実であって、研究者の思想的立場とはまるで関係無い。「私は天皇が嫌いだから、そんなことは事実としては認めない」などというような「子供っぽい」態度を認めたら、その瞬間にその人間は研究者で無くなり、やっていることも学問では無くなる。それが人類の常識なのだが、どうもそれがわかっていないとしか思えない人々がいるようだ。

というのは、この客観的事実を認めたうえで当時の日本以外の人々、つまり外国人が当時の日本をどのように評価したか、考えていただきたいのだ。その評価はどう考えても、「日本は清や朝鮮に比べて優れている」「明治天皇は東アジア最高の名君だ」そして「日本が朝鮮や清との戦いを文明の戦いと称するのももっともだ」であろう。

つまり、これらの評価も客観的事実なのだ。より正確に言えば「明治天皇あるいは大日本帝国は、清国や朝鮮国の体制よりはるかに優れている、という評価が世界的にも常識であった」ということは客観的事実であった、ということなのである。

読者の皆さんは、そんなことは一々断わるまでも無いと思うかもしれない。実際この『逆説の日本史』を通じて近現代史を見ている人はそうだろう。しかし日本の近現代史研究者のなかには、たとえば日清戦争における日本軍の一般人虐殺などをことさら誇大に取り上げて、日清戦争が「文明の対決」であったこと、それが国際的常識であったことを否定しようとする傾向を持つ人たちがいる。もちろん日本軍のやったことがすべて正しいなどと言うつもりもないし、非戦闘員の虐殺という客観的事実は事実として認めなければいけない。だが、一方で当時の清や朝鮮では、本当に国を愛していた忠臣たちが「祖法に反した」という理由だけで死刑になったこと。その処刑方法は人類史上もっとも残虐なものであったこと。しかも本来なら何の罪も無いはずの彼らの父母や妻子たちも処刑されたり、危うく処刑されそうになった、ということも誰も否定できない客観的事実である。もちろん日本はそんなことはしていない。確かに、幕末の安政の大獄《たいごく》では吉田松陰や橋本左内《はしもとさない》が斬首刑に処せられたが、そのときでも彼らの親類縁者で連座して処刑されたものは一人もいない。そうした客観的事実を踏まえて公正に客観的に評価すれば、やはり日清戦争が一面で文明の対決であったことは間違いの無い事実だと言えるだろう。

当たり前の話だが、事実を事実と踏まえてそれを分析検討しなければ、歴史の正しい評価などできるはずもない。

■「清国から大日本帝国に事える対象を変える」という朱子学エリートたちの論理的必然

先ほど、「外国人が当時の日本をどのように評価したか」と述べた。おそらく、この文章を読んだとき、読者のほとんどは「外国人＝西洋人」と無意識に考えたはずである。しかし、私の言う「外国人」は「清国人および朝鮮人」も含んでいる。日清戦争前後の清国と朝鮮国の、これまで述べて来た情況を思い出していただきたい。日本は天皇のもとに一丸となってまさに「日の出の勢い」で国家を改革し欧米列強も一目も二目も置く国家になっている。「それに引き替え、我が国はダメだ」と心ある清国人や朝鮮人は思ったはずである。いかに朱子学に毒され「オール島津久光、鳥居耀蔵」の国家だとしても、人間には学習能力がある。途中までは決して全面的な近代化論者で無かった高杉晋作が上海渡航で考えを大きく変えたように、日本の成功を見て目覚めた清国人や朝鮮人も大勢いたはずなのである。それは理の当然ではないか。日本のようにしなければ国家は欧米列強に滅ぼされるのである。そしてそうした人間が西太后や閔妃あるいは高宗をどのように評価したかも当然わかるだろう。ただし、ここから先が少し道が分かれるかもしれない。百パーセント日本がやったことが正しい、つまり西洋近代化こそオールマイティーだと考えた人々もいただろうが、やはり「三つ子の魂百まで」で、骨の髄まで叩き込まれた朱子学と完全に決別できない人々もいたに違いない。では、そういう人々はどのような思考回路をたどるだろうか？

まず君主制は正しいということだ。立憲君主制では無い。中国古来の「天の委託を受けた天子《てんし》」こそ四海《しかい》を治めるべき君主であり、同時にその天子は優れた徳の持ち主でなければならない。従って、もしそういう主君がこの世に存在するならば、従来の主君を捨ててその君主に従うことこそ正しい道だと考えることにもなる。こういう考え方は、たとえば事大主義つまり世界唯一の文明国である中国に追随し、何もかもマネすることが「この国のかたち」として一千年以上にわたってエリート層の常識であった朝鮮国では、どのような「化学変化」を遂げるかおわかりだろう。「日本を新しい中国と認めて追随していこう」という考えが生まれてくるということだ。事大主義は決して、少なくとも朝鮮民族にとっては売国行為では無い。そもそも政治的文化的独立を捨てて「大(優位な国家)に事《つか》える」のが事大主義の本質だからだ。だから、朝鮮国が清国から日本国いや大日本帝国に事える対象を変えたからと言って、それは朱子学エリートにとっては売国でも何でも無い論理的必然なのである。

もちろん、この事実は事大主義自体を歴史から抹殺し「朝鮮半島の国家は有史以来独立国家であった」などという妄説を語る人々や、それに迎合する研究者には到達しようにも到達し得ない結論である。

話が少し先走りすぎた。この時点、つまり日清戦争に勝ったばかりの日本は、確かに欧米列強の耳目を驚かす存在ではあったが、いかに明治天皇が名君ぶりを発揮しようと、柴五郎中佐が北京籠城戦で抜群の器量を示そうと、清国はいまだに健在だし日本はロシアの脅迫（三国干渉）に屈服してもいる。いくら「日本びいき」でも、「日本は新しい中国（アジアの盟主）」だとは到底言えない。

では、どのようにしたら、日本はそういう評価を得ることができるだろうか？　このあたりなら中学生でもわかるだろう。清国がこの世から無くなること、そして日本がロシアに戦争で勝てるほどの強国になることだ。欧米列強の国家ならばこの二点をクリアすれば良い、所詮は「強い者が正しい」というのが彼らの絶対のルールだからだ。

しかし、東アジアではそれだけでは不十分だ。日本が新しい中国になるためには、何としてでも「徳のある国家」であることを示す必要があった。そして、それを示すための絶好の手段も目の前にあった。

■世界でも類を見ない植民地政策と言うべき台湾統治における「小学校開設優先」

日本が新しい「中国」になるために、それにふさわしい「徳のある国家」であることを示すための絶好の手段、それは日本が日清戦争で手に入れた台湾の統治であった。台湾は日本が初めて手に入れた「植民地」である。植民地経営にはその国の個性が浮かび上がる。欧米列強も、アジアの諸国も日本が台湾をどのように扱うのか注視していた。

イギリスがインドに対して行なったように、徹底的に搾取するという手もあった。幕末の薩摩藩の奄美《あまみ》群島や琉球への態度と同じで、あくまで本国という「大の虫」を生かすために「小の虫」は殺す、いや場合によっては殺してもいいという態度である。そこには植民地の住民に対する徹底的な差別がある。人間、相手も対等な人間と考えていたら、彼らが汗水たらして作ったサトウキビをすべて取り上げるなどということはできないはずだ。しかし、薩摩藩では西郷隆盛がその悪習を改めるまではそういう態度に徹していた。一方、イギリスはインドに鉄道を建設し国内の移動や流通をきわめて容易にした。その点ではインドという国家の発展に貢献したとも言える。しかし問題は、鉄道網や港湾や都市の整備を誰のためにやったかということだ。それはあくまでイギリス人のためであり、インド人（正確に言えばこのとき「我らは一つの国インドの人間だ」という自覚は彼らにはあまり無かった。だからこそイギリスの分断支配にやられてしまったのだ）のためでは無かった。イギリスの利益を確保し発展させるために、彼らはインドのインフラに投資した。それらがあくまでイギリス人の利益のためであり、インド人のためでは無かったという証拠に、彼らイギリス人は決してその果実をインド人に分配しようとはしなかった。

イギリスのインド支配はイギリス国王がインド皇帝を兼ねるという形で完成した。昔はセポイの乱と呼ばれたインド人（というよりインド在住のヒンドゥー教徒）が起こした「インド大反乱（１８５７～１８５９）」のあと、イギリスのビクトリア女王はインド皇帝になった。日本では安政の大獄のころである。第二次世界大戦後の一九四七年（昭和22）、そのインド帝国からヒンドゥー教徒が多数派のインドとイスラム教徒が多数派のパキスタンが分離独立するまで、イギリスは、ちょうど後に日本が大韓帝国に対して行なった日韓併合のように、インドを併合して「一つの国」にしていたのだ。

「一つの国」、これも正確に言えば「イギリス」とはイングランドやスコットランドなど複数の国からなる連合王国で、インドもその一員となったと言うべきかもしれないが、それならそれでそれぞれの国民は平等に扱わなければならない。たとえばインド人に対する教育は、イギリス本国においてイギリス人が受けるものと同等でなければならないから、インド人に広く初等教育および高等教育が受けられるような体制を作るべきである。また、その結果、高等教育を受けたインド人の就職先として、軍隊など広く門戸を開きインド人でも優秀な人物なら幹部に抜擢すべきである。

ところが、実際にはそうでは無かった。イギリス人はインド人を差別し搾取し続けた。反抗せずに英語を習得したインド人を、たとえば軍隊では軍曹などの下士官に採用することはあるが絶対に将校(幹部)にはしない。中枢のエリートはあくまで白人なのである。逆に、彼らイギリス人は自分たちの統治にとって問題無ければ、インド人の習慣や儀礼に干渉しようとはしなかった。それはインド人を尊重していたからでは無い。むしろ羊飼いが柵のなかに入って羊と交わることが無いのと同じで、「飼育」という感覚、いやむしろサル山の「放し飼い」に近い感覚だろう。

しかし、日本人はそういう方向に行こうとはしなかった。すでにこれは『逆説の日本史 第十七巻 江戸成熟編』でアイヌ民族に対する日本人の接し方で述べたところだが、日本人はアングロサクソン系白人と違って有色人種に対する蔑視は無い。であるがゆえに、アイヌ民族も台湾在住者も平等に扱うべきだと考えた。ここまではいいのだが、このあたりから朱子学の悪影響が入って、彼らも日本人と同じようになるべきだと考えた。なぜ、その考え方に問題があるかと言うと、もし本当に平等ということを貫くなら、日本人もアイヌ文化を取り入れるという姿勢も見せなければいけない。しかし、実際には「彼らも日本人になるべきだ」という態度を当時の日本人は取った。おわかりだろう。「日本文化のほうが優れている（アイヌからは取り入れるべき文化は無い）」と考えたところが、「中国文化以外に文化は無い」という朱子学の偏見を受け継いでしまっているのだ。これを具体的政策にするなら日本式の教育を受けさせ日本名を名乗らせ、その結果彼らが「日本人」になるなら、その見返りに日本人と同等の権利を与えるということだ。同等の権利を与えるということは、一切差別を無くすということでもある。イギリス人が有色人種を差別しているのは紛れも無い事実だったから、日本はこれを人種間の平等を推進する、イギリスよりははるかに優れた政策だと考えた。この政策を東アジアの伝統に即して言うなら、四海に平等を確立するため天は聖天子をこの世に下した。その真の徳を持つ王者は、東アジアそして世界に真の平等をもたらす君主であることになる。それが明治天皇だ。

何度も指摘したように、歴史に果たす天皇の役割(作用)を過小評価することしかできない学者・研究者は、このことにまったく気がついていない。これも右翼であろうが左翼であろうが否定できない客観的事実として言うが、少なくとも日本国内においては幕末から明治にかけて、天皇という存在があったことによって国民相互の平等は確立した。華族《かぞく》制度が設けられ新たな貴族は生まれたが、だからと言って平民が内閣総理大臣になる道が閉ざされたわけでは無い。のちに原敬《はらたかし》は「平民宰相《へいみんさいしょう》（平民出身の総理大臣）」になっている。

そんなことは、生まれながらの貴族でなければ、あるいは科挙に受からねば政治に参画できない清や朝鮮ではまったく不可能だった。だからこそ日本は自国の方針に自信を持っていたし、これを東アジア全体に広めようと考えていた。では、そのために果たすべき台湾統治の第一歩は何か？

それは教育であった。台湾在住者に日本と同等の教育を与えること。少なくともその第一歩を踏み出すということだ。通常の植民地支配なら、まず現地をいかに搾取するかを考え、そのために現地人をいかに管理するかを考える。確かに日清戦争の結果、台湾が日本に割譲されたとき、それに反発した台湾在住の清国人が武力で抵抗し、その弾圧のためにあちこちで流血の惨事が起きたことは事実だ。しかしそれが収まったところで日本が最初に台湾に対して実施しようとしたことは、できるだけ早く日本と同等の教育環境を整えるということであった。「台湾人」という概念はこの時代には無い。日清戦争以前の台湾はあくまで福建省の一部に過ぎず、そこから移住した清国人が貿易や熱帯に適した農業を行なっていた。しかし台湾の大部分は本来先住民のものであった。日本はこの台湾先住民を後に高砂《たかさご》族と呼ぶことになるが、彼らはアイヌ民族などと違って共通の言語も無く習慣もバラバラで、場合によっては殺し合うような形で対立していた。台湾に移住した清国人はまさに彼らを「放し飼い」にする感覚で、自分たちの利害にかかわる場合だけ相手にするという態度であった。逆に言えば、彼らの文化を向上させようなどとは夢にも考えていなかったのである。先住民たちが殺し合おうと疫病で苦しもうと、それはジャングルのなかの野生動物の「動向」であってまさに「我、関せず」であった。

だが日本は違った。いや、日本はそういう「野蛮国」では無い新しいタイプの文明国であることを世界に示さねばならない。そこで、日清戦争が終了した一八九五年（明治28）、台湾の日本支配に対する武力抵抗がひととおり鎮圧され台湾総督府が設置されると、その年のうちに小学校を開設すべきだという意見が出された。住民を弾圧あるいは搾取する機関では無く小学校開設を優先にするという点で、世界に類を見ない植民地政策であった。

これを建言したのは、文部官僚伊澤修二《いざわしゅうじ》である。伊澤は幕末に信濃国高遠《しなのたかとお》藩士の子に生まれたが、洋学に才を発揮し上京して政府のアメリカ留学生に選ばれ、とくに音楽教育と吃音《きつおん》矯正を深く学んだ。帰国して文部官僚となると、日本における近代音楽の確立に努めるとともに「小学唱歌」のプロデューサーとなった。『仰《あお》げば尊《とうと》し』などはその一環として生み出されたものである。その伊澤が台湾にはまず教育制度が必要だと、初代台湾総督に任命された樺山資紀に意見具申し了承を得ると、伊澤の志に共鳴した六人の日本人教師とともに台湾に渡り、道教の聖堂のような施設（芝山巌《しざんがん》と呼ばれていた）を改造し小学校を開設した。これもその年の内の話である。

ところが、悲劇が起こった。年末になって伊澤がさらなる教員を募集するためにいったん日本に戻ったときのことである。清国人の日本統治反対派の残党がゲリラ活動に転じ、とりあえずテロのターゲットとして六人を狙っているという情報が入ったのである。

■朱子学の狂信者にとって許すべからざる蛮行であった「男女共学」

ここで読者は疑問を感じないだろうか。通常このような場合狙われるのは総督など統治に関係している人間か、あるいは直接弾圧を行なった軍事関係者であるはずだ。確かに民間人だから警備が甘く狙いやすいということは事実である。しかし民間人なら他にもいる。港湾関係者や建設労働者などである。なぜそれを狙わずに教師をターゲットとするのか？じつはそれも朱子学なのである。前に琉球処分（『逆説の日本史 第23巻 明治揺籃編』）のところで述べたことを思い出していただきたい。あくまで清に従うべきと考えていた朱子学の狂信者でもある「黒党」にとっては、日本の開設した小学校は教育施設では無い。四《し》書《しょ》五《ご》経《きょう》を教えるでも無く西洋の野蛮な「技芸」で青少年たちを毒し、男女共学などという「淫らな悪習」を行なう場所でもある。日本の常識では好意でもあり善政でもある（それは世界の常識でもある）ことが、朱子学の狂信者にとってはもっとも許すべからざる蛮行になる。だから狙われた。これも国際常識だが、そういう情報がいち早く伝えられたということは彼らゲリラが必ずしも民衆の支持を得ていないということだ。でなければ情報漏れが起きるはずが無いのである。しかも現地の人は彼ら六人に一刻も早く身を隠すように忠告した。しかし彼らは「死して余栄あり。じつに死に甲斐あり」と覚悟を述べ、忠告に従わなかった。勇気ある立派な態度であり、そのことにケチをつけようという気は毛頭無いが、ひょっとしたら彼らもまさか殺されるとは思っていなかったのではないだろうか。軍人でも無い民間人で武器も持っていない。捕虜になる危険性はあってもそんな丸腰の人間を寄ってたかって虐殺するようなことは、さすがに清国人もしないだろう。同じ人間だし話し合えばなんとかなる、と思っていた可能性がある。

さて、この後どうなったかは、おわかりだろう。清国人ゲリラは問答無用で無抵抗で丸腰の彼ら六人を虐殺しその首を取ったのである。先に、この時期の日本と清国の闘争を「文明と野蛮の対決」として日本が宣伝していたことに疑義を唱える傾向が一部の日本人研究者にあると何度も述べたが、そういう人々はこうした歴史的事実も知っていて、それを踏まえたうえで疑義を唱えているのだろうか。確かに清国の体制も朱子学によって築かれた一種の「文明」であることは間違い無い。しかしそれは忠臣を処刑し家族まで皆殺しにし、そして台湾先住民にも何の恩恵も与えようともせず、与えようとした勇気ある人間を虐殺するような「文明」でしかない。それゆえ、「文明と野蛮の対決」は、当時の世界に広く受け入れられた主張であったことは、やはり歴史的事実として認めるべきであろう。
だからこそ、この六人の犠牲は決して無駄にはならなかった。

■台湾人の就学率と識字率を飛躍的に向上させることになった「芝山巌事件」

伊澤修二が一八九五年（明治28）暮れに日本に一時帰国したのは「さらなる教員を募集するため」でもあったが、最大の目的はその年の十月二十八日にマラリアで薨去《こうきょ》した台湾征討近衛師団長の北白川宮能久親王の霊柩に随行することであったようだ。本章の冒頭でも述べたように、親王は幕末「輪王寺宮」として明治新政府に反抗した奥羽越列藩同盟に盟主として担ぎ上げられたという経歴の持ち主で、皇族としては初の外地における殉職者となった。遺骸は東京の豊島岡《としまがおか》墓地に葬られたが、その神霊は台湾に建立された神社に祀られることになった。これが台湾神宮である。ちなみに同時期、この年の六月から十月四日まで台湾勤務を命ぜられた陸軍軍医森林太郎《もりりんたろう》が赴任している。後の文豪森鷗外《おうがい》である。

石見国津和野《いわみつわの》（島根県津和野町）に津和野藩士の子として幕末に生まれた森は、いわゆる四境《しきょう》戦争で藩領を進軍する長州藩の大村益次郎《おおむらますじろう》を見ていた可能性が高いが、その後陸軍に入り軍医の道を志した。同時に、ドイツ留学中にその経験をもとにした小説『舞姫《まいひめ》』を発表するなど作家としての実績も築きつつあった。このとき、陸軍軍医としての森は親王の病気治療にはかかわらなかったようだ。しかし軍医森林太郎はこの後日露戦争の動向にきわめて大きな影響を与えるので、この時期彼が陸軍の医療部門で着々と地位を固めていたことはご記憶願いたい。

さて、六人の日本人教師はそのまま芝山巌学堂と名付けられた小学校で周辺住民の子弟に西洋式の教育を施していたが、反日勢力はおそらく親王の死を僥倖《ぎょうこう》ととらえたのだろう、この六人を血祭りにあげようと企んだのである。なぜ教師を狙ったのかを、より深く理解してもらうには近年起こった「ボコ・ハラム」事件、正確にはナイジェリアのイスラム教過激派ボコ・ハラムによる女子生徒大量拉致事件を思い出していただくのが一番いいかもしれない。最初は二〇一四年（平成26）四月のことだった。ナイジェリア国ボルノ州の公立中高一貫女子学校で西洋式教育を受けていた、二百七十六人の女子生徒が拉致された事件である。そして今年（２０１８）二月にも百十人の女子生徒が拉致されている。彼女たちを拉致したボコ・ハラムは彼女たちを無理やりイスラム教に改宗させ、強制的に結婚させたり奴隷として売り飛ばしたりもした。この「ボコ・ハラム」という言葉の意味をご存じだろうか。「ボコ」は現地ハウサ語で「西洋式（イスラムの伝統を無視した）教育」を意味し、「ハラム」とはアラビア語で「罪」を意味する。つまり「西洋式教育は罪だ！」という主張をそのまま組織名にしたものである。イスラム教は「女性という存在は男性を誘惑し罪の道に誘う」という感覚が強く、保守的な国ほど外出時の女性が肌を露出することを禁じている。目の部分まで網状の覆いで隠したブルカなどがもっとも戒律の厳しい国の女性の外出時の服装で、緩やかな国でもヘジャブというスカーフぐらいは巻かねばならない。もちろんこれはイスラム教徒にしてみれば「女性保護」であり、「ビキニやタンクトップのような露出をするから性犯罪の犠牲者になるのだ」という感覚であろう。しかし結果的に女性の社会進出は制約される。サウジアラビアでつい最近まで、女性が自動車免許を取得し一般道を運転できなかったのも、こうした考え方が根底にあるからである。

一方、儒教《じゅきょう》（朱子学）も以前も述べたように「男女七歳にして席を同じうせず」と男女の区別には厳しい。つまり男尊女卑《だんそんじょひ》の感覚から「女は男を惑わす厄介者だが、子供を産む道具としては必要」と見做《みな》しているということだ。また数学や科学は「野蛮な西洋の技芸」に過ぎない。学問とは朱子学を基礎から学ぶことである。だからこそ、反日勢力は「ボコ・ハラム」と化して生徒を拉致するのでは無く、手っ取り早く六人の日本人教師を虐殺する方針を決定したのだ。

一八九六年（明治29）正月元旦新年の式典に集まった六人の教師、楫取《かとり》道明、関口長太郎、中島長吉、桂金太郎、井原順之助、平井数馬と用務員小林清吉は、約百人の反日勢力に襲われ問答無用で惨殺され教師六人は首まで取られた。ちなみに六人のリーダー格の楫取道明は長州人楫取素彦と吉田松陰の妹寿《ひさ》の次男であった。楫取素彦は寿の死後、その実妹で久坂玄瑞《くさかげんずい》未亡人の文《ふみ》（美和子）と再婚した。この文が、二〇一五年（平成27）のNHK大河ドラマ『花燃《はなも》ゆ』の主人公であったということは言うまでも無い。つまり、惨殺された斬首までされた楫取道明は吉田松陰の実の甥《おい》でもあったのだ。それに彼は三十八歳だったが、最年少の平井数馬はまだ十七歳である。これでおわかりだろうが、日本の世論は激高した。殺されたのが「有名人」であったこともあり、現在では年表にすらあまり載せられていないこの芝山巌事件は、日本の方向性を決めるような重大事件だったのである。日本は反日勢力のことを「匪賊《ひぞく》（野蛮な悪党）」と呼び、「文明と野蛮の対決」を世界に向かってさらに声高に主張した。

最近はこの日本人七人を惨殺したテロリストのことを「抗日ゲリラ」と呼ぶのが一般的だが、これはいかがなものか。ナイジェリアのボコ・ハラムが単純な反政府ゲリラでは無く宗教テロであるように、芝山巌事件も朱子学の狂信者による宗教テロと考えたほうが整合性がある。「日本の圧政」に対する抗議を含むなら抗日ゲリラと呼んでも差し支えないが、彼らは台湾にも存在した西洋近代化を望む住民たちにとっても敵であった。圧政に対する政治的テロリズムと、朱子学の狂信者による宗教テロは、きちんと分けて考えたほうが私はいいと思うのだが、少なくとも日本歴史学界ではそうなっていないのは、何度も述べて恐縮だが歴史はそれぞれの人間が信じる宗教によって動かされるという歴史の法則を無視ないし軽視しているからだ。

もしこれが抗日ゲリラ、つまり日本の圧政に対する台湾住民の抵抗であったとしたら、英雄視されるのは彼ら「匪賊」のほうであって、日本人のほうはまさに悪代官のように悪名だけが伝えられるということになるはずだ。しかし実態はまったく逆であった。彼らの犠牲によって台湾の住民は朱子学という「野蛮で独善的な宗教」と決別する決意を固めたのである。テロによる殺害の危険も顧みず台湾の教育のために現地にとどまり、惨殺された彼らの犠牲的精神は「芝山巌精神」と言われ、語り継がれるようになった。彼らは「六《ろく》氏《し》先生《せんせい》」と尊称され現地に埋葬された。その傍らには伊藤博文揮毫《きごう》による「学務官僚遭難之碑」も建立されたばかりか、のちには「芝山巌神社」が創建され六氏先生だけで無く台湾教育に殉じた人々が合祀されるようにもなった。もちろんそのなかには日本統治時代の「台湾系日本人」も相当数含まれている。そして正しい教育をするためには死を厭《いと》わない「芝山巌精神」は台湾教育の理想となり、多くの台湾人つまり台湾系日本人が女子も含めて子弟を小学校に通わせるようになった。当然子供の就学率、住民の識字率は飛躍的に向上し、かつての「本国」であった清国にあっという間に追いつき追い越した。それも当然で、朱子学国家の清では「百姓や女に学問などいらぬ」というのが「教育の理念」である。短期間で追い越すのは当たり前の話だ。もっとも清国はこの芝山巌事件の五年後の一九一一年（明治44）に孫文《そんぶん》の辛亥《しんがい》革命によって滅亡するので、台湾の教育成果が圧倒的な差をつけたのは、清国と辛亥革命で成立した中華民国であった、と述べたほうが正確かもしれない。一九四五年（昭和20）の日本の敗戦によって台湾は中国国民党のものとなり、新たな「中華民国」となったのだが大陸から進駐してきた国民党政権がさっそく実施したのは、日本の台湾発展に対する功績をすべて消し去ることだった。芝山巌の神社も墓所も記念碑もすべて破壊されたのだが、現在は墓所と記念碑は復元されている。六氏先生の行為が台湾人あるいは台湾にとって悪行であったのなら復元など絶対されないはずで、だからこそ彼らを惨殺した「匪賊」を単純に「抗日ゲリラ」などと言い換えてはならないのである。

もっとも、日本の台湾に対する植民地政策が何の障害も無く常に順風満帆で進められたわけでは決して無い。本当の意味での抗日ゲリラ、つまり台湾はあくまで清国の領土であるから、日本を台湾から追い出して清国へ戻すべきだという漢人勢力の抵抗も一九〇二年（明治35）ごろまで組織的に続いたし、台湾先住民に対する同化政策に対する強い反発もあった。しかし、先住民が日本の方針に抵抗し最大の流血の惨事となった霧社《むしゃ》事件は一九三〇年（昭和5）のことなので、これは稿を改めて触れることにする。ここでは、昭和になってもまだそういう抵抗があったということを記憶にとどめていただきたい。

■格差を無くし差別を解消する「フランス流内地延長主義」の大きな落とし穴

当時、列強の植民地政策には二つの異なる方法論があった。イギリス流とフランス流と言ってもいいが、イギリス流とは「特別統治主義」と呼ばれるものであった。インドのように本国以外の植民地に対してはイギリスの国内法を適用せず、「その土地の実情に合った」特別な方式により統治するというものである。一方、フランス流は「内地延長主義」と呼ばれるもので植民地にもフランス国内と同じ法を適用し、本国と植民地の格差をできるだけ無くしていこうとするものである。

イギリス流は「土地の実情に合わせる」というのはじつは名目で、実際には本国のためにいかに植民地を搾取するかで法律や制度を考える、「本国ファースト」の姿勢が根底にある。これに対してフランス流は本国と同じ法律を植民地にも適用するというのだから、結果的に本国の住民と植民地の住民の権利や待遇に差が無くなることになり、本国人の植民地人に対する差別も解消の方向に向かう、ということになる。

あなたならどちらを選びますか？

いや、その質問に答えをいただく前に、イギリス流とフランス流の違いがどうして出てきたのか、それを考察してみよう。一言で言えば、民族の特性の差ではないか。一般的にアングロサクソン系白人は黒人に対して差別的態度をとるのに、スペインやフランスなどラテン系はそうでも無いということが言われている。これは、過去の歴史を見ると紛れも無い事実である。十五世紀から十七世紀に発展したスペインやポルトガルは中南米で多くの人種との混血を成し遂げた。この後、白人から有色人種あるいは混血に対しての差別が絶無だったとは言わないが、少なくともアメリカに渡ったアングロサクソン系白人のように黒人たちを鎖で繋ぐような激しい差別は無かった。そう言えばアメリカ発祥のジャズに詳しい人間なら、そのメッカとも言うべきニューオーリンズにクレオールと呼ばれた人たちがいたことを知っていよう。この人たちは基本的にフランス人、スペイン人とアフリカ系の人々との混血であったが、黒人奴隷解放以前から何の差別もされずに暮らしていた。むしろ、アメリカ人がアフリカから黒人奴隷を「輸入」するようになって差別されるようになったとも言える。これなど同じ白人とは言え、ラテン系とアングロサクソン系の民族的違いを典型的に示す事例と言えるだろう。

さて、あなたはイギリス流とフランス流とどちらを選びますか？

おそらく日本人なら、大半の人がフランス流を選ぶのではないだろうか。フランス流のほうが差別を解消する方向へ向かうというのだから、平等が実現して結構じゃないかと思うからである。

だが、このフランス流には大きな落とし穴がある。そのことについてはすでに『逆説の日本史 第十七巻 江戸成熟編』においてアイヌ民族と日本人のかかわり方について述べたところで説明しておいたのだが、覚えておられるだろうか？ じつはそのことが日本人が朝鮮統治に失敗した最大の理由でもあるのだ。

■戦前の日本人が陥った最大の過ち「差別解消のための創氏改名」

二十一世紀になって地球上から植民地はほぼ消滅したので、「特別統治主義」と「内地延長主義」もこの世から消滅した。植民地は独立することによって本国との間に存在した差別を解消した。「特別統治主義」という名の差別を打破した、と言ってもいいかもしれない。ただ、これが変則的な形で残っているのが、かつてイギリスの植民地だった香港である。本国である中国の実施している「一国二制度」というのがそれだ。ただしこの制度、植民地であった香港のほうが平等で民主的であり、本国の中国のほうが共産党による一党独裁という形になっている。それが変則的ということである。

さて、先ほど述べたように、日本人の多くはフランス流の「内地延長主義」に共感を示すが、それはとんでもないことになりかねない。そのことはすでに日本人のアイヌ民族への接し方で詳細に分析しておいたのだが、このことをぜひ思い出していただきたい。

時代は江戸時代後期。老中田沼意次はアイヌ民族の土地である蝦夷地《えぞち》へ調査隊を派遣した。ロシアが蝦夷地に領土的関心を示していたからである。意次はまた朱子学全盛の時代にタブーとされていた外国との交易を盛んにすることによって幕府の財政を再建しようと考えていたので、アイヌ民族との融和路線を取った。正確に言えば、意次の遺志を継いだ最上徳内《もがみとくない》らによってである。しかし田沼意次を「極悪人」と考えていた朱子学の狂信者であるあり後の老中松平定信は、せっかくの調査報告書を闇に葬り蝦夷地を放置させた。アイヌは「野蛮人」というより「禽獣《きんじゅう》」であり、それゆえ彼らと交流する必要など無い。そもそも交流など不可能だと定信は考えたからだ。

おわかりだろうが、これが朱子学の「キモ」である。中国文化を絶対とする。これも正確に言えば中国にしか文化が無い、と考える朱子学の立場から見れば漢字以外に文字は無い。訓民正音（ハングル）や仮名は文字では無い。同じくアイヌはそうした中国文化をまったく受け付けないから、人間では無く「ケダモノ」なのである。

アイヌを「ケダモノ」と考える朱子学の狂信者である松平定信とは違って、田沼意次や最上徳内はアイヌを同じ人間だと考えていた。だからこそ、その後継者たち、つまり朱子学を克服し世界と広く交流することによって新しい国家を築こうとした明治維新の達成者たちは、アイヌに対してはこう考えた。「彼らを日本人にしてしまえばいい」と。

同化政策だ。これも『逆説の日本史 第十七巻 江戸成熟編』で述べたように、同化政策というのはその根本的なところにあるのは善意だ。悪意が根本にあれば差別政策になる。イギリス人がインド人に対して行なったように、参政権は与えず国軍の幹部にもしない。つまり、イギリス人と同等の権利は絶対に与えない。しかし、多くの日本人が誤解しているのでもう一度繰り返すが、同化政策は差別では無い。それどころか、差別というものを根本的に解消する政策の一つである。

国連の世界人権宣言の第二条第一項には次のようにある。

すべて人は、人種、皮膚の色、性、言語、宗教、政治上その他の意見、国民的若しくは社会的出身、財産、門地その他の地位又はこれに類するいかなる事由による差別をも受けることなく、この宣言に掲げるすべての権利と自由とを享有することができる。

ここに列挙してある「人種、皮膚の色、性、言語、宗教、政治上その他の意見、国民的若しくは社会的出身、財産、門地その他の地位」は、差別する側から言えば「ネタ」になる。「あいつはユダヤ人だ」とか「あいつは肌の色が黒い」「女だ」「フランス語を話さない」「カトリックじゃ無い」「共産主義者だ」「部落出身者だ」「貧乏人だ」「うちは士族だがあいつの家は平民だ」……。具体的に言えばこういうことである。そしてこれを解消するもっとも良い手段は「人間の価値はそういったもので左右されない」という信念を共有することだ。だがこれは理想であって、なかなか達成することは難しい。そこで考えられたのが同化政策である。この同化政策を徹底的に実行したのはフランスでは無く、況《いわん》やイギリスでも無く、明治から大正昭和にかけての大日本帝国であった。たとえば朝鮮民族に対する同化政策では、天皇の臣民つまり日本人として教育を受けさせるかたわら、創氏改名《そうしかいめい》政策を実施した。これは昭和になってからのことなので改めて詳しく分析するが、取りあえずはその「効果」だけ述べておこう。

「あいつは朝鮮人だ」と差別したい人間にとって、もっとも困ることは朝鮮人が日本風の姓名に名を変えてしまうことである。子供のころから日本語教育を受けているから日本語は完璧で、その上に姓名まで日本風に変えられてしまったら、差別の「ネタ」が無くなり差別したくても差別できなくなる。ということは、差別が解消されるということだ。また儒教社会（朱子学世界）では夫婦別姓である。かつて日本には、中国や韓国のほうが夫婦別姓だから、日本より女性の権利が尊重されているなどというバカな誤解をしていた学者、文化人、政治家たちがいたが、朱子学世界の夫婦別姓は女性の権利尊重どころか、徹底的な女性差別の結果である。日本でも近代以前にはそういう連中がいたが、尊重されるのは男系の血だけである。たとえば「劉《りゅう》」という一族の男性が「陳《ちん》」という一族の女性を妻にしたとしよう。二人の間に子供が生まれた。それは男の子であれ女の子であれ父「劉」の血を引いているわけだから、「劉」姓を名乗ることができる。現代風に言えば「劉のＤＮＡ」を持っているからだ。しかし妻はもともと赤の他人で、「劉のＤＮＡ」は持っていない。つまり「女の腹は借り物」であって何人子供を産もうと「劉」は名乗れない。完全な仲間外れ、徹底的な差別ということであり、これが朱子学世界の夫婦別姓の実態なのである。

ではこうした女性差別を根本的に解消するにはどうしたらいいだろうか？　朱子学世界のルールを打ち破れば良い。具体的には男と女は夫婦となった時点で新しい「氏」つまり一家を形成できるように戸籍の形を変えれば良い。それが「創氏」政策の大きな目的の一つだったのである。この場合「田中」や「鈴木」に変えてもいいのだが、先祖伝来の姓を守りたいという人間は朝鮮風の姓をそのまま新しい氏として登録することが許された。日本風への改名が強制されたと主張する学者、研究者がいるが、その主張が誤りだということを完全に証明できる一つの事例がある。それは大日本帝国陸軍で中将までになった洪思《ホンサ》翊《イク》の存在である。陸軍軍人は一般臣民と違ってまさに「天皇陛下の股肱《ここう》」であって、大元《だいげん》帥《すい》である天皇の命令には絶対服従しなければいけない。しかし、彼は「洪」という先祖伝来の姓を最後まで変えようとしなかった。それが可能だった。もしこの政策が強制的に行なわれたものならば、天皇直属である帝国軍人にそれに従わない者がいるというのはきわめてまずい事態であり、処罰するか天皇の命令をもって強制的に改名させるべきである。しかし彼は処罰も受けなかったし、当然ながらそんな命令も受けていない。創氏改名が日本風の姓に変えない者の意思を尊重する政策であった何よりの証拠である。そしてもう一つ肝心なことだが、日本人はこれを善意でやっていたということだ。朝鮮人がこれを受け入れれば差別は消滅する。少なくとも消滅する方向へ大きく前進する。それは一方的な日本人の思い込みで無く、実際にそうなるということは前半の説明で納得していただけたかと思う。

■神道の影響で残ってしまった朱子学の持つ最大の欠点「異文化への蔑視」

しかし私は、だからと言ってこの政策は評価できない。というのはこれが同化政策の最大の欠点であるのだが、このやり方では相手の文化を完全に破壊してしまうからである。アイヌ民族に対する同化政策もそうであるが、相手の文化への敬意および尊重が一切無い。そう言えばフランスにも「フランス式中華思想」などと揶揄されるものがあるのはご存じだろうか。自国文化に対する過度なのめり込みと、その反動である他の文化に対する蔑視。これがそもそも朱子学の持つ最大の欠点である。残念ながら、日本も江戸時代から近代にかけて、かなりの部分において「天皇」を使い朱子学を克服（四民平等など）したのだが、「異文化への蔑視」という部分だけは神道の影響もあって完全に残留してしまった。これが無ければ、大日本帝国はアイヌ文化を尊重し北海道を「アイヌモシリ自治区」にし、日韓併合も「対等な合併であり日本語および韓国語を公用語とする」になったかもしれない。そうすることが本来の日本にとって良かったかということになると話はまた別だが、少なくとも「異文化への蔑視」が無ければアイヌ民族や朝鮮民族に対する接し方がまるで違ったことは確実である。

同化政策によって他の民族の文化を消滅させるということは、アウシュビッツのように民族の存在自体を消滅させようとしたのとはまったく違う。アウシュビッツを実行したかつてのドイツ人には、ユダヤ民族に対する深い差別があり強い憎悪もあった。朝鮮民族に対する日本人の態度にはそんな憎悪はまったく無い。むしろ、まったく無いからこそ差別を解消するために「日本人になればいい」という態度を取ってしまう。前にも述べたように、これが戦前の日本人が陥った最大の過ちであると私は考えている。そういう視点から見れば「日本人によって危うく朝鮮のアイデンティティが破壊されるところだった」と現代の韓国人が思い込むのも一面では無理も無いと言える。

だが、そこでもう一つ考えなければいけないのは、その「朝鮮のアイデンティティ」のかなりの部分が事大主義、つまり中国を主君とし絶対の模範として追随する、という態度で占められているということだ。朝鮮半島の国家は新羅であれ高麗《こうらい》であれ朝鮮であれ、これで一千年以上上手くやってきたのである。その絶対の主君であるはずの中国（当時は清国）がガタガタになったからと言って、一千年以上上手くやってきた事大主義を捨て去るのはもったいない。要するに新しい「中国」さえ出現すれば、それに追随することこそ朝鮮民族の選ぶべき道だ、と考えた人々も相当数いたはずだということである。いやむしろエリートである官僚の頭のなかにはそれしかなかった、と考えるほうが自然かもしれない。なぜならそれは国の当初から続いてきた絶対のルール、祖法だからだ。このように考えてくれば、最初は徹底的な反日派であった朝鮮国の政治家李完用が後に日韓併合に賛同した真意もわかってくる。それは大韓帝国成立のときは愛国者だったが後に売国奴に変節した、などという単純な見方で分析できるものでは無い。いずれにせよ朱子学というものがわかっていなければ、この時代は決して完全に理解することはできない。

ちょうど松平定信が蝦夷地を「ケダモノの土地」と考えたように、中国人は台湾を貿易や農業に利用できる一部を除いて、やはり「ケダモノの土地」と考えていた。そこに住んでいる人間たち、アイヌ民族や台湾先住民（原住民）を人間とは考えないからで、こういう場所を彼らは「化外の地」と呼んだ。しかし、日本人は中国人のように完全に朱子学には毒されていなかったので、台湾においては台湾先住民を「日本人に変えられる」と考えた。だから、まず「六氏先生」が駆けつけて教育から始めたのである。

じつは、アイヌ民族の文化と台湾先住民の文化にはきわめて大きな違いがある。アイヌ民族は一応言語的には統一されていた。しかし台湾先住民は十六の部族に分かれており、共通語は無かった。つまり外から見れば彼らは台湾先住民という一つのグループなのだが、なかでは部族同士の殺し合いなど日常茶飯事で、一つの民族であるという意識はかけらも無かったのである。そういう意識を持つには、まず共通の言語が必要だ。日本語がその役割を果たしたのである。

■日本統治下で始まった野球教育が生んだ「元祖二刀流」呉昌征

二〇一八年日本野球界最大の話題と言えば、海を渡って米大リーグに移籍した「二刀流」大谷翔平《おおたにしょうへい》選手の活躍だろう。私も日本人の一人として大谷選手の活躍は嬉しいし、応援もしている。しかし、実況のアナウンサーやプロの解説者が「過去に例の無い挑戦」などと口にすると、「おいおい、ちょっと待てよ」と言いたくなる。「あなたたち、呉昌征《ごしょうせい》を忘れてはいませんか?」と。

呉昌征(石井昌征《いしいまさゆき》)は、一九一六年(大正5)に日本領台湾で生まれた漢人系日本人であった。高校野球で活躍し、一九三七年（昭和12）に東京巨人軍（現在の読売ジャイアンツ）に入団し、まさにイチローのような俊足・強肩の外野手として活躍、「人間機関車」と呼ばれた。二年連続で首位打者も獲得している。その後阪神軍（現在の阪神タイガース）に移籍し戦中戦後の混乱期だったとは言え、まず盗塁王を獲得。そして選手不足のために一九四六年（昭和21）にはピッチャーとして登板するようになり、初登板で完投勝利を挙げたばかりか、同年戦後初のノーヒットノーランを達成した。バッターからピッチャーに転向したわけでは無い。ピッチャーとして登板しながらバッターとしても試合に出場し、打撃ベストテンに入る活躍を見せたので、まさに「二刀流」を実践したのである。その後はバッターに専念し毎日オリオンズ（現在の千葉ロッテマリーンズ）に移籍し引退したが、プロとしての実働二十年で、これも日本プロ野球史上初だった。野球殿堂入りもしている。

じつは戦前の日本の台湾統治において、その「融合」のもっとも上手くいった例の一つが野球なのである。日本は台湾統治の当初から教育に重点を置いていたのはこれまで述べたとおりだが、その一環として野球を教えることが青少年の育成に多大な効果があると確信したのが、近藤《こんどう》兵《ひょう》太郎《たろう》であった。一八八八年（明治21）愛媛《えひめ》県松山《まつやま》市で生まれた近藤は、高校野球の名門松山商業で野球部初代監督を務めチームを初めて甲子園出場に導いた。その後教育者として台湾に渡り台南の嘉義《かぎ》農林学校（現在の国立嘉義大学）野球部で監督を務めた。そして嘉義農林を甲子園に初出場させ準優勝に導いたのである。近藤がまず注目したのは台湾先住民（日本統治下では高砂族と呼ばれた）出身の少年たちの足の速さとスタミナであった。彼らは炎天下裸足で野山を駆け回っても平気で、その身体能力はきわめて高い。また、漢人系の少年たちには内地の日本人に無いパワーがあった。もちろん内地から移住してきた人々の子弟もいる。彼らには日本人特有の器用さがある。この高砂族のスピード、漢人系のパワー、内地人の技が重なれば理想のチームができるというのが近藤の確信だった。そしてその確信は、一九三一年(昭和6）の第十七回全国中等学校野球大会（いわゆる夏の甲子園大会）の決勝において、強豪中京商業（現在の中京大中京）をあと一歩まで追いつめたことによって実証された。これ以後、台湾では若者たちの間に野球を立身出世の道の一つと認識するようになった。

その傾向は、じつは戦後ずっと続いている。そもそも冒頭に紹介した呉昌征は嘉義農林から日本球界へ進んだのだが、八〇年代から九〇年代にかけて日本プロ野球界で大活躍した中日ドラゴンズの郭源治《かくげんじ》、西武ライオンズの郭泰源《たいげん》はともに台南出身であった。とくに郭源治は先住民のアミ族出身（現在は日本に帰化）で、第二次世界大戦後、中華民国（台湾）に代わって中華人民共和国（中国）が国連の常任理事国となり国民党政権の台湾が世界の人々から忘れさられようとしたとき、台湾の名を世界に知らしめたのが彼であった。

台湾小学生の野球チーム「金龍隊」が、アメリカで行なわれたリトルリーグ・ワールドシリーズで、エース郭源治の投手兼外野手まさに「二刀流」の活躍により強豪アメリカを撃破し、見事世界一になったからだ。当時国際社会で「日陰者」であった台湾では、全土が熱狂して彼を賞賛した。一九六九年(昭和44)のことである。前回の東京オリンピックの五年後のことだから若い人はともかく、団塊の世代あたりは現役バリバリだったはずである。にもかかわらず、この「台湾チームの快挙」を今はじめて知ったという人も多いと思う。その理由はもうおわかりだろうが、中国べったりの偏向マスコミがこうした事実を無視して報道しなかったからである。

これではならじと、私のTBS時代の先輩でノンフィクション作家でもあった鈴木《すずき》明《あきら》が、著書『誰も書かなかった台湾』(サンケイ新聞社出版局刊)、『高砂族に捧げる』(中央公論社刊)などで、こうした台湾事情とくに野球で結ばれた両国関係を詳しく取り上げたので、その後少しは知られるようになった。鈴木は『「南京大虐殺」のまぼろし』(ワック刊)や『リリー・マルレーンを聴いたことがありますか』(文藝春秋刊)などの著書もあり、台湾との友好という点ではその功績はきわめて大きいのだが、最近あまり知られていないのが残念である。そうした流れが二〇一四年(平成26)に公開された台湾映画『KANO 1931 海の向こうの甲子園』(監督馬志翔《マジーシアン》、主演永瀬《ながせ》正敏《まさとし》)にもつながったのだろう。

ちなみにＫＡＮＯとはユニホームの胸に書かれた嘉義農林の略称で、内容は近藤兵太郎と野球部員の熱き交流を描いたものだ。少年時代の呉昌征も登場する。それだけ台湾にとって彼は忘れられない人物だということだ。

先述のように日本の敗戦直後、台湾に「進駐軍」としてやってきた国民党政権は、日本統治時代の功績を消し去ろうとした。そのあおりを食って一時台湾野球も火の消えたような状態となった。しかし、国民党の弾圧にもかかわらず台湾野球の伝統は野球を愛する人々にとって守られ続けた。そのうち国民党政権は台湾野球の実力が世界レベルでも並々ならぬものと知り、逆にこれを活用して台湾の存在を世界にアピールしようと考えるようになった。いわば、手のひら返しで野球を奨励するようになったのである。幸いにもその後、日本の京都帝国大学を卒業し一九四五年（昭和20）までは日本人だった李登輝《りとうき》総統の政権となり、そうした歴史改竄《かいざん》は廃絶された。そうした流れのなかから郭源治や郭泰源が出てきた。その後、中日ドラゴンズやアメリカ大リーグのマイアミ・マーリンズで活躍したチェン・ウェイン（陳偉殷）投手は台南出身だし、読売ジャイアンツに所属する陽岱鋼《ようだいかん》外野手は先住民の出身である。こうした伝統は今も脈々として続いているのだ。一九九二年（平成４）のバルセロナ五輪では正式種目として採用された野球で、日本は台湾（チャイニーズ・タイペイ）に準決勝で敗れ銅メダルに終わったが、このとき私は取材で台南にいた。

そのとき台湾の人々が熱望していたのは優勝して金メダルを取ることよりも、「野球の師匠」である日本に勝つことであった。私は台湾の人に「決勝でキューバに勝つためには日本に全精力をつぎ込まないほうがいいですよ」と忠告したのだが彼らは聞く耳もたず(笑)、結果日本は完敗した。そのとき彼らがじつに嬉しそうな顔をしたのを覚えている。

最近、日本のプロ野球のチームを増やそうという動きがあるようだが、反日感情の強い韓国はさておいて、私は台湾から一チーム参加してもらうのもいいかなと考えている。アメリカ大リーグでもトロント・ブルージェイズ（本拠は隣国のカナダ）という例がある。別に奇想天外な話というわけでもあるまい。台湾「ブロック」の優勝校が日本の甲子園の野球大会に参加してもらってもいい。韓国が相手だと「韓国は日本の一部では無い」などという感情的な反対論が必ず出るからやめたほうがいいのだが、台湾は戦前から高校野球に参加したという伝統があるので問題は少ないだろう。ただ、主催者が「中国べったり」では実現の可能性は少ないが。

■韓国史から抹殺されている「朝鮮半島のインフラは日本が作った」という事実

ところで映画『ＫＡＮＯ１９３１　海の向こうの甲子園』は日本人では無く現代の台湾人が作ったのだが、映画の中に八田《はった》與一《よいち》という内地人の技師が脇役ながら主演俳優クラスによって演じられている。この人物の功績も戦後国民党は抹殺しようとしたのだが、台湾の人々はその恩を忘れなかったのだ。人名事典には次のようにある。

八田与一　はった―よいち　1886―1942
大正-昭和時代前期の土木技術者。
明治19年2月21日生まれ。42年東京帝大を卒業し、台湾総督府土木局につとめる。大正9年から10年をかけて南部の嘉南平野に大規模な灌漑（かんがい）施設「嘉南大圳（たいしゅう）」を完成させた。軍に徴用されフィリピンにいく途中の昭和17年5月8日乗船が撃沈され死去。57歳。石川県出身。

（『日本人名大辞典』講談社刊）

では、八田が完成させた嘉南《かなん》大圳とは何か？　それは巨大なダムや導水路で台湾の二大水系を有機的に連結させたもので、それまで保水力が無いため豪雨と旱魃の繰り返しに悩まされていた台南の嘉義を中心とした平原を、コメの大量収穫が可能な沃野に変えたものである。日本でも、戦国時代に大規模に土木工事を展開し耕地を増やした武田《たけだ》信玄《しんげん》や加藤《かとう》清正《きよまさ》は神として祀られているが、八田も温厚篤実な性格で工事の犠牲者を弔いつつ見事に工事を完成させたため、住民たちが自主的に彼の銅像を建立した。この銅像も戦後国民党政権の手によって破壊されそうになったが住民の手によって守られ、現在はもともと設置された場所に置かれている。私もそこを訪ねたことがある。作家司馬遼太郎は『街道をゆく40　台湾紀行』（朝日新聞出版刊）で、この嘉南大圳という水利システムの要である烏《う》山頭《さんとう》ダムの、人造湖である珊瑚潭《さんごたん》のほとりにある八田夫妻の墓も訪れている。私はまだ行ったことは無いのだが、墓は日本統治時代が終わった戦後に建てられたものだという。台湾人はそれだけ深い恩義を八田與一に感じており、それはとりもなおさず八田を派遣し膨大な予算を投じてインフラの完成に努めた日本に対する感謝の念でもあったということだ。それは長年台湾を支配しながら「化外の島」として扱い、教育の普及もインフラの整備もまったく考えなかった「中国」や「中華という文明」に対する大きな反感を育てたことも言うまでも無い。

ところが、これとは対照的なのが朝鮮国であった。何度も述べるが、骨がらみの朱子学国家である。自分たちが「野蛮な日本より中華（＝真の文明）に近い」と考えるから、そもそも日本式教育（＝西洋近代化）に反発するし、ダムや水道、電気、通信網、あるいは小中学校や大学などの教育設備、鉄道や港湾施設などインフラの整備も「野蛮」として受け付けようとしない。たとえば、ダムが建設されれば洪水の脅威が減り農業用水の供給が安定し耕地も増えてコメの生産量が増大するのだが、測量機械を使ったりコンクリートを練ったり洋服を着て作業することが「野蛮」なのだから、どうしようもない。実際には、日本が日韓併合という形で韓国を統治するまで韓国には石畳の道路の他はインフラらしいインフラは何も無かった。だからほとんどすべて日本が一から作ったのだが、そのことは現代の韓国史からすべて抹殺されている。その証拠に現在の韓国で台湾における八田與一のように恩人として感謝されているインフラの建設者は一人もいないと言っていいだろう。現代の韓国においても浦項《ポハン》総合製鉄（現ポスコ）のように日本の援助無くしては絶対に成立不可能だった大企業もあるのだが、韓国人のほとんどは歴史隠ぺいと情報封鎖によってすべて韓国人自身の手で立ち上げたものだと思い込まされている。もちろん北朝鮮もそうで、北朝鮮のダムなどはほとんど日本統治時代に建設されたものをそのまま使用しているのだが、北朝鮮の人民はそれが日本によって建設されたことも、現在の北朝鮮ではそのような高度なダムを造る技術も無いことも知らされていない。

どうしてこのようなことになってしまったのか？

北朝鮮は独裁政権で国民を「騙《だま》す」ことに専念しているからだが、自由な言論が認められているはずの韓国でもそうなのはやはり同化政策という「日本人の親切」が完全に裏目に出たということだろう。しかし、日清戦争終了から日露戦争勃発の数年間は、まだ日本の朝鮮統治は行なわれておらず、当然同化政策も無い。やはりこの間の朝鮮の行動は、「朱子学」およびそれに基づく「事大主義」の流れのなかでとらえるべきであろう。これを日本の立場から見れば、日本の望む西洋近代化路線に朝鮮国も同調させるためには、やはりアジアの盟主となることが必要であり、そのためには日本がそうなることを妨げているロシア帝国を打ち負かすしかない、という路線が支持されていったということなのである。

あとがき

井沢元彦

この巻は日本の歴史学界では軽視されがちな、大日本帝国憲法の思想的バックグラウンドについて詳しく述べている。なぜ日本の歴史学界がこうしたことに疎《うと》いか、愛読者には改めて説明する必要も無いだろうが、あえて説明すれば日本史専門の歴史学者が日本人の宗教を重視していないからだ。宗教史の専門家ならいるが、それが政治史とまるで関連付けられていない。

アメリカ独立宣言などと比べてみれば明白だが、憲法あるいは憲法に準じる法律の根幹には宗教的信念がある。アメリカ独立宣言の場合は神の下の平等であり、日本の大日本帝国憲法の場合は天皇の下の平等である。これが無ければ日本には民主主義は根付かなかった。当たり前の話だが、「私は天皇が嫌いだからそれは認めない」などという人間がいたら、それは学者では無い。しかし残念ながら、日本にはそれに近い人々が大勢いた。この事実は逆に天皇のような「平等化推進体」は存在しなかった朝鮮国や清国が、朱子学《しゅしがく》の士農工商《しのうこうしょう》という身分秩序に阻まれ自力で近代化できなかった原因と密接にかかわる。ところが、「天皇嫌い」の多い日本の歴史学界では、それを無視して無理矢理歴史を構築しようとしていた。それではうまくいかないのは当然である。

ところで、「井沢さんはなぜ歴史学界の通説である百科事典の記述をよく引用するのですか?」と聞かれたので、お答えしよう。私は「歴史学者嫌い」では無い。歴史上の物事を判断する基準は「好き嫌い」では無く、「正確か不正確か」である。しかし、まず読者に歴史学界はこれまでどのように考えていたのかを示すためには、私の主観で要約するより客観的に要約された百科事典の記述を見せたほうが適切だ。つまり、一種の史料として扱っているのである。それに対して次に井沢新説を述べる、という段取りである。もちろん私は「こちらのほうが正しい」と思ってはいるのだが、神ならぬ人間の身である。ご意見は大歓迎だし、ミスの指摘もありがたい。実際、この巻の単行本版で私は日英同盟締結の年号を一九一一年(正しくは1902年)と誤記してしまった。確かにこの年には同盟の第三次改訂が行なわれているのだが、最初の締結はあくまで一九〇二年である。通常の場合は編集者や校正者がチェックしてくれるので、このような過ちはあり得ないはずなのだが、この場合はスルーして世に出てしまった。もちろん最終的な責任は私にある。改めてミスをお詫びするとともに、今後そのようなことが無いように努めていく所存である。

二〇二一年九月五日記す

本書のプロフィール

本書は、二〇一八年十二月に小学館より刊行された単行本『逆説の日本史24明治躍進編』(『週刊ポスト』二〇一七年九月二十九日号〜二〇一八年九月二十八日号連載の同名シリーズを収録)を文庫化したものです。

小学館文庫

逆説《ぎゃくせつ》の日本史《にほんし》24明治《めいじ》躍進《やくしん》編《へん》

著者　井沢元彦《いざわもとひこ》

二〇二一年十月十一日　初版第一刷発行

発行人　鈴木崇司
発行所　株式会社 小学館
〒一〇一-八〇〇一
東京都千代田区一ツ橋二-三-一
電話　編集〇三-三二三〇-五九五一
販売〇三-五二八一-三五五五
印刷所 ——— 凸版印刷株式会社

この文庫の詳しい内容はインターネットで24時間ご覧になれます。
小学館公式ホームページ　https://www.shogakukan.co.jp

ISBN978-4-09-407078-1